主编◉博雅

一步到位

出口成章超级词霸

中国社会出版社
国家一级出版社·全国百佳图书出版单位

图书在版编目（CIP）数据

一步到位 ： 出口成章超级词霸 / 博雅主编． -- 北京 ：
中国社会出版社， 2017.11
ISBN 978-7-5087-5827-5

Ⅰ．①一… Ⅱ．①博… Ⅲ．①汉语－成语－中小学－教学参考资料
Ⅳ．①G634.303

中国版本图书馆 CIP 数据核字（2017）第 279727 号

书　　名：一步到位——出口成章超级词霸
主　　编：博　雅

出 版 人：浦善新
终 审 人：王　前
责任编辑：杜　康　　**责任校对**：王银霞

出版发行：中国社会出版社　　**邮政编码**：100032
通联方式：北京市西城区二龙路甲 33 号
电　　话：编辑部：（010）58124864
邮购部：（010）58124848
销售部：（010）58124845
传　真：（010）58124856
网　　址：www.shcbs.com.cn
shcbs.mca.gov.cn
经　　销：各地新华书店

中国社会出版社天猫旗舰店

印刷装订：北京盛彩捷印刷有限公司
开　　本：210mm×295mm　1/16
印　　张：9.5
字　　数：230 千字
版　　次：2018 年 4 月第 1 版
印　　次：2018 年 4 月第 1 次印刷
定　　价：38.00 元

中国社会出版社微信公众号

学习经典 薪火相传

成语是中华民族发明创造并且独有的、经历数千年历史文化积淀而成的一种文学形式。成语以其形式简洁、文字生动、含义精辟、道理深刻、史实经典的鲜明特点，自古以来一直被人们广泛应用，被公认为中国传统文化的精粹、中华文明的瑰宝。

成语大多出自历史事件、寓言故事、民间传说、文学典籍。可以说，每一句成语，都是历史文化的缩影，都是前人经验的总结，都是祖先智慧的结晶。历经千百年的历史风云，中华成语已深植于民族文化之中，成语中所蕴含的精神与启示，深刻地影响和教育了一代代中华儿女。学习成语，了解其来源出处，知道其产生的故事背景，能使我们更好地理解其思想内涵。阅读精彩的成语故事，有助于我们更直观地欣赏成语的魅力，从而更灵活、更自如地掌握成语。在现代生活中，不少人对很多成语都耳熟能详，如数家珍，并且信手拈来，旁征博引。然而，由于成语中特有的文字出处和古老的背景渊源，加上很多成语的含义随着历史的演进已发生了变化和扩展，不少人对很多成语的原意和来源渐渐陌生，在引用中常常发生词不达意、错引误用的现象，这不能不说是个遗憾。

为了弘扬国学经典，传承民族文化，同时也是为了帮助广大中学生更轻松地学习汉语成语，提高语文课程水平，在各类考试中顺利解答成语类考题，在日常交谈和写作中正确、恰当使用成语，我们精心编写了这本《一步到位出口成章超级词霸》。书中按照语文课程标准的一般要求，选录了800多条常用的成语，并对成语的出处、故事、原文、释义等分别做了清晰简明的介绍。

本书集知识性、哲理性、趣味性、可读性于一体，能使广大中学生在理解成语内涵中丰富知识底蕴；在重温历史知识中开阔人生视野；在思考中收获快乐，提升文学智慧；在阅读中学会做人，增长自身才干。

目录 contents

D

E

F

G

H

J

T

W

X

A

哀鸿遍野

【词义】哀鸿：哀鸣的鸿雁。比喻啼饥号寒的灾民。也比喻在天灾人祸中到处都是流离失所、呻吟呼号的饥民。

【出处】《诗经·小雅·鸿雁》："鸿雁于飞，哀鸣嗷嗷。"

【例句】那时，我的家乡水灾旱灾接连不断，加上军阀混战，弄得哀鸿遍野，民不聊生。

【典故】《诗经·小雅》中有一篇题为《鸿雁》的诗。其中有两句是："鸿雁于飞，哀鸣嗷嗷。"它的意思是：鸿雁找不到安栖的地方，没有目的地飞着，悲哀地叫着。形容流离失所的难民呻吟呼救的凄惨景象。由于这两句诗，后来人们就把不得安居的难民叫作"哀鸿"；形容受难的人民极多，几乎到处都有，就说是"哀鸿遍野"或"遍地哀鸿"。

唉声叹气

【词义】因伤感郁闷或悲痛而发出叹息的声音。

【出处】明·凌濛初《二刻拍案惊奇》卷三十八："终日价没心没想，唉声叹气。"

【例句】我看你一脸忧愁，这会儿又唉声叹气，到底出什么事了？

爱屋及乌

【词义】及：达到；乌：乌鸦。因为爱一处房子，也爱那房顶上的乌鸦。比喻爱一个人而连带着关爱与他（她）有关系的人或物。说明一个人对另一个人（或事物）的关爱到了一种盲目热衷的程度。

【出处】《尚书大传·大战》："爱人者，兼其屋上之乌。"

【例句】妈妈喜欢隔壁那个可爱的小女孩，爱屋及乌地也喜欢上了她家卖的自种的玉兰花，每次下班都会买两朵。

【典故】唐代诗人杜甫在他《奉赠射洪李四丈》（射洪，地名，在今四川；李四丈即李明甫）的诗中开头即有"丈人屋上乌，人好乌亦好"，宋朝人周敦颐的《濂溪诗》中有"怒移水中蟹，爱即屋上乌"，宋朝人陈师道的《简李伯益》中也有"时清视我门前雀，人好看君屋上乌"。以上都用了"爱屋及乌"这个成语的典故。

安步当车

【词义】以从容的步行代替乘车。形容轻松缓慢地行走。也指人能够安守贫贱生活。安：安详，从容，不慌忙；安步：缓缓步行。

【出处】西汉·刘向《战国策·齐策四》："晚食以当肉，安步以当车，无罪以当贵，清静贞正以自虞。"

【例句】反正路不远，我们还是安步当车吧！

【典故】战国时期，齐国有位隐士名叫颜斶(chù)。齐宣王听说他很有名，就召见了他。

颜斶进宫后，齐宣王傲慢地说：颜斶，你过来！颜斶不卑不亢地对齐宣王说：大王，你过来！齐宣王很不高兴，旁边的大臣也都责怪颜斶。颜斶便说：如果我走到大王面前去，说明我羡慕他的权势；如果大王走过来，说明他礼贤下士。与其让我羡慕大王的权势，还不如让大王礼贤下士的好。

齐宣王恼怒地问他：到底是大王尊贵，还是士人尊贵？颜斶说：当然是士人尊贵！从前秦国进攻齐国的时候，秦王下令：谁敢在距离高士柳下惠坟墓五十步以内的地方砍柴，格杀勿论！另外还悬赏：谁能砍下齐王的脑袋，就封他为万户侯，赏金两万两。由此可见，一个活着的大王的头，还抵不上一个死去的士人坟墓呢。

安居乐业

【词义】安：安定；乐：喜爱，愉快；业：职业。指安定愉快地生活和劳动。

【出处】《后汉书·仲长统传》："安居乐业，长养子孙，天下晏然，皆归心于我矣。"

【例句】我就不相信，这些小精灵会不爱我们祖国的海岛，会不愿在这里安居乐业。

【典故】春秋时，有一位著名的哲学家和思想家，他姓李，名耳，字聃。据说他刚生下来的时候，就是一个白头发、白胡子的小老头儿，所以人们称他“老子”；还说他是在一棵李树下出世的，所以姓李；又因为他耳朵长得特别大，所以名“耳”。其实，老子是人们对他的尊称。老子对当时的现实不满，并反对当时社会上出现的革新浪潮，想走回头路。他怀恋远古的原始社会，认为物质的进步和文化的发展毁坏了民风的淳朴，给人们带来了痛苦，所以渴望出现“小国寡民”的理想社会。老子是这样描绘他所设想的“小国寡民”社会的：国家很小，人民稀少。即使有许许多多的器具，也不去使用它们。不要让人民用生命去冒险，也不向远处迁移，即使有车辆和船只，也无人去乘坐它们，即使有兵器装备，也无人去使用它们。要使人民重新使用古代结绳记事的方法，吃得很香甜，穿得很舒服，住得很安适，满足于原有的风俗习惯。邻近各国互相望得见，鸡鸣狗叫互相听得见，但是人们直到老死，也不互相往来。

安然无恙

【词义】安然：平安的样子；恙：疾病，指伤害之类的产生忧伤的事。原指人平安没有疾病，现泛指事物未遭损坏或人身并无损伤。

【出处】《战国策·齐策四》：“岁亦无恙耶？民亦无恙耶？王亦无恙耶？。”

【例句】看到你安然无恙，我就放心了。

【典故】公元前266年，赵惠文王去世，太子丹继位为赵孝成王。由于赵孝成王还年轻，国家大事由他的母亲赵威后处理，赵威后素以精明强干闻名，对国家政治的清明有着最朴素的理解，在历史上赢得一片赞誉之声。

有一次，齐王派使者带着信到赵国问候赵威后。赵威后还没有拆信就问使者：“齐国的收成不坏吧？老百姓平安吗？齐王身体健康吗？”齐国使者听了很不高兴地说：“我受齐王派遣来问候您，现在你不先问齐王，却先问收成和百姓，难道可以把低贱的放在前面，把尊贵的放在后面吗？”赵威后笑着说：“不是，如果没有收成，怎么会有百姓？如果没有百姓，怎么会有君主？难道问候时可以舍弃根本而只问枝节吗？”齐国使者听了，一时说不出话来。

安如泰山

【词义】安：安稳。安稳得像泰山一样。形容十分稳固，不可动摇。

【出处】汉·枚乘《上书谏吴王》：“变所欲为，易于反掌，安于泰山。”

【例句】在敌人的强大攻势下，我军阵地安如泰山。

【典故】枚乘，字叔，西汉淮阴（今属江苏）人，是汉代著名的文学家。汉景帝时，他在吴王刘濞（bì）府中担任郎中。

吴国是当时诸侯中的大国，吴王刘濞野心很大，对中央政权心怀怨恨，暗中图谋叛乱。汉景帝任用富有才能的政治家晁错为御史大夫，晁错主张削减各诸侯国的领地，加强中央的权力和威信，巩固国家的统一。刘濞看到一些诸侯王纷纷被削减了领地，知道自己也在所难免，于是联络楚、赵、胶西、胶东等国的诸侯王阴谋策划叛乱。

枚乘清醒地看到刘濞阴谋反叛的祸害，写了《上书谏吴王》对刘濞进行劝谏。在谏书中，他说：“您要是能够听取忠臣的话，一切祸害都可以避免。如果一定要照自己所想的那样去做，那是比叠鸡蛋还要危险，比上天还要艰难的；不过，如果能尽快改变原来的主意，这比翻一下手掌还容易，也能使地位比泰山还稳固。”

但刘濞执迷不悟，加紧进行阴谋活动。于是，枚乘只得离开吴国，到梁孝王刘武府中做了宾客。

公元前154年，刘濞联络楚、赵、胶西、胶东等诸侯王，以"清君侧、杀晁错"为名，起兵叛乱。历史上称"吴楚七国之乱"。

汉景帝听信谗言，杀了晁错，向诸侯王们表示歉意。这时，枚乘又写了《上书重谏吴王》，劝刘濞罢兵。刘濞还是不肯回头。不久，汉朝大将周亚夫率领军队打败了吴楚叛军。楚王刘戊自杀，吴王刘濞逃到东越被杀，其余五个王也落得自杀或被杀的结局。这场叛乱只持续三个月就彻底失败了。

七国之乱平定之后，枚乘因写了《上书谏吴王》，具有远见卓知而名声大振。后来汉武帝即位，派人征召他进京做官，可惜他还没到京城，就死于途中。

安土重迁

【词义】土：乡土；重：看得重，不轻易。安于本乡本土，不愿轻易迁移。安土重迁指在一个地方住习惯了，不愿轻易搬迁，形容留恋故乡。

【出处】《汉书·元帝纪》："安土重迁，黎民之性；骨肉相附，人情所愿也。"

【例句】中国农民安土重迁，但有生路，谁愿背井离乡。

安之若素

【词义】表示对反常现象或不顺利的情况视若平常，毫不在意。现也指对错误言论或事物不闻不问，听之任之。

【出处】清·范寅《越谚·附论·论堕贫》："贪逸欲而逃勤苦，丧廉耻而习谄谀，甘居人下，安之若素。"

【例句】有的人觉得很难适应退休后的生活，但他却能安之若素。

按兵不动

【词义】按：止住、压住；兵：军队。指挥官命令军队暂不行动，等待战机。指接受任务后却不执行。

【出处】《吕氏春秋·恃君览》："赵简子将袭卫，使史默往睹之，期以一月，六月而后反。赵简子曰：'何其久也？'史默曰：'其佐多贤也。'赵简子按兵而不动。"

【例句】因为不了解敌军的情况，即使火烧眉毛，我们仍然按兵不动，等待时机，不理会他的挑衅！

【典故】（赵国国君的先人）准备攻打卫国，派史墨去卫国了解情况。史墨到卫国后半年才回来，赵简子生气地说："为什么去这么久才回来？"史墨说："我对卫国情况做了详细了解，所以耽搁了些。现在卫国国君很开明，辅佐他的贤才又很多，国家治理得很好。攻打卫国还不是时候，我劝您不要轻举妄动。"赵简子听史墨说得有理，便"按兵而不动"，等待时机。这个成语原来指掌握力量而暂不行动，以等待时机。现在也比喻接受任务后不肯行动。

按图索骥

【词义】指按照图上画的样子去寻找好马。原比喻办事拘泥于教条。现在指按照线索去寻找事物，易于获得。

【出处】清·洪楝园《后南柯·访旧》："南之裸将，刻舟求剑，按图索骥，是求材必视乎门荫，用人必限以资格，千古铨政之坏，人才不兴，大都由此！"

【例句】如今市场千变万化，作为企业，如果只是按图索骥，创造不出新产品，咋能不亏损呢?

【典故】伯乐在他写的《相马经》里有"额头高、眼睛亮、蹄子大，就是好马"的说法。一次，伯乐的儿子拿着《相马经》去认马。他看见一只癞蛤蟆，就对父亲说："我找到了一匹（千里）马，其他条件都符合，就是蹄子有点不够大！"伯乐知道儿子很笨，被他气得笑了起来，说："你抓的马太爱跳了，不能骑啊！"

暗度陈仓

【词义】指正面迷惑敌人，而从侧翼进行突然袭击。

亦比喻暗中进行活动。

【出处】《史记·高祖本纪》："……项王使卒三万人从，楚与诸侯之慕从者数万人，从杜南入蚀中。去辄烧绝栈道，以备诸侯盗兵袭之，亦示项羽无东意……八月，汉王用韩信之计，从故道还，袭雍王章邯。邯迎击汉陈仓，雍兵败……"

【例句】臣已算定今番诸葛亮必效韩信暗度陈仓之计。

【典故】秦朝灭亡以后，项羽实力大增，胜过刘邦，项羽自封西楚霸王，封刘邦为汉王，可刘邦很不服气。刘邦到汉中以后，任用善于指挥兵马作战的韩信为大将，加强训练，筹备粮草，为打回关中做准备。他又采取韩信的计策，派了几百人去修复栈道，装出还要从栈道出兵的样子。其实，那栈道是在悬崖峭壁上搭架木板，修建非常困难。受项羽指派驻守关中的是雍王章邯，他了解到刘邦在派人修栈道，冷笑着说："修栈道哪有那么容易？不知要修到哪一年才修得好！"他根本就没把这件事放在心上。

实际上，刘邦明里修栈道，正是为了麻痹对方。他暗中派韩信率领大军绕道进发，到达了陈仓（今陕西宝鸡市东）。章邯得知韩信攻占陈仓的消息，大吃一惊，才知道自己上了当，急忙领兵去救。这时韩信早已占据有利地形，双方交战，章邯打了大败仗，逃回自己的都城废丘（今陕西兴平县）。刘邦也正是在这一战的基础上，才打败项羽，统一天下的。

暗送秋波

【词义】旧时比喻美女的眼睛像秋天明净的水波一样。指暗中眉目传情。

【出处】宋·苏轼《百步洪》之二："佳人未肯回秋波，幼舆欲语防飞梭。"

【例句】貂蝉的眼中暗送秋波，深深抓住了吕布的心。

B

八面玲珑

【词义】玲珑：精巧细致，指人灵活、敏捷。本指窗户明亮轩敞。后用来形容人处世圆滑，待人接物面面俱到。

【出处】唐·卢纶《赋得彭祖楼送杨宗德归徐州幕》诗："四户八窗明，玲珑逼上清。"宋·夏元鼎《满庭芳》词："虽是无为清静，依然要八面玲珑。"

【例句】他总是四面讨好，八面玲珑，大家对他都很反感。

八面威风

【词义】威风：令人敬畏的气势。各个方面都很威风。形容神气足，声势盛。

【出处】元·郑德辉《三战吕布》第三折："托赖着真天子百灵咸助，大将军八面威风。"

【例句】他在这里是个八面威风的人物。

【典故】元朝末年，封建朝廷愈加腐败，各地农民纷纷举起义旗，反抗元朝的统治。这时朱元璋已经领兵攻下安徽和阳，准备继续南下。在过年那天，他与大将徐达同乘一条小船，从长江北岸渡过长江。船主是对老夫妻，船夫知道船上坐着的是大名鼎鼎的朱元璋，便高声喊着号子向他庆贺说："圣天子六龙护驾，大将军八面威风。"朱元璋明白这是祝贺帝王的话，心里非常高兴，便和徐达轻轻地踢着脚，互相表达庆贺之意。后来朱元璋统一全国，建立了明朝，他成为历史上闻名的皇帝明太祖。明太祖找到当年的那个船夫，给了他封赏，又将他那只小船涂上朱红颜色，表示有功。

拔苗助长

【词义】拔：拔起。把苗拔起，帮助其生长，比喻不管事物的发展规律，强求速成，反而把事情弄糟。

也作揠苗助长。

【出处】《孟子·公孙丑上》："宋人有闵其苗之不长而揠之者，芒芒然归，谓其人曰：'今日病矣！予助苗长矣！'其子趋而往视之，苗则槁矣。"

【例句】拔苗助长式的教育，是对学生个性的一种摧残。

【典故】从前宋国有一个农夫，嫌自己田里的秧苗长得太慢，因此整天忧心忡忡。有一天，他又扛着锄头下田了，他觉得稻苗似乎一点也没长大，于是苦心思索着有什么办法可以使稻苗长高一点。忽然，他灵机一动，毫不犹豫地卷起裤管就往水田里跳，开始把每一棵稻苗拉高一点。到傍晚时，农夫好不容易才完成他自以为聪明的杰作，得意扬扬地跑回家，迫不及待地告诉他太太说："告诉你一件了不起的事，我今天想到一个好点子，让咱们田里的稻苗长高了不少。"农夫太太半信半疑，就叫儿子到田里去看究竟是怎么回事。儿子听到家里的稻子长高了，兴奋地跑到田里去看。这时，他发现稻苗是长高了，却一棵棵低垂着，眼看着就要枯萎了。

白虹贯日

【词义】白色的长虹穿日而过。古人认为人间有不平凡的事，就会引起这种天象的变化。实际上这不是虹而是晕，是一种大气光学现象。

【出处】《战国策·魏策四》："聂政之刺韩傀也，白虹贯日。"

【例句】白虹贯日英雄死，如此河山失霸才。

【典故】战国时期，韩国大臣严遂与相国韩傀结下了怨仇，他到齐国去找屠狗为业的聂政去刺杀韩傀。聂政待母亲去世后，为报答严遂的知遇之恩，就独身仗剑闯入戒备森严的韩傀府并刺杀了他，然后自我毁容自杀，传说当时有白色的长虹穿日而过。

白驹过隙

【词义】白驹：白色骏马，比喻太阳；隙：缝隙。像小白马在细小的缝隙前跑过一样。形容时间过得极快。

【出处】《庄子·知北游》："人生天地之间，若白驹之过隙，忽然而已。"

【例句】时光飞逝，如白驹过隙，转眼二十年过去，她的鬓边终于也见到了白发。

【典故】孔子有一次专程去向老子请教什么是"至道"，老子要孔子斋戒沐浴，说道："人的寿命是极为短暂的，好像白马驰过狭窄的空隙，一闪即逝。死是人从有形转化为无形，道即精神可以永远留在人世之间。"

白面书生

【词义】指缺乏阅历经验的读书人。也指面孔白净的读书人。

【出处】《宋书·沈庆之传》："陛下今欲伐国，而与白面书生辈谋之，事何由济！"

【例句】新时代的大学生不是白面书生，都自愿下基层锻炼。

【典故】南北朝的时候，有一个人叫作沈庆之。沈庆之从小就非常会打仗，且常常打胜仗，后来他被封为"建武将军"，专门负责防守边疆。有一天，皇帝想向北边扩展领土，沈庆之知道了，就极力阻止皇帝："大王，这件事万万不可，您还记得以前几位将军向北边扩展领土失败的事吧！大王……"沈庆之不停地劝皇帝，皇帝觉得很烦，就对沈庆之说："我不想听了，我叫别人来跟你说！"皇帝就找了左右两个文官来和沈庆之争辩。沈庆之无奈地对皇帝说："大王，治理国家就像治理家一样，要讨论耕田的事就要找每天去耕田的工人，要问织布的事就要找织布的婢女。现在大王要去攻打其他的国家，却找两个从来没打过仗的'白面书生'来商量，这场仗怎么会成功呢？"皇帝不耐烦地说："你不要再说了，我决定的事是不会再改变了！"皇帝没有采纳沈庆之的意见，最后当然打了个大败仗！

后来，大家就用沈庆之说的“白面书生”来形容年轻没有经验的读书人，只知道书本上的知识，不晓得实际应付事情的方法。

百川归海

【词义】川：江河。许多江河流入大海。比喻大势所趋或众望所归。也比喻许多分散的事物汇集到一个地方。

【出处】《淮南子·氾论训》：“百川异源，而皆归于海，百家殊业而皆务于治。”

【例句】全国许多青年学生，如百川归海，申请到祖国最艰苦的地方去工作。

【典故】西汉的思想家、文学家刘安，是汉高祖刘邦的孙子，袭父封为淮南王。他爱好读书鼓琴，才思敏捷，曾召集宾客和懂得天文、医学、历算、占卜等数千人，集体编写了一部数十万字的书《鸿烈》，也称《淮南子》。《淮南子》中有一篇《氾论训》，讲了人类社会发展的一些情况，它的基本观点是符合历史唯物主义的。文章中写道：我们的祖先早先住在山洞里和水边，衣着非常简陋，生活十分艰苦。后来出了圣人，他们带领人们建造宫室，这样人们才从山洞里走出来，住进了可以躲避风雨寒暑的房子。圣人又教人们制造农具和兵器，用来耕作和捕杀猛兽，使人们的生活比过去有了保障。后来，圣人又制礼作乐，订出各种各样的规矩，使人们有了礼节和约束。由此可见，社会是不断发展的，人们的生活方式不是一成不变的。所以对古时候的制度，如果不再适合使用，就应该废除；而对于现在的，如果适合使用，就应该发扬。

百感交集

【词义】感：感想；交：同时发生。各种感触交织在一起。形容感触很多，心情复杂。

【出处】《世说新语·言语》：“卫洗马初欲渡江，形神惨悴，语左右云：‘见此芒芒，不觉百感交集。苟未免有情，亦复谁能遣此！’”

【例句】他从国外回到久别的故乡，真是百感交集。

【典故】西晋时期，统治集团内部矛盾重重。持续十六年之久的“八王之乱”给国家和人民造成了深重的灾难。北方的匈奴贵族刘裕乘机起兵入侵。晋怀帝永嘉三年（309 年），匈奴军队两次长驱直入，一直打到西晋都城洛阳，但都被西晋军队击退。面对动荡不安的时局，卫玠决心把家迁往南方。他的哥哥卫璪在朝廷担任官职，母亲不忍心和卫璪分离，卫玠劝她要以家庭大计为重，终于说服母亲同意南迁。永嘉四年（310 年），卫玠告别哥哥，离开洛阳，带着母亲和妻子一起南下。卫玠一向体弱多病，一路上长途跋涉，餐风饮露，经受了千辛万苦，在将要渡长江的时候，他的神情容貌都显得憔悴不堪。他对左右的人说：“见到这白茫茫的江水，心里不由得百感交集。只要是一个有感情的人，又有谁能排遣这万千的思绪和感慨呢！”由于社会动荡，卫玠南迁也无法安居乐业。过江不久，妻子不幸亡故。他辗转到达建康（今江苏南京），于永嘉六年（312 年）病逝，年仅二十六岁。

百舸争流

【词义】上百条船争着在水上疾驰。形容很多人都在奋勇前进。

【出处】《礼记·中庸》：“百舸争流，奋楫者先。”

【例句】今年的赛龙舟活动，一派百舸争流的景象。

百闻不如一见

【词义】闻：听见。听得再多，也不如亲眼见到一次。

【出处】《汉书·赵充国传》：“百闻不如一见，兵难遥度，臣愿驰至金城，图上方略。”

【例句】我生平第一次过三峡，那瑰奇的景象令我激动不已，真是百闻不如一见。

【典故】汉朝的时候，西边湟水一带，聚居着羌族人，称为西羌。自从汉武帝打败匈奴以后，西羌比较安定。汉宣帝时，朝廷派了官员渠安国去西羌视察。那里的一些部落请求朝廷放宽禁令，但问题没有解决，渠安国就回来了。过了不久，西羌的一些部落联合起来渡过湟水，并派人与匈奴联系。渠安国带了一批人马再去西羌，结果被西羌打得大败。再派谁去呢？宣帝派人向老将军赵充国请教。赵充国说："我去最合适了。"宣帝又派人问赵充国："皇上请将军估计一下西羌的情况，他们的实力如何，该派去多少人马？"赵充国说："百闻不如一见。对方军事上的情况如何，在后方很难准确地估计，还是让我上前方了解了解再来制定策略吧！"赵充国到了西羌，先认真了解情况，又采取了分化瓦解的办法，团结了大多数西羌人，终于使西羌安定下来。赵充国说的"百闻不如一见"后来就成了成语。它的意思是听到一百次，也不如亲自去看一次，耳听为虚，眼见为实，凡事要调查研究才能下结论。

百无聊赖

【词义】百：泛指多，各个方面；聊赖：依赖，指生活或感情上的依托。形容非常无聊。表示思想情感没有依托，精神空虚无聊。

【出处】汉·蔡琰《悲愤》诗："为复强视息，虽生何聊赖。"

【例句】找到新工作后，他感到活得非常充实，不再像以前那样百无聊赖了。

【典故】东汉末年，军阀公孙瓒盘踞蓟州，袁绍想消灭公孙瓒，故意散布谣言说易州城易守难攻。公孙瓒迁都易州城，大量修筑工事。袁绍大军围困易州，公孙瓒暗中庆幸占据了有利地形。但时间一长就百无聊赖，士气低落，被袁绍挖通地道进城占领。

百足之虫，死而不僵

【词义】比喻势力大的人或集团虽已失败，但其余威和影响仍然存在（多含贬义）。

【出处】三国·魏·曹冏《六代论》："百足之虫，至死不僵，以扶之者众也。"

【例句】当地治安十分混乱，警方在不久前抓捕了头号黑帮组织的老大，但是该黑帮组织仍然十分猖狂，犹如百足之虫，死而不僵。

【典故】魏国有一个贤士名叫曹冏。在魏国初建之时，急需稳定大局，巩固统治权。为此，曹冏便上疏魏王曹操，说："故语曰：'百足之虫，至死不僵'，扶之者众也。"他的意思是说，有句老话说，有一种虫子有一百只脚，它死了以后在较长的时间内仍不会僵硬。这是由于支撑着它的渠道很多啊。曹冏引用这句古语的目的，是劝告曹操要大力重用亲信，扶植自己的势力，招揽人才为我所用，只有这样，才能巩固自己的统治。

班门弄斧

【词义】在鲁班、匠石的门前舞弄大斧。比喻在行家面前卖弄本领。

【出处】唐·柳宗元《王氏伯仲唱和诗序》："操斧于班、郢之门，斯强颜耳。"

【例句】他居然在钢琴大师面前炫耀琴技，真是班门弄斧。

【典故】鲁班是战国时代的鲁国人。他是一个善于制作精巧器具的能手，人们叫他"巧人"，民间历来把他奉为木匠的始祖。

有一天，一个年轻的木匠漫不经心地走到一个大红门的房子前，举起自己手里的斧子，说："我这把斧子，别看它不起眼，可不管是什么木料，只要到了我的手里，用我的斧头这么一弄，就会做出漂亮无比的东西来。"

旁边的人听了，觉得他太夸口，就指着身后的大红门说："小师傅，那你能做出比这扇还好的门吗？"年轻的木匠傲慢地说："不是我吹牛，告诉你们，我曾经当过鲁班的学生，难道还做不出这样一扇简单的大门来，简直是笑话。"

众人听了，忍不住大笑起来，说："这就是鲁班先生的家，这扇门就是他亲手做的，你真的能做出比这扇还好的门吗？”

那位年轻的木匠不好意思地跑掉了。

饱食终日

【词义】终日：整天。整天吃饱饭，不动脑筋，不干什么正经事。

【出处】《论语·阳货》：“子曰：‘饱食终日，无所用心，难矣哉！’”

【例句】爷爷退休了，也不在家饱食终日，无所事事。

【典故】春秋时期，孔子经常教育他的学生向颜回学习，不要追慕富贵与享受，用心读书。孔子说，如果一个人一天到晚吃得饱饱的没有事可干，不去用心思考问题，那就没有造就了。世上下棋的人虽然悠闲，但也要用心，比起那些饱食终日的人来真是强多了。

抱残守缺

【词义】抱着残缺陈旧的东西不放。形容思想保守，不求改进。

【出处】《汉书·刘歆传》：“犹欲保残守缺，挟恐见破之私意，而亡（无）从善服义之公心。”

【例句】不清除抱残守缺的旧观念，就不能更好地投身到改革的大潮中去。

【典故】西汉时，有一个叫刘歆的人，字子骏，是著名学者刘向的儿子，曾拜为黄门郎（内廷侍从官）。后来与刘向共同负责校勘和整理典籍，进行学术研究。在校勘工作中，他阅读了不少秘藏的古籍，发现了一本古书《春秋左氏传》，爱不释手。经过研究，刘歆认为，《左传》是一本珍贵的文献资料，便建议为《左传》等古籍建立学官。汉哀帝（刘欣）知道此事后，就命刘歆与五经博士讲论《左传》等一批古书的义理。但诸博士既不同意为《左传》等建立学官，又不肯讨论研究此事。刘歆对众博士的态度很气愤，给管博士的太常写了一封公文，对此提出了批评和抗议。

刘歆的信中写道：这些博士不学无术，孤陋寡闻，怀着害怕别人识破他们的私意，没有服从真理的公心，所以抱残守缺，因循守旧，而不肯探求新的学问。由于刘歆的信言辞痛切，引起了博士们的怨恨并因此遭到了诽谤。后来，刘歆自请到地方做了个小官。

根据这个故事，后人引伸出了“抱残守缺”这句成语，原意为守住陈旧、残破的东西，不肯放弃。现多用以比喻思想保守，不肯接受新事物。

抱薪救火

【词义】薪：柴草。抱着柴草去救火。比喻用错误的方法去消除灾祸，反而使灾祸扩大。

【出处】西汉·司马迁《史记·魏世家》：“且夫以地事秦，譬犹抱薪救火，薪不尽，火不灭。”

【例句】上个月他因旷课，考试没有及格，你不帮他补课，还约他跳舞，这不是抱薪救火吗？

【典故】战国末期，秦国向魏国接连发动大规模的进攻，魏国无力抵抗，大片土地都被秦军占领了。到公元前273年，秦国又一次向魏国出兵，势头空前猛烈。魏王把大臣们召来，愁眉苦脸地问大家有没有使秦国退兵的办法。大臣们经过多年的战乱，提起打仗就吓得哆嗦，谁也不敢谈“抵抗”二字。在这大兵压境的危急时刻，多数大臣都劝魏王，用黄河以北和太行山以南的大片土地为代价，向秦王求和。谋士苏代听了这些话，很不以为然，忙上前对魏王说：“大王，他们是因为自己胆小怕死，才让您去卖国求和，根本不为国家着想。您想，把大片土地割让给秦国虽然暂时满足了秦王的野心，但秦国的欲望是无止境的，只要魏国的土地没割完，秦军就不会停止进攻我们。”说到这里，苏代讲了一个故事：“从前有一个人，他的房子起火了，别人劝他快用水去浇灭大火，但他不听，偏抱起一捆柴草去救火，是因为他不懂得柴草不但不能灭火，反而能助长火势的道理。大王若同意拿着魏国土地去求和，不就等于抱着柴草去救火吗？”尽管苏代讲得头头是道，但是胆小的魏王只顾眼前的太平，还是依大臣们的意见把魏国大片土地割让给秦国。到公元前225年，秦军果然又向魏国大举进攻，包围了国都大梁，掘开黄河大堤让洪水淹没了大梁城，魏国终于被秦国灭掉了。

暴虎冯河

【词义】暴虎：空手搏虎；冯河：涉水过河。比喻有勇无谋，鲁莽冒险。

【出处】元·关汉卿《鲁斋郎》第四折："张孔回缘木求鱼，鲁斋郎暴虎冯河。"

【例句】敌众我寡还要硬拼，简直是暴虎冯河。

【典故】仲由，字子路，年轻时就以勇力闻名。后来子路做了孔子的学生。孔子曾对别人说："自从我有了子路后，再也没有人敢当面恶言恶语中伤我了。"子路不好读书。孔子劝他，他说："南山的竹子，不用加工就是直的，砍下来做箭，可以射穿犀牛皮。学习有什么用？！"孔子说："把它装上羽毛和箭镞，会射得更远。"子路不听。有一次，子路问："夫子，您如果统率三军，希望谁跟您在一起？"孔子说："喜欢空手打虎、徒步过河（暴虎冯河）、自以为勇敢不怕死的人，我不喜欢。我要遇事善于冷静思考、千方百计争取成功的人。"后来子路在卫国做了官。公元前480年，卫国发生内乱，死了许多人。孔子知道了说："哎，子路这一次有难了！"果然，子路一个人奔回京城，坚决要求惩处作乱的人，结果被杀。

暴殄天物

【词义】暴：损害，糟蹋；殄：灭绝；天物：指自然生物。原指残害灭绝天生万物。后指任意糟蹋东西，不知爱惜。

【出处】《尚书·武成》："今商王受无道，暴殄天物，害虐烝民。"孔安国注之曰："暴绝天物，言逆天也。"孔颖达疏之曰："普谓天下百物，鸟兽草木，皆暴绝之。"

【例句】吃馒头还要剥皮儿，这不是暴殄天物吗！

杯弓蛇影

【词义】将映在酒杯里的弓影误认为蛇。比喻因疑神疑鬼而引起恐惧。

【出处】东汉·应劭《风俗通义·怪神·世间多有见怪惊怖以自伤者》："予之祖父郴为汲令，以夏至日请见主簿杜宣，赐酒。时北壁上有悬赤弩，照于杯，形如蛇。宣畏恶之，然不敢不饮，其日便得胸腹痛切，妨损饮食，大用羸露，攻治万端，不为愈。后郴因事过至宣家，窥视，问其变故，云：'畏此蛇，蛇入腹中。'郴还听事，思惟良久，顾见悬弩，必是也。则使门下史将铃下侍徐扶辇载宣，于故处设酒，杯中故复有蛇，因谓宣：'此壁上弩影耳，非有他怪。'宣意遂解，甚夷怿，由是瘳平。"

【例句】她不知从哪儿听到要地震的消息，整天杯弓蛇影，稍有动静就慌作一团。

【典故】有一年夏天，县令应郴请主簿（办理文书事务的官员）杜宣来饮酒。酒席设在厅堂里，北墙上悬挂着一张红色的弓。由于光线折射，酒杯中映入了弓的影子。杜宣看了，以为是一条蛇在酒杯中蠕动，顿时冷汗涔涔。但县令是他的上司，又是特地请他来饮酒的，不敢不饮，所以硬着头皮喝了几口。仆人再斟时，他借故推却，起身告辞走了。回到家里，杜宣越来越疑心刚才饮下的是有蛇的酒，又感到随酒入口的蛇在肚中蠕动，觉得胸腹部疼痛异常，难以忍受，吃饭、喝水都非常困难。家里人赶紧请大夫来诊治。但他服了许多药，病情还是不见好转。过了几天，应郴有事到杜宣家中，问他怎么会闹病的，杜宣便讲了那天饮酒时酒杯中有蛇的事。应郴安慰他几句，就回家了。他坐在厅堂里反复回忆和思考，弄不明白杜宣酒杯里怎么会有蛇。突然，北墙上的那张红色的弓引起了他的注意。他立即坐在那天杜宣坐的位置上，取来一杯酒，也放在原来的位置上。结果发现，酒杯中有弓的影子，不细细观看，确实像是一条蛇在蠕动。应郴马上命人用马车把杜宣接来，让他坐在原位上，叫他仔细观看酒杯里的影子，并说："你说的杯中的蛇，不过是墙上那张弓的倒影罢了，没有其他什么怪东西。现在你可以放心了！"杜宣弄清原委后，疑虑立即消失，病也很快痊愈了。

杯盘狼藉

【词义】狼藉：像狼窝里的草那样散乱。杯子盘子乱七八糟地放着。形容吃喝以后桌面杂乱的样子。

【出处】《史记·滑稽列传》："日暮酒阑，合尊促坐，男女同席，履舄交错，杯盘狼藉，堂上烛灭，主人留髡而送客。罗襦襟解，微闻芗泽，当此之时，髡心最欢，能饮一石。"

【例句】宴会已散，满桌杯盘狼藉。

杯水车薪

【词义】用一杯水去救一车着了火的柴草。比喻力量太小，解决不了问题。

【出处】《孟子·告子上》："今之为仁者，犹以一杯水救一车薪之火也。"

【例句】他那微薄的工资，对于全家庞大的开销简直是杯水车薪啊！

【典故】从前，有个樵夫砍柴回家，天气炎热，他推了满满的一车柴草来到一家茶馆门前。在屋里刚坐下喝了一会茶，就听见外面有人高喊："不好了，救火啊！柴车着火了！"樵夫立即起身，端起茶杯就冲了出去。他把茶杯里的水向燃烧的柴车泼去。但丝毫不起作用，火越来越大，最后柴车化为了灰烬。

闭门造车

【词义】关起门来造车子。比喻脱离实际，只凭主观办事。

【出处】宋·朱熹《中庸或问》卷三："古语所谓闭门造车，出门合辙，盖言其法之同。"

【例句】经营生意要随时看大局，不要闭门造车。

闭月羞花

【词义】闭：藏。使月亮躲藏，使花儿羞惭。形容女子容貌美丽。

【出处】元·王实甫《西厢记》第一本第四折："则为你闭月羞花相貌，少不得剪草除根大小。"

【例句】姐姐刚从国外回来，穿着打扮非常时尚，真是闭月羞花。

【典故】貂蝉在后花园拜月时，忽然轻风吹来，一块浮云将那皎洁的明月遮住。这时正好王允瞧见。王允为宣扬他的女儿长得如何漂亮，逢人就说，我的女儿和月亮比美，月亮比不过，赶紧躲在云彩后面。因此，貂蝉也就被人们称为"闭月"了。

筚路蓝缕

【词义】筚路：柴车；蓝缕：破衣服。驾着简陋的车，穿着破烂的衣服去开辟山林。形容创业的艰苦。

【出处】《左传·宣公十二年》："筚路蓝缕，以启山林。"

【例句】如今衣锦还乡的他，还时常会想起创业之初那废寝忘食、筚路蓝缕的情景。

【典故】春秋时期，楚庄王率军攻打郑国，郑国派大夫皇戌（shù）到晋国求援，并称楚人很骄傲，现在出兵可以大败楚军。下军副将栾 (luán) 书极力反对，说楚王灭庸以后经常教育百姓，不要忘记楚国先君若敖开创基业时筚路蓝缕的生活。晋国出兵，结果被楚军打败。

鞭长莫及

【词义】及：到。原意是鞭子虽长，也不能打马肚子。

比喻相隔太远，力量达不到。

【出处】《左传·宣公十五年》：“虽鞭之长，不及马腹。”

【例句】从电视上看中国队的比赛，虽然想为他们呐喊助威，可是远隔千里，鞭长莫及，真急人。

【典故】春秋时期，楚庄王派申舟访问齐国，途中必经宋国。按理来说，经过宋国应事先通知宋国，然而楚庄王自恃楚国为大国，不把宋国放在眼里，就没通知宋国。宋国国君知道后，十分气愤，将申舟扣留下来。大臣华元对国君说：“楚国事先未有通知，便是把我国当作已亡，领土已归属于他。我们必须维护独立主权的尊严，不能受这种侮辱！就算楚国要发兵进攻，大不了就亡国。但我们宁可战败，也不服屈辱！”宋国国君听了后，处死了申舟，并随时迎接楚国的进攻。楚庄王得知消息后，果然派兵进攻宋国，并将宋国都城睢阳团团围住。双方相持了好几个月，楚国也未能取胜。第二年春，宋国派大夫乐婴向晋国求助。晋景公准备出兵为宋国解救时，大夫伯宗劝道：“虽鞭长，不及马腹（鞭子再长，也打不到马的肚子），我们又怎能管得了楚国呢？”

变化莫测

【词义】测：估测。变化很多，不能预料。

【出处】唐·韩愈《殿中少监马君墓志》：“当是时，见王于北亭，犹高山深林巨谷龙虎，变化不测，杰魁人也。”

【例句】最近的天气变化莫测，我们还是提早防备。

标新立异

【词义】标：提出，写明；异：不同的，特别的。提出新奇的主张，表示与众不同。

【出处】南朝·宋·刘义庆《世说新语·文学》：“支道林在白马寺中，将冯太常（冯怀）共语，因及《逍遥》，支卓然标新理于二家之表，立异于众贤之外。”

【例句】她就是爱标新立异，只要新潮服饰一上市，她是必买来穿戴在身，也不管是否合适。

【典故】东晋时期，佛教学者支道林结交王羲之、谢安等名士。他们经常在一起谈论玄理，研究《庄子》。《庄子》是战国时期庄周写的一部哲学经典著作。晋代的向秀和其后的郭象两人完成了对《庄子》的注释。《庄子》的第一篇《逍遥游》是书中最深奥难懂的地方。当时，许多名士都曾深入研究这篇文章标新立异的意思，但都不能超出郭象和向秀的见解。支道林曾经在白马寺和冯太常一起聊天，谈到《逍遥游》时，他提出了一种比郭象和向秀的见解更为新颖的看法，也与当时众多名士的观点迥然不同。支道林的这些见解都是众多名士苦苦思索而不能够想明白的。后来，人们在解释《逍遥游》时也就借鉴了支道林的这些观点。

彪形大汉

【词义】彪：小老虎，比喻躯干壮大；汉：男子。身材高大、结实的男子。

【出处】清·吴趼人《痛史》第九回：“二人都是彪形大汉，浓眉广颡，燕领虎腮。”

【例句】突击队员们不仅身手灵活，而且个个都是彪形大汉。

表里山河

【词义】表里：内外。外有大河，内有高山。指有山河天险作为屏障。

【出处】《左传·僖公二十八年》：“子犯曰：‘战也。战而捷，必得诸侯。若其不捷，表里山河，必无害也。’”

【例句】这处地形，表里山河，易守难攻，是兵家必争之地啊！

别开生面

【词义】指新的面貌。原指画像经重新绘制，面目一新，后比喻另外开辟一种新局面或创造出一种新的风格式样。

【出处】唐·杜甫《丹青引》："凌烟功臣少颜色，将军下笔开生面。"

【例句】无场次话剧，真是别开生面。

【典故】公元755年，安禄山、史思明发动叛乱，玄宗逃往四川。曹霸也流落到成都，靠在街头替路人画像过活，晚景极其凄凉。一次，著名的诗人杜甫来到成都，在朋友家里看到曹霸画的《九马图》，得知这位名噪一时的画家也在成都，便马上去寻访。几经打听，终于在街头找到了曹霸。

杜甫了解了曹霸的身世和遭遇后，非常同情和感慨，写了一首诗赠给他。诗中有这样两句："凌烟功臣少颜色，将军下笔开生面。"这两句诗的意思是：凌烟阁中的功臣像已失去了往日鲜艳夺目的色泽，幸亏你左武卫将军下笔使它们重放光彩。

别无长物

【词义】长物：多余的东西。除一身之外再没有多余的东西。原指生活俭朴，现形容贫穷。

【出处】明·凌濛初《二刻拍案惊奇》："其家乃是个贫人，房内只有一张大几，四下一看，别无长物。"

【例句】三年来，经他手的钱成千上万，但他清廉自守，离职时依然是那点简单的行李，别无长物。

【典故】东晋时有个读书人，名叫王恭。他生活俭朴，不图享受，人们都说他将来定能做一个有用的人。有一年，王恭随父亲从会稽来到都城建康，他的同族王忱去看望他，两人在一张竹席上促膝谈心。谈着谈着，王忱忽然觉得身下的席子非常光滑，感到很舒服。他心想王恭从盛产竹子的会稽来，一定带了不少这样的竹席，就称赞了一番这张竹席，并希望王恭能送他一张竹席。王恭听了，毫不犹豫地将这张竹席赠送给王忱。王忱千恩万谢地走了。其实，王恭只有这张竹席。送掉后，他就改用了草席。王忱知道这情况后，十分惊讶，觉得过意不去，就去找王恭表示歉意。王恭笑笑说："您不太了解我，我王恭平生没有什么多余的物品。"

病入膏肓

【词义】膏肓：古人把心尖脂肪叫"膏"，心脏与膈膜之间叫"肓"。形容病情十分严重，无法医治。比喻事情到了无法挽救的地步。

【出处】《左传·成公十年》："医至，曰：'疾不可为也。在肓之上，膏之下，攻之不可，达之不及，药不至焉，不可为也。'"

【例句】由于母亲病入膏肓，这个孩子整日无精打采，茶饭不思。

【典故】晋景公生了重病，经过许多医生医治，都不见好转。后来，他听说秦国有个名医的医术非常高明，于是便派人日夜兼程去请。在医生还没有到来之前，晋景公做了一个梦，梦见有两个小孩子站在他身边说话。一个说："你知道吗？秦国要来个名医，恐怕要伤害我们。"另一个满不在乎地说："你怕什么！我们居肓之上、膏之下，他是没法对付咱们的。"不久，名医到达晋国，立刻给晋景公诊病，医生对晋景公说："你的病非常危险，疾病在肓之上、膏之下，用灸法攻治不下，扎针又达不到，吃汤药也无济于事。"晋景公想起自己做过的梦，便点了点头说："你的医术真高明啊！"说罢，让人送给医生一份厚礼，让他回秦国去了。

后来，人们用"病入膏肓"形容人的病情极为严重，到了无药可治的程度，并引申形容某种情势或问题到了不可挽救的地步。

波涛汹涌

【词义】汹涌：水势腾涌的样子。形容波浪又大又急。

【出处】《三国志·吴书·孙策传》："'是岁地连震'的注引《吴录》载：'是冬魏文帝至广陵，临江观兵……帝见波涛汹涌，叹曰：嗟乎！固天所以隔南北也。'"

【例句】到了观潮的时候，钱塘江总是波涛汹涌。

勃然大怒

【词义】勃然：突然。突然变脸大发脾气。

【出处】东汉·班固《汉书·谷永传》："是故皇天勃然发怒。"

【例句】他听了这些传言，勃然大怒，要去和人家拼命。

博学多才

【词义】学识广博，有多方面的才能。

【出处】《晋书·郤诜传》："诜博学多才，瑰伟倜傥，不拘细行，州郡礼命并不应。"

【例句】他是一个年轻有为、博学多才的好后生。

不负众望

【词义】负：辜负；众：众人；望：期望。不辜负大家的期望。

【出处】《诗经·大雅·下武》："永言配命，成王之孚。"

【例句】他不负众望，凭借自己的努力，成为了好榜样。

不即不离

【词义】即：接近，靠近；离：疏远，离开。指对别人的关系或态度有距离，既不太亲近，又不太疏远。

【出处】唐·北天竺罽宾国佛陀多罗译《圆觉经》上卷："不即不离，无缚无脱。"

【例句】他俩在一起已经两年多了，还是那么不即不离的，令人费解。

不见天日

【词义】原指乌云遮住天空和太阳，形容天气阴沉得厉害。现比喻社会黑暗，见不到一点光明和希望。

【出处】北宋·魏泰《东轩笔录》卷八："福州之人，以为终世不见天日也，岂料端公赐问，然某尤为绛所苦者也。"

【例句】封建社会，人民的生活真是不见天日。

不经之谈

【词义】不经：不合道理。荒诞无稽、没有根据的话。

【出处】西晋·羊祜《诫子书》："无传无经之谈，无听毁誉之语。"

【例句】现在有种看手相的书，里面大都是些不经之谈。

不胫而走

【词义】胫：小腿；走：跑。没有腿却能跑。比喻事物无须推行，就已迅速地传播开去。

【出处】东汉·孔融《论盛孝章书》："珠玉无胫而自至者，以人好之也，况贤者之有足乎？"

【例句】胜利的消息不胫而走，不到半天，全县都知道了。

【典故】三国时，吴国的孙策对有才之士十分妒忌，常常借故将一些有才能者杀掉。有一个名叫盛孝章的有才者住在东吴，是孔融的好友，他为人耿直、孤傲，一向为孙策嫉恨。孔融时时为他担心，生怕他被孙策杀掉。一天，孔融给曹操写了一封信，介绍了盛孝章的情况，劝曹操招纳盛孝章。孔融在信中写道："如果要光复汉室，就先得着实求贤；而要得到贤人，就要尊重贤人。"他打了个比方道："珠玉无胫而自至者，以人好之也，况贤者之有足乎？"（意思是，珠玉本来是没有脚的，它之所以会落到人们的手中，就是因为有人喜欢它，何况贤人是有脚可以行走的呢？）孔融还在信中强调："只要尊重贤才，贤才就会跑来。"

不拘形迹

【词义】指形容言谈举止无拘无束，自由自在。

【出处】茅盾《子夜》四："曾沧海回头一看，认得是土贩李四，在某一点上，他这李四是不拘形迹的密友。"

【例句】同他做了朋友，时常约他吃酒，不拘形迹地畅谈。

不刊之论

【词义】刊：削除，古代把字写在竹简上，有错误就削去。指正确的、不可修改的言论。比喻不能改动或不可磨灭的言论，用来形容文章或言辞的精准得当，无懈可击。

【出处】南宋·吴曾《能改斋漫录·议论》："故中兴难于创业，是谓不刊之说。"

【例句】鲁迅的杂文语言犀利，思想深刻，都属于不刊之论。

不可救药

【词义】药：用药治疗。意为病已重到无法用药医治的程度。比喻人或事已经到了无法挽救的地步。

【出处】《诗经·大雅·板》："匪我言耄，尔用忧谑。多将熇熇，不可救药。"

【例句】他的执迷不悟已经到了不可救药的地步。

【典故】西周王朝到了后期，奴隶主贵族日益腐朽，不断搜刮钱财，发动战争，压迫百姓和奴隶。周厉王即位后，对百姓和奴隶的剥削压迫更重。他贪财好利，独占山林川泽，不许百姓打猎、砍柴、捕鱼，还派人监视他们的言行；谁议论他，他就把谁杀死。人民忍无可忍，到处都有人起来反抗，周王朝的统治越来越不稳固。

眼看周王朝政权摇摇欲坠，关心国家的大臣都很痛心。忠心耿耿的老臣凡伯，极力劝谏周厉王改变暴虐的政治，力修德政，挽救国家。可是周厉王不听，一些权臣也嘲笑凡伯，说他昏庸无能，不识时务。凡伯非常气愤，挥笔写了一首长诗，表达自己焦急的心情。这首诗很长，其中有一节意思是这样的："上天正在逞威肆虐，不要这样盲目快乐。我这老夫一片诚意，小子们却是骄傲自得。我进谏的并非老昏之言，你们反倒拿来取笑戏谑。你们的气焰炽盛如火，真是病重到不能用药救活了。"

不可磨灭

【词义】磨灭：消失。永远消失不了。指事迹言论等将始终保留在人们的记忆中。

【出处】北宋·欧阳修《记旧本韩文后》："韩氏之文，没而不见者二百年，而后大施于今，此又非特好恶之所上下，盖其久而愈明，不可磨灭，虽蔽于暂而终耀于无穷者，其道当然也。"

【例句】这次前线之行，给我留下了不可磨灭的印象。

不落窠臼

【词义】窠：鸟巢；臼：舂米的石器。比喻有独创风格，不落旧套。

【出处】明·胡应麟《诗薮》："初学必从此入门，庶不落小家窠臼。"

【例句】这篇文章立意新颖，不落窠臼。

不蔓不枝

【词义】蔓：藤蔓，名词作动词，意为蔓延。既不蔓延，也不分支。比喻说话或写文章简明扼要，不拖泥带水。

【出处】北宋·周敦颐《爱莲说》："中通外直，不蔓不枝。"

【例句】他把事情经过娓娓道来，不蔓不枝，大家听得很明白。

【典故】晋代的陶渊明只爱菊花。唐代以来，世人十分喜爱牡丹。我周敦颐却只爱莲花从污泥中生出却没有被污染，经过清水洗涤却并不妖艳，中间通透，外形挺直，不牵牵连连，不枝枝节节的（不蔓不枝），香气在远处更加清幽，笔直洁净地立在那里，只能在远处观赏而不能玩弄。

不情之请

【词义】情：情理。不合情理的请求（称自己提出请求时的客气话）。

【出处】清·纪昀《阅微草堂笔记·滦阳消夏录二》："不情之请，惟君图之。"

【例句】我想这是大年夜，他在暖暖融融的屋里，说说笑笑正热闹，叫他冲黑冒寒送我，是不情之请。

不求甚解

【词义】不追求过分的解释。后来引申为只求知道个大概，不求彻底了解。常指学习或研究不认真、不深入。

【出处】东晋·陶渊明《五柳先生传》："好读书，不求甚解，每有会意，便欣然忘食。"

【例句】我们学习要脚踏实地，注意每一个细节，不能不求甚解。

【典故】陶渊明为自己写了一篇文章，取名《五柳先生传》。文章的开头是这样的：先生不知道是哪里人，也不清楚他的姓名。他的住宅旁边有五棵柳树，因而就以"五柳"作为自己的号了。先生喜爱闲静，不多说话，也不羡慕荣华利禄。很喜欢读书，似对所读的书不执着于字句的解释；每当对书中的意义有一些体会的时候，便高兴得忘了吃饭。生性爱喝酒，可是因为家里贫穷，不是经常有酒喝。亲戚朋友知道他这种境况，有时摆了酒席叫他来一起喝酒；他去喝酒就喝个尽兴，希望一定喝醉。喝醉了就离开，从来不会留恋着而不肯离开。简陋的居室里空空荡荡，破旧得连风和阳光都无法遮挡；粗布短衣上打了补丁，盛饭的碗和饮水的工具经常是空的，而他却能安然自得。（五柳先生）常常以写诗作文章当娱乐，稍微抒发自己的志趣。他能够忘掉世俗的得与失，这样过完自己的一生。

不屈不挠

【词义】屈：屈服；挠：弯曲。比喻在压力和困难面前不屈服，表现十分顽强。

【出处】《汉书·叙传下》："乐昌笃实，不桡（挠）不离（屈）。"

【例句】干工作要不屈不挠，勇于前进。

【典故】王商，字子威，继承父亲的封号为乐吕侯，是汉成帝的丞相，他为人耿直，作风正派。汉成帝三年的秋天，长安城中忽然有传言说要发大水了，长安城就要被水吞没了。刹那间，整个长安城的老百姓都惊慌起来，大家扶老携幼，争相逃命。消息传到宫中，汉成帝立即召集文武百官到宫中议事，商量对策。成帝的舅父、大将军王凤惊慌失措，劝成帝、太后赶快躲到船上去准备撤离。大臣们也纷纷附和王凤的意见。只有丞相王商坚决反对，他认为大水不可能突然而来，一定是谣传。在这个关键时刻更不能轻易撤离，这样只会使人心更加慌乱。成帝采纳了王商的意见，过了一会儿，城里也没见大水来，谣言不攻自破，城里的秩序也慢慢恢复了。调查下来，确实是传言失实。成帝对王商能力排众议很赞赏。王凤却认为是王商使他下不了台，因此心怀不满。王凤有个亲戚叫杨肜，因为没有把他管辖的地方管理好，王商要办他的罪，王凤为此亲自跑到王商面前，替杨肜说情，为他开脱。王商坚持原则，免去了杨肜的官职，王凤更加怀恨在心，千方百计想要打击报复。于是他勾结了同伙，诬陷王商。汉成帝最后听信了谗言，罢免了王商的丞相职务。但是，是非自有公论。《汉书》的作者班固在撰写王商的传记时对王商的评价是：为人诚实公正，不屈不挠。这样的评论是很客观公正的。

不容置喙

【词义】置：安放；喙：嘴。指不允许别人插嘴说话。

【例句】他发表言论时，滔滔不绝，又不容置喙，谁能劝得了他？

不塞不流，不止不行

【词义】指不把这种东西打倒，什么新文化都是建立不起来的。

【出处】唐·韩愈《原道》："然则如之何而可也？曰：不塞不流，不止不行，人其人，火其书，庐其居。"

【例句】不破不立，不塞不流，不止不行，它们之间的斗争是生死斗争。

不衫不履

【词义】衫：上衣；履：鞋子。不穿长衫，不穿鞋子。形容不修边幅的样子。

【出处】唐·杜光庭《虬髯客传》："既而太宗至，不衫不履，裼裘而来，神气扬扬，貌与常异。"

【例句】这个人总是不衫不履的，不管别人怎么想。

不省人事

【词义】省：知觉。指昏迷过去，失去知觉。也指不懂人情世故。

【出处】南宋·汪应辰《与朱元晦》："问其无所苦否，则曰'无事，无事'。寻即不省人事。"

【例句】他病得不省人事了。

不肖子孙

【词义】不肖：不贤。指品德差，没出息，不能继承先辈事业的子孙或晚辈。

【出处】《庄子·天地》："亲之所言而然，所行而善，则世俗谓之不肖子。"

【例句】他的一点家业全被那些不肖子孙卖光了。

不言而喻

【词义】喻：了解，明白。不用说话就能明白。形容道理很明显。

【出处】《孟子·尽心上》："君子所性，仁义礼智根于心，其生色也，睟然见于面，盎于背，施于四体，四体不言而喻。"

【例句】他的儿子犯了罪，他给法官送去了一份厚礼，其目的是不言而喻的。

不自量力

【词义】量：估量。自己不估量自己的能力。指过高地估计自己的实力。

【出处】《左传·隐公十一年》："郑、息有违言，息侯伐郑。郑伯与战于竟，息师大败而还。君子是以知息之将亡也。不度德，不量力，不亲亲，不征辞，不察有罪，犯五不韪而以伐人，其丧师也，不亦宜乎！"

【例句】他对这个任务很感兴趣，有心主动接过来，又怕别人笑他不自量力。

【典故】春秋时期，在如今河南省境内有两个诸侯国，一个是郑国，一个是息国。公元前 712 年，息国向郑国发动了战争。这两个诸侯国虽然都很小，但息国的人力与物力比郑国要少得多，军力也要弱得多，战争自然以息国的失败而告终。事后，一些有见识的人分析出，息国快要灭亡了。他们分析的根据是，息国一不考虑自己的德行如何，二不估量自己的力量是否能取胜，三不同亲近的国家搞好关系，四不把自己向郑国进攻的道理讲清楚，五不明辨失败的罪过和责任是谁。犯了这五条错误，还要出师征伐别国，结果遭到失败，这不是非常自然的吗？果然，不久息国被楚国攻灭。

不足为据

【词义】足：够得上；据：证据。不能作为依据。

【出处】北宋·刘安世《论蔡确作诗讥讪事第六》："诗

板是明白已验之迹，便可为据，开具乃委曲苟免之词，不足为凭。”

【例句】他所说的这些不足为据。

步履蹒跚

【词义】走路一瘸一拐的样子。形容走路腿脚不方便，歪歪倒倒的样子。

【出处】宋·龚熙正《释常谈·步履蹒跚》：患脚谓之步履蹒跚。

【例句】年近八旬的李老汉步履蹒跚地走在大街上。

步人后尘

【词义】后尘：走路时扬起的尘土。跟在别人后面走。指追随、模仿别人，没有创新。

【出处】唐·杜甫《戏为六绝句》：“窃攀屈宋宜方驾，恐与齐梁作后尘。”

【例句】我们的设计，不应该步人后尘，而应该有自己的时代特点。

C

才高八斗

【词义】才：才华。比喻人极有才华。

【出处】《南史·谢灵运传》：“天下才共一石，曹子建独得八斗，我得一斗，自古及今共分一斗。”

【例句】郭沫若在青年时期创作的《女神》长诗，奠定了他在中国现代文学史上才高八斗的形象。

【典故】南朝宋国谢灵运，是我国古代著名的山水诗作家。他的诗，大都描写会（kuài）稽、永嘉、庐山等地的山水名胜，善于刻画自然景物，开创了文学史上的山水诗一派。他写的诗艺术性很强，尤其注意形式美，很受文人雅士的喜爱。诗篇一传出来，人们就竞相抄录，流传很广。宋文帝很赏识他的文学才能，特地将他召回京都任职，并把他的诗作和书法称为“二宝”，常常要他边侍宴，边写诗作文。一直自命不凡的谢灵运受到这种礼遇后，更加狂妄自大。有一次，他一边喝酒一边自夸道：“魏晋以来，天下的文学之才共有一石（一种容量单位，一石等于十斗），其中曹子建（即曹植）独占八斗，我得一斗，天下其他的人共分一斗。”从他的话中可以看出，他除了佩服曹植以外，其他人的才华都不在他眼里，自我评价非常高。

参差不齐

【词义】参差：长短、高低不齐。形容水平不一或很不整齐。

【出处】西汉·扬雄《法言·序目》：“因君将相，卿士名臣，参差不齐，一概诸圣。”

【例句】我们班 50 人，英语水平参差不齐。

残羹冷炙

【词义】指吃剩的饭菜。也比喻别人施舍的东西。

【出处】唐·杜甫《奉赠韦左丞丈》：“残杯与冷炙，到处潜悲辛。”

【例句】新中国成立前，爷爷给地主当长工，吃的是残羹冷炙，睡的是潮湿的地铺，以致熬坏了身体。

沧海桑田

【词义】桑田：农田。大海变成桑田，桑田变成大海。比喻世事变化很大。

【出处】东晋·葛洪《神仙传·麻姑》：“麻姑自说云，接侍以来，已见东海三为桑田。”

【例句】化石是沧海桑田的见证。

【典故】从前有两个仙人，一个叫王远，一个叫麻姑。一次，他们相约到蔡经家去饮酒。到了约定的那天，王远在一批乘坐麒麟的吹鼓手和侍从的簇拥下，坐在五条龙拉的车上，前往蔡经家。他戴着远游的帽子，挂着彩色的绶带，佩着虎头形的箭袋，显得威风凛凛。王远一行降落在蔡经家的庭院里后，簇拥他的那些人一会儿全部隐没了。接着，王远和蔡家的成员互相致意，然后独自坐在那里等候麻姑的到来。王远等了好久还不见麻姑到来，便朝空中招了招手，吩咐使者去请她。蔡经家人谁也不知道麻姑是天上哪位仙女，便翘首以待。过了一会儿，使者在空中向王远禀报说："麻姑命我先向您致意，她说已有五百多年没有见到先生了。此刻，她正奉命巡视蓬莱仙岛，稍待片刻，就会来和先生见面的。"王远微微点头，耐心地等着。没多久，麻姑从空中降落下来了。她的随从人员只及王远的一半。蔡经家的人这才见到，麻姑看上去似人间十八九岁的漂亮姑娘。她蓄着长到腰间的秀发，衣服不知是什么质料制的，上面绣着美丽的花纹，光彩耀目。麻姑和王远互相行过礼后，王远就吩咐开宴。席上的用具全是用金和玉制成的，珍贵而又精巧；里面盛放的菜肴，大多是奇花异果，香气扑鼻。所有这些，也是蔡经家的人从未见过的。席间，麻姑对王远说："自从得了道接受天命以来，我已经亲眼见到东海三次变成桑田。刚才到蓬莱，又看到海水比前一时期浅了一半，难道它又要变成陆地了吗？"王远叹息道："是啊，圣人们都说，大海的水在下降。不久，那里又将扬起尘土了。"宴饮完毕，王远、麻姑各自招来车驾，升天而去。

沧海遗珠

【词义】大海里的珍珠被采珠人所遗漏。比喻埋没人才或被埋没的人才。

【出处】《新唐书·狄仁杰传》："异其才，谢曰：'仲尼称观过知仁，君可谓沧海遗珠矣。'"

【例句】有考试必有所淘汰，沧海遗珠之憾难免。

【典故】狄仁杰，字怀英，并州太原人。他的祖父狄孝绪，贞观中期任尚书左丞（正四品上）。他的父亲狄知逊，曾任夔州长史（正六品上）。仁杰小时候，家中的一个仆役被人杀了，县衙里来人盘问调查，家里人都忙着接待，接受问询。只有仁杰一动不动地坐在那里读书。县衙里的人责怪他，仁杰说："这些书中，圣人贤良都在，我都接待应对不过来，哪有时间理你这样的庸俗小吏？"后来经过举荐，他担任汴州判佐。恰逢工部尚书（正三品）有些同事诬告仁杰，阎立本接见了仁杰，感叹地说道："孔子云：'观过知仁矣'（通过观察一个人所犯过失，可以知道这个人的品质为人），你可以说是海曲之明珠，东南之遗宝。"于是推荐他担任了并州都督府法曹（正七品下）。

草菅人命

【词义】草菅：野草。把人命看作野草。指任意残害人命。

【出处】东汉·班固《汉书·贾谊传》："故胡亥今日即位而明日射人，忠谏者谓之诽谤，深计者谓之妖言，其视杀人若艾草菅然。"

【例句】旧社会的贪官往往草菅人命。

【典故】贾谊，洛阳人，是汉文帝时的一个著名文人。自小聪慧好学，极有才华。被文帝召为博士，后又担任过太中大夫的官职。但因为被人嫉妒，后谪为长沙王太傅（老师）。政治上的不得志，使他以屈原自喻，写下了著名的《吊屈原赋》等文章。后来，汉文帝把他召回宫中，要他担任梁王刘揖的太傅。梁王是汉文帝最宠爱的儿子，文帝指望他将来能继承皇位，所以要他多读些书，希望贾谊好好教导他。贾谊就此发了一通议论，他说："辅导皇子，教他读书固然重要，但更重要的是，教他怎样做一个正直的人。不能像秦朝末年赵高教导秦二世胡亥那样，传授给胡亥的是严刑酷狱，所学的不是杀头割鼻子，就是满门抄斩。所以，胡亥一当上皇帝，就乱杀人，看待杀人就好像看待割茅草一样，不当一回事。这难道是胡亥的本性生来就坏吗？他所以这样，是教导他的人没有引导他走上正道，这才是根本原因所在。"后来，贾谊到梁国上任担任太傅，悉心辅导梁王。可是梁王不慎骑马摔死，贾谊自责没有尽到太博的责任，因此终日郁郁不乐，常常哭泣，一年后，就死了，死时才33岁。可是，贾谊这段精彩的论述就此留传了下来。“草菅人命”作为一句成语，也被人们用来形容反动统治阶级杀人的凶残狠毒。

草长莺飞

【词义】莺：黄鹂。形容江南暮春的景色。

【出处】南朝·梁·丘迟《与陈伯之书》：“暮春三月，江南草长，杂花生树，群莺乱飞。”

【例句】这样看来，花香鸟语，草长莺飞，都是大自然的语言。

曾经沧海

【词义】曾经：经历过；沧海：大海。比喻曾经见过大世面，不把平常事物放在眼里。

【出处】《孟子·尽心上》：“故观于海者难为水，游于圣人之门者难为言。”

【例句】他这个20世纪30年代的老红军，可是个曾经沧海的老革命啊！

搽脂抹粉

【词义】指化妆打扮。今亦用于形容掩饰、遮盖。

【出处】明·孙仁儒《东郭记·妾妇之道》：“喜值青年，全然未须，何妨巾帼罗儒，搽脂抹粉媚如狐。”

【例句】晚会开始了，演员们都搽脂抹粉、插花戴柳的。

差强人意

【词义】差：尚，略；强：振奋。勉强使人满意。

【出处】《后汉书·吴汉传》：“帝时遣人观大司马何为，还言方修战攻之具，乃叹曰：‘吴公差强人意，隐若一敌国矣。’”

【例句】这篇作文虽然文辞优美，但在结构安排上却差强人意。

【典故】吴汉是刘秀的一个部下，平常不太喜欢说话，个性也是直来直往。刚开始，刘秀没太注意他，后来听到一些将军常常称赞吴汉，才开始注意吴汉，还拜他做大将军。从此以后，吴汉帮刘秀打了许多次胜仗，立下不少功劳。吴汉不但勇敢，对刘秀也十分忠心。每次出外作战，总是紧紧跟着刘秀，而且只要刘秀没睡，他就恭敬地站在一旁，不肯先睡。偶尔作战输了，每个人都提不起劲来，吴汉总是鼓励大家不要悲观，应该振作起来，准备继续作战。有一次，刘秀作战输了，心情不是很好，其他将军也失去斗志。可是吴汉却和士兵们一起整理武器，审阅兵马。刘秀知道这些事后，再看看眼前这些垂头丧气的将军们，很感叹地说：“总算还有吴将军叫人满意。”

肠肥脑满

【词义】肠肥：身体胖，肚子大；脑满：肥头大耳。形容不劳而食的人吃得饱饱的，养得胖胖的。

【出处】《北齐书·琅邪王俨传》：“琅邪王年少，肠肥脑满，轻为举措。”

【例句】他长得肥头大耳，又缺乏智慧，真是肠肥脑满。

绰约多姿

【词义】绰约：姿态优美的样子。形容女子体态的美。

【出处】唐·蒋防《霍小玉传》：“年可四十余，绰约多姿，谈笑甚媚。”

【例句】隔壁的张阿姨虽五十多岁了，但依然绰约多姿。

车载斗量

【词义】载：装载。用车载，用斗量。形容数量很多，不足为奇。

【出处】《三国志·吴志·孙权传》：“遣都尉赵咨使

魏。”裴松之注引《吴书》：“如臣之比，车载斗量，不可胜数。”

【例句】这家粮店今年购进的大米车载斗量。

【典故】三国时，蜀主刘备称帝，出兵伐吴。吴主孙权派中大夫赵咨出使魏国，向魏文帝曹丕求援。曹丕轻视东吴，接见赵咨时态度傲慢地问道：“吴王是什么样的国君？吴国怕不怕我们魏国？”赵咨听了这种带有侮辱性的问话，心中很气愤。他作为吴国的使者，当然不能有失国家的尊严，便很有分寸地回答道：“吴王是位有雄才大略的人，重用鲁肃证明了他的聪慧，选拔吕蒙证明了他的明智，俘虏于禁而不杀证明了他的仁义，取荆州而兵不血刃证明了他的睿智，据三州虎视四方证明了他的雄才大略，向陛下称臣证明了他很懂得策略。至于说到怕不怕，尽管大国有征伐的武力，小国也自有抵御的良策，何况我们吴国有雄兵百万，据江汉天险，何必怕人家？”一席从容的对答，使曹丕十分叹服，不得不改用比较恭敬的口气问：“像先生这样有才能的人，东吴有多少？”赵咨答道：“聪明而有突出才能的，不下八九十人，像我这样的，那简直是用车装，用斗量，数也数不清！”听到如此得体的外交辞令，魏国朝廷上下都对赵咨肃然起敬。曹丕也连声称赞赵咨说：“使于四方，不辱君命，先生当之无愧。”赵咨回到东吴，孙权嘉奖他不辱使命，封他为骑都尉，对他更加赏识重用。

沉默寡言

【词义】沉默：不出声；寡：少。不声不响，很少说话。

【出处】《旧唐书·梁崇义传》：“梁崇义，长安人。以升斗给役于市，有膂力，能卷金舒钩。后为羽林射生，从来瑱于襄阳，沉默寡言，众悦之，累迁为偏裨。”

【例句】这两个人性格截然相反，一个能言善辩、巧于辞色，一个沉默寡言、金口难开。

沉鱼落雁

【词义】鱼见之沉入水底，雁见之降落沙洲。形容女子容貌美丽。

【出处】《庄子·齐物论》：“毛嫱、丽姬，人之所美也；鱼见之深入，鸟见之高飞，麋鹿见之决骤，四者孰知天下之正色哉？”

【例句】他二人长得一个是沉鱼落雁之容，一个是闭月羞花之貌。

陈言务去

【词义】陈言：陈旧的言辞；务：务必。陈旧的言词一定要去掉。指写作时要排除陈旧的东西，努力创造、革新。

【出处】唐·韩愈《与李翊书》：“惟陈言之务去，戛戛乎其难哉！”

【例句】你写的这篇作文虽然有点水平，但是有些词语太老套，必须陈言务去。

成千上万

【词义】形容数量很多。

【出处】清·文康《儿女英雄传》第三十回：“他看着那乌克斋、邓九公这班人，一帮动辄就是成千上万，未免就把这世路人情看得容易了。”

【例句】国庆节当天，成千上万的人前往天安门广场观赏升国旗仪式。

成群结队

【词义】成：成为，变成。一群群人集合在一起。

【出处】《新编五代史平话·周史上》：“无奈那雀儿成群结队来偷吃谷粟，才赶得东边的云，又向西边来吃。”

【例句】一到放学的时候，学生们成群结队地走出校门。

诚惶诚恐

【词义】诚：实在，的确；惶：害怕；恐：畏惧。小心谨慎以致到了害怕不安的程度。

【出处】东汉·杜诗《乞退郡疏》："奉职无效，久窃禄位，令功臣怀愠，诚惶诚恐。"

【例句】他见了领导那副诚惶诚恐的样子，真让人恶心。

城门失火，殃及池鱼

【词义】城门失火，大家都到护城河取水，水用完了，鱼也死了。比喻跟自己有关系的个体如果有损失的话，就会危及自己。

【出处】北齐·杜弼《檄梁文》："但恐楚国亡猿，祸延林木，城门失火，殃及池鱼。"

【例句】这种做法纯粹就是城门失火，殃及池鱼。

【典故】从前，有个地方，城门下面有个池塘，一群鱼儿在里边快乐地游着。突然，城门着了火，一条鱼儿看见了大叫说："不好了，城门失火了，快跑吧！"但是其他鱼儿都不以为然，认为城门失火，离池塘很远，用不着大惊小怪。除了那条鱼儿之外，其他鱼都没有逃走。这时，人们拿着装水的东西来池塘取水救火。过了一会儿，火被扑灭了，而池塘的水也取干了，满池的鱼都遭了殃。

惩前毖后

【词义】惩：警戒；毖：谨慎。指批判以前所犯的错误，吸取教训，使以后谨慎些，不致再犯。

【出处】《诗经·周颂·小毖》："予其惩而毖后患。"

【例句】错误不可隐瞒，一定要加以分析批判，以便惩前毖后。

【典故】西周年幼的周成王在周公姬旦的辅佐下治理国家，周武王的弟弟管叔鲜、蔡叔度造谣说周公准备篡位，周公为表忠心隐居外地。管叔鲜等立即叛乱，周成王请周公率军讨伐。周成王说他要从所受的惩戒中汲取教训，以便将来不再发生类似情形。

魑魅魍魉

【词义】原为古代传说中的鬼怪。指各种各样的坏人。

【出处】《左传·宣公三年》："魑魅魍魉，莫能逢之。"

【例句】要想识别一切魑魅魍魉，必须真正掌握马列主义、毛泽东思想的精神实质。

持之以恒

【词义】持：坚持；恒：恒心。长久坚持下去。

【出处】南宋·楼钥《攻集·雷雨应诏封事》："凡应天下之事，一切行之以诚，持之以久。"

【例句】学习要锲而不舍，持之以恒，才能取得好成绩。

叱咤风云

【词义】叱咤：怒喝声。一声呼喊、怒喝，可以使风云翻腾起来。形容震慑力和威力极大。

【出处】《梁书·元帝纪》："叱咤则风云兴起，鼓动则嵩华倒拔。"

【例句】我军将士在战场上奋勇杀敌，指挥官叱咤风云，令敌人闻风丧胆。

赤手空拳

【词义】赤手：空手。两手空空。比喻没有任何依靠。

【出处】元·马致远《任风子》第一折："争奈他赤手空拳。"

【例句】那位警察赤手空拳抓住了两名正欲逃跑的歹徒。

赤子之心

【词义】赤子：初生的婴儿。比喻人心地纯洁善良。

【出处】《孟子·离娄下》："大人者，不失其赤子之心者也。"

【例句】他有一颗赤子之心。

充耳不闻

【词义】充：塞住。塞住耳朵不听。形容有意不听别人的意见。

【出处】《诗经·邶风·旄丘》："叔兮伯兮，褎如充耳。"

【例句】对老师说的话，他依旧是充耳不闻。

崇山峻岭

【词义】崇：高；峻：山高而陡。高大险峻的山岭。

【出处】东晋·王羲之《兰亭集序》："此地有崇山峻岭，茂林修竹。"

【例句】战士们冒着严寒酷暑，坚持战斗在崇山峻岭间。

抽薪止沸

【词义】薪：柴草；沸：沸腾。抽掉锅底下的柴火，使锅里的水不再翻滚。比喻从根本上解决问题。

【出处】北齐·魏收《为侯景叛移梁朝文》："抽薪止沸，剪草除根。"

【例句】要想彻底解决问题，就要抽薪止沸。

愁眉苦脸

【词义】皱着眉头，哭丧着脸。形容愁苦的神色。

【出处】元·王实甫《西厢记》第三本第二折："对人前巧语花言，背地里愁眉泪脸。"

【例句】单位发不出工资，他愁眉苦脸，束手无策。

丑态毕露

【词义】毕：完全。丑恶的形态彻底暴露。

【出处】清·曹雪芹《红楼梦》第二十一回："贾琏亦丑态毕露。"

【例句】他的所作所为，在大家面前丑态毕露。

臭名昭著

【词义】坏名声人人都知道。

【出处】郭沫若《洪波曲》第十章："他们是贺衷寒系统的人，在前方打狗吃，臭名昭著。"

【例句】汪精卫是个臭名昭著的大汉奸。

出尔反尔

【词义】尔：你；反：通"返"，回。原意是你怎样做，就会得到怎样的后果。现指人的言行反复无常，前后自相矛盾。

【出处】《孟子·梁惠王下》："出乎尔者，反乎尔者也。"

【例句】既然你已经答应帮助他，就应该尽力而为，不能出尔反尔。

【典故】战国时，邹国与鲁国发生了战争。邹国吃败仗，死伤了不少将士。邹穆公很不高兴，问孟子道："在这次战争中，我手下的官吏被杀死了三十三个，可是老百姓却没有一个为他们去拼命的，他们眼看长官被杀，而不去营救，可恨得很。要是杀了这些人吧，他们人太多，杀也杀不完；要是不杀吧，却又十分可恨。您说该怎么办才好呢？"孟子回答说："记得有一年闹灾荒，年老体弱的百姓饿死在山沟荒野之中，壮年人外出逃荒的有千人之多，而大王的粮仓还是满满的，国库也很充足，管钱粮的官员并不把这严重的灾情报告给您。他们高高在上，不关心百姓的疾苦，而且残害百姓。"孟子在回顾了这辛酸的往事后，接着说："您记得孔子的弟子曾子说过的话吗？他说，要警惕呀！你怎样对待别人，别人也如何对待你。如今百姓有了一个报复的机会，就要用同样的手段来对待那些长官了。"孟子最后告诉邹穆公说："所以，大王不要去责怪他们、惩罚他们。如果实行仁政，您的百姓就会爱护他们的长官，并且愿意为他们献出生命。"

出乎意料

【词义】指出人意料。

【出处】毛泽东《<共产党人>发刊词》："准备对付可能的突然事变，使党和革命不在可能的突然事变中遭受出乎意料的损失。"

【例句】老朋友劝他出去调理一下也好，出乎意料的是学校竟然不准。

出类拔萃

【词义】拔：超出；类：同类；萃：原为草丛生的样子，引申为聚集。超出同类之上。多指人的品德才能。

【出处】《孟子·公孙丑上》："圣人之于民，亦类也，出于其类，拔乎其萃。"

【例句】经过多年的努力，她终于成为出类拔萃的服装设计师。

【典故】孟子，名轲，字子舆，邹国（今山东邹城东南）人，是孔子的孙子子思的学生。他继承了孔子的学说，是战国时期的伟大思想家、教育家。有一天，孟子的学生公孙丑问孟子："老师，古代的伯夷、伊尹同孔子差不多吧？"孟子说："孔子的学生有若曾这样说过：'凡是同类的都可以相比较，如麒麟同其他走兽比，凤凰同其他飞鸟比，泰山同其他丘陵比，河海同水洼细流比，而前者都远远超过了后者。圣人和其他人也是同类，但圣人已远远超出、高过其他人了（出于其类，拔乎其萃）。自有人类以来，没有人比孔子更伟大了。'"

触目伤怀

【词义】看到某种情况而内心伤悲。

【出处】朱自清《背影》："哪知老境却如此颓唐！他触目伤怀，自然情不能自已。"

【例句】看到家庭败落的情况，他竟然触目伤怀，流下了眼泪。

传宗接代

【词义】宗：宗教，家族；代：后代。传延宗教，接续后代。旧指生了独生子可以使家世一代一代传下去。

【出处】清·李宝嘉《官场现形记》第四十九回："自己辛苦了一辈子，挣了这分大家私，死下来又没有个传宗接代的人，不知当初要留着这些钱何用。"

【例句】随着社会的发展，人们传宗接代的传统观念已经越来越淡薄。

吹毛求疵

【词义】求：找寻；疵：毛病。吹开皮上的毛寻疤痕。比喻故意挑剔别人的缺点，寻找差错。

【出处】《韩非子·大体》："不吹毛而求小疵，不洗垢而察难知。"

【例句】有的人喜欢吹毛求疵，抓住工作中的一点缺点就大做文章。

垂涎三尺

【词义】涎：口水。口水挂下三尺长。形容极其贪婪的样子。也形容非常眼热。

【出处】唐·柳宗元《三戒》："临江之人，畋得麋麑，畜之。入门，群犬垂涎，扬尾皆来。"

【例句】一些西方国家对海湾地区的石油早就垂涎三尺了。

春花秋月

【词义】春天的花朵，秋天的月亮。泛指春秋美景。

【出处】南唐·李煜《虞美人》词："春花秋月何时了，往事知多少。"

【例句】冬天去了，春天又回来了。吟诵这些诗句，春花秋月，一年四季都沉醉在诗的意境里。

春华秋实

【词义】华：花。春天开花，秋天结果。比喻人的文采和德行。现也比喻学习有成果。

【出处】《三国志·魏志·邢颙传》："采庶子之春华，

忘家丞之秋实。”

【例句】春华秋实，没有农民们的辛勤栽培，哪有这硕果累累的大好收成呢？

唇亡齿寒

【词义】嘴唇没有了，牙齿就会感到寒冷。比喻利害密切相关。

【出处】《左传·僖公五年》：“谚所谓辅车相依，唇亡齿寒者，其虞、虢之谓也。”

【例句】我们两厂关系密切，唇亡齿寒，我们哪能不帮你们渡过难关？

【典故】春秋时，晋献公想要扩充自己的实力和地盘，就找借口说邻近的虢（guó）国经常侵犯晋国的边境，要派兵灭了虢国。可是在晋国和虢国之间隔着一个虞国，讨伐虢国必须经过虞地。“怎样才能顺利通过虞国呢？”晋献公问手下的大臣。大夫荀息说：“虞国国君是个目光短浅、贪图小利的人，只要我们送他价值连城的美玉和宝马，他不会不答应借道的。”晋献公一听有点舍不得，荀息看出了晋献公的心思，就说：“虞虢两国是唇齿相依的近邻，虢国灭了，虞国也不能独存，您的美玉宝马不过是暂时存放在虞公那里罢了。”晋献公采纳了荀息的计策。虞国国君见到这两样珍贵的礼物，顿时心花怒放，听到荀息说要借道虞国之事时，当时就满口答应下来。虞国大夫宫之奇听说后，赶快阻止道：“不行，不行，虞国和虢国是唇齿相依的近邻，我们两个小国相互依存，有事可以彼此帮助，万一虢国灭了，我们虞国也就难保了。俗话说：‘唇亡齿寒’，没有嘴唇，牙齿也保不住啊！借道给晋国万万使不得。”虞公说：“人家晋国是大国，现在特意送来美玉宝马和咱们交朋友，难道咱们借条道路让他们走走都不行吗？”宫之奇连声叹气，知道虞国离灭亡的日子不远了，于是就带着一家老小离开了虞国。果然，晋国军队借道虞国，消灭了虢国，随后又把亲自迎接晋军的虞公抓住，灭了虞国。

慈眉善目

【词义】形容人的容貌一副善良的样子。

【出处】老舍《老张的哲学》：“圆圆的脸，长满银灰的胡子，慈眉善目的。”

【例句】张爷爷长着圆圆的脸，长满银灰的胡子，慈眉善目的。

粗枝大叶

【词义】绘画，画树木粗枝大叶，不用工笔。比喻工作粗糙，不认真细致。

【出处】南宋·朱熹《朱子语类》卷七八：“《书序》恐不是孔安国做，汉文粗枝大叶，今《书序》细腻，只似六朝时文字。”

【例句】他做事老是这么粗枝大叶，这回可捅娄子了。

猝不及防

【词义】猝：突然，出其不意。事情来得突然，来不及防备。

【出处】清·纪昀《阅微草堂笔记·姑妄听之一》：“既不炳烛，又不扬声，猝不及防，突然相遇，是先生犯鬼，非鬼犯先生。”

【例句】有人从背后扑来，他猝不及防，栽倒在地。

摧枯拉朽

【词义】枯、朽：枯草朽木。摧折枯朽的草木。形容轻而易举。也比喻摧毁腐朽势力的强大气势。

【出处】《晋书·甘卓传》：“将军之举武昌，若摧枯拉朽，何所顾虑乎？”

【例句】这块招牌早已摇摇欲坠，台风一来便如摧枯拉朽般地将它吹落在地，摔得粉身碎骨。

【典故】公元318年，琅琊王司马睿在王导、王敦堂兄弟的支持和拥护下，建立东晋政权。王敦也因此而升任大将军、荆州牧。后来，由于晋元帝司马睿抑制王氏势力，王敦打算起兵反对朝廷。王敦在武昌起兵出发前，劝说安南将军、梁州刺史甘卓一起举兵东下，甘卓答应了。但到出发那天，王敦已登上战船，甘卓却没有到，只是派了一名参军来到武昌，劝说王敦不要反叛朝廷。王敦听了非常吃惊，说："甘将军没有明白我上次和他谈的意思。我只是去消除皇上周围的坏人，没有他意。如果事情成功，我一定高封甘将军，请你转告甘将军。"参军回禀甘卓后，甘卓仍然拿不定主意。也有谋士向他献计，不妨答应王敦一起举兵，待他东下后再讨伐他。但甘卓怕将来说不清楚，还是不同意。当时，湘州刺史司马承坚决反对王敦反叛朝廷。他得知王敦举兵东下，便派主簿邓骞前往襄阳，希望甘卓忠于朝廷，讨伐王敦。甘卓的参军李梁劝甘卓伺机而动，不要匆忙行事。如果王敦取胜，他必将重用甘卓；如果王敦不胜，朝廷必将重用甘卓，让他起兵平定叛乱。这样，无论哪一方取胜甘卓都不会吃亏，因此不能轻易举兵出战。邓骞反驳李梁说，甘卓这样做是脚踩两只船，必然会招来祸患。其实，王敦的兵马不过万余，守卫武昌的不足五千，甘卓的军队超过王敦一倍，如果进军武昌，一定能取得胜利。最后他对甘卓说："甘将军如果发兵攻打武昌，就好像摧毁干枯的草和朽烂的树木那样容易，不必有什么顾虑。"尽管如此，甘卓仍然犹豫不决。王敦挥军东下，见甘卓不来响应，又派参军乐道融去襄阳，再次劝说甘卓起兵。乐道融是反对王敦叛乱的，所以他劝甘卓起兵讨伐王敦。甘卓这才下了决心，写檄文声讨王敦罪状，同时调兵遣将讨伐王敦。王敦得知甘卓率军前来讨伐，非常害怕，又派甘卓的侄儿、参军甘印请求甘卓回师襄阳；而都尉秦康劝说甘卓忠于朝廷，一举消灭王敦。但是甘卓优柔寡断，不听秦康劝告，竟然回师襄阳。后来，襄阳太守周虑等人与王敦勾结，将甘卓暗害。甘卓本来可以轻而易举地战胜王敦，结果因为动摇不定，反而被王敦暗算。

璀璨夺目

【词义】璀璨：美玉发光。光辉灿烂，耀人眼睛。

【出处】南宋·周密《武林旧事》第三卷："玉山宝带，尺璧寸珠，璀璨夺目。"

【例句】方志敏同志和无数先烈为之奋斗，璀璨夺目的革命红旗已经插遍祖国大地。

蹉跎岁月

【词义】蹉跎：时光白白过去。把时光白白地耽误过去。指虚度光阴。

【出处】魏晋·阮籍《咏怀》："误东未终极，白日忽蹉跎。"

【例句】那几年我一事无成，真是蹉跎岁月。

【典故】唐朝时期，诗人李颀40岁中进士，任新乡县令，后官场不得志就辞官归隐，专门从事诗歌创作。朋友魏万去京城应试求取功名，他作赠别诗《送魏万之京》："关城曙色催寒近，御苑砧声向晚多。莫见长安行乐处，空令岁月易蹉跎。"

长歌当哭

【词义】长歌：长声歌咏，也指写诗；当：当作。道家哲学。用长声歌咏或写诗文来代替痛哭，借以抒发心中的悲愤。也作长歌代哭。

【出处】北宋·郭茂倩《乐府诗集·杂曲歌辞·悲歌》："悲歌可以当泣，远望可以当归。"

【例句】长歌当哭，是必须在痛定之后的。

长吁短叹

【词义】吁：叹息。长一声、短一声不住地叹气。形容发愁的神情。

【出处】《乐府群珠·无名氏〈金字经〉》："短叹长吁三两声。"

【例句】遇到不顺心的事时，他总是长吁短叹。

重蹈覆辙

【词义】蹈：踏；覆：翻；辙：车轮碾过的痕迹。重新走上翻过车的老路。比喻不吸取教训，再走失败的老路。

【出处】《后汉书·窦武传》："今不虑前事之失，复循覆车之轨。"

【例句】失败并不可怕，但应分析原因，吸取教训，把它当作借鉴，以免重蹈覆辙。

【典故】东汉时，桓帝宠幸宦官，导致宦官互相勾结，垄断朝政，陷害忠良。李膺和杜密等忠良大臣纠集太学生郭泰等人竭力铲除宦官。公元166年，宦官们在桓帝面前诬告李膺等人造反，桓帝听信谗言，下令把李膺等忠良大臣关进大牢，人数多达几百人，这就是历史上有名的"党锢之祸"。当时，窦武的女儿是皇后，窦武受封为侯爵，他为人正直，从不仗势欺人。看到宦官的胡作非为，十分愤慨，上书对桓帝说："如果再让宦官这样胡作非为下去，将会像秦朝二世一样，因为给宠臣太多的权力，导致宠臣造反作乱，最终失去江山，陛下可要吸取教训，千万别重蹈覆辙呀！"桓帝经过窦武提醒，体会到自己的错误，于是就放了李膺等人，结束了"党锢之祸"。

椎心泣血

【词义】椎心：捶胸脯；泣血：哭得眼中流血。捶拍胸膛，哭泣出血。形容非常悲痛。

【出处】西汉·李陵《答苏武书》："何图志未立而怨已成，计未从而骨肉受刑，此陵所以仰天椎心而泣血也。"

【例句】李奶奶因病去世，他椎心泣血，丧葬尽礼。

D

打抱不平

【词义】遇见不公平的事，挺身而出，帮助受欺负的一方。

【出处】清·曹雪芹《红楼梦》第四十五回："气的我只有替平儿打抱不平。"

【例句】他遭受迫害，身陷囹圄，许多人为他打抱不平，终于得到昭雪。

打草惊蛇

【词义】打草惊了草里的蛇。原比喻惩罚了甲而使乙有所警觉。后多比喻做法不谨慎，反使对方有所戒备。

【出处】北宋·郑文宝《南唐近事》："王鲁为涂宰，渎物为务，会部民连状诉主簿贪，鲁乃判曰：'汝虽打草，吾已蛇惊。'"

【例句】这次行动千万要保密，不能打草惊蛇。

【典故】唐朝的时候，有一个名叫王鲁的人，他在衙门做官的时候，常常接受贿赂，不遵守法规。有一天，有人递了一张状纸到衙门，控告王鲁的部下违法、接受贿赂。王鲁一看，状纸上所写的各种罪状，和他自己平日的违法行为一模一样。王鲁一边看状纸，一边发抖："这……这不是在说我吗？"，王鲁愈看愈害怕，都忘记了状纸要怎么批，居然在状纸上写下了八个大字："汝虽打草，吾已蛇惊。"意思就是说你这样做，目的是为了打地上的草，但我就像是躲在草里面的蛇一样，可是被大大地吓了一跳了！

大材小用

【词义】把大的材料当成小的材料用。比喻使用不当，浪费人才。

【出处】南宋·陆游《送辛幼安殿撰造朝》诗："大

材小用古所叹，管仲、萧何实流亚。”

【例句】他这么高的文化，来干这种事，真是大材小用。

【典故】南宋著名爱国词人辛弃疾，父亲在他童年时就去世了，由祖父抚养成人。辛弃疾曾拜当时著名的田园诗人刘瞻为师，他和党怀英两人是刘瞻最得意的学生。有一次，刘瞻问他们两人：“孔子曾经要学生谈各人的志向，我也问问你们将来准备干什么？”党怀英回答说：“读书为了做官，为了取得功名，光宗耀祖。我一定要到朝廷里去做大官；如果做不了官，就回家隐居，学老师的样子写田园诗。”刘瞻听了很高兴，连连称好，认为他的志向很高洁。辛弃疾却回答说：“我不想做官，我要用词写尽天下的贼，用剑杀尽天下的贼！”刘瞻听了大吃一惊，要辛弃疾今后不要再说这样荒唐的话。此后，辛、党两人的生活道路截然不同：辛弃疾英勇地投身到抗金的民族战场上去，以爱国词人著称于世；而党怀英则混迹于金人统治集团，为金人做了一些帮闲乃至帮凶的工作。金人南侵后，辛弃疾组织了两千多人的队伍在故乡起义。后来，又率领队伍投奔济南府农民耿京组织的起义军。不久，起义军接受朝廷任命，与朝廷的军队配合作战，打击南侵的金军。但由于投降派的排挤和打击，辛弃疾后来曾长期闲居在江西上饶一带。1203 年春，才被任命为绍兴府知府兼浙江东路安抚使。这一年，辛弃疾已经 64 岁了。绍兴西郊有一处地方叫三山，当时著名的爱国诗人陆游就在那里闲居。陆游比辛弃疾大 15 岁，当时快 80 岁了，他的爱国诗句早已为辛弃疾所景仰，因此辛弃疾到任不久，就去拜访了这位前辈，两人一起议论国家大事，相见恨晚。陆游听了辛弃疾对形势的分析和统一全国的设想，觉得他是一个很有才能的人，希望他在事业上取得成功。次年春天，宋宁宗降下圣旨，要辛弃疾到京城临安去，征询他对北伐金国的意见。辛弃疾把这件事告诉陆游，陆游觉得这是辛弃疾施展自己才能的好机会，为他感到高兴。为了鼓励辛弃疾发挥自己的才能，陆游特地写了一首长诗赠给他。诗中写道，辛弃疾是古代大政治家，是和军事家管仲、萧何相当的人物，现在当浙江东路安抚使，实在是把大的材料用在小处；鼓励他为恢复中原而努力，千万不要因为受到排挤不得志而介意。66 岁那年，这位始终被大材小用的爱国英雄，终于在忧愤中去世。

大彻大悟

【词义】彻：明白；悟：领会。形容彻底醒悟。

【出处】元·郑德辉《立成汤伊尹耕莘》：“盖凡升天之时，先参贫道，授与仙诀，大彻大悟以后，方得升九天朝真而观元始。”

【例句】学成一门专业是艰苦的，不可能一朝醒来就宣称自己大彻大悟，已掌握了这门学问。

大错特错

【词义】强调错误到极点。

【出处】清·曾朴《孽海花》第二十五回：“如今想来，真是大错特错！”

【例句】你如果真的这样想，那可真是大错特错了。

大而无当

【词义】当:底。虽然大,却无底。原指大得无边际。后多用作表示大得不切合实际、不合用。

【出处】《庄子·逍遥游》：“肩吾问于连叔曰：‘吾闻言于接舆论，大而无当，往而不返，吾惊怖其言，犹河汉而无极了。’”

【例句】这大而无当的繁华的古城，终于像一个断了气的病人，整个地寂然死去。

大放厥词

【词义】厥：其，他的；词：文辞，言辞。原指铺张辞藻或畅所欲言。现用来指大发议论。

【出处】唐·韩愈《祭柳子厚文》:“玉佩琼琚,大放厥词,富贵无能,磨灭谁记?”

【例句】也许他认定我年轻无知,才毫无顾虑地在我面前大放厥词。

【典故】柳宗元是唐朝著名的文学家,字子厚。柳宗元自幼刻苦勤学,十岁以后,他的诗文就受到人们的称赞。公元793年,二十一岁的柳宗元凭自身的才华考取了进士。二十六岁担任集贤殿书院正字,替唐王朝编辑、整理图书,有机会阅读了许多书籍。他主张改革朝政,曾积极参加王叔文革新集团的活动。革新失败后,被贬为永州(现在湖南省零陵县)司马,过了十年再贬为柳州(现在广西柳州市)刺史。公元819年,病死在柳州,年四十七岁。柳宗元的散文丰富而多采。他的短篇语言简练犀利,意味含蓄。他的山水游记形象生动,色彩鲜明。他的论说文缜密谨严,条理井然。他的诗风清朗疏淡,用功精细。他死后的第二年,即公元820年,唐朝著名文学家韩愈曾写了《祭柳子厚文》这篇文章,其中用了这样两句来赞扬柳宗元的文采才华:“玉佩琼琚,大放厥词。”意思是说文笔秀美,尽力铺陈辞藻,美如晶莹净洁的玉石。

大腹便便

【词义】便便:肥胖的样子。形容肥胖的样子。

【出处】《后汉书·边韶传》:“边孝先,腹便便。”

【例句】王经理的生活条件越来越优越,人也变得红光满面,大腹便便的了。

大公无私

【词义】指办事公正,没有私心。现多指从集体利益出发,毫无个人打算。

【出处】《吕氏春秋·去私》:“孔子闻之曰:‘善哉!祁黄羊之论也,外举不避仇,内举不避子。祁黄羊可谓公矣。’”

【例句】他大公无私的行动,感动着身边的每一个人。

【典故】春秋时,晋平公有一次问祁黄羊说:“南阳县缺个县长,你看,应该派谁去当比较合适呢?”祁黄羊毫不迟疑地回答说:“叫解狐去,最合适了。他一定能够胜任的!”平公惊奇地问:“解狐不是你的仇人吗?你为什么还要推荐他呢!”祁黄羊说:“你只问我什么人能够胜任,谁最合适,你并没有问我解狐是不是我的仇人呀!”于是,平公就派解狐到南阳县去上任了。解狐到任后,替那里的人办了不少好事,大家都称颂他。过了一些日子,平公又问祁黄羊说:“现在朝廷里缺少一个法官。你看,谁能胜任这个职位呢?”祁黄羊说:“祁午能够胜任。”平公又奇怪起来,问道:“祁午不是你的儿子吗?你怎么推荐你的儿子,不怕别人讲闲话吗?”祁黄羊说:“你只问我谁可以胜任,所以我推荐了他,你并没问我祁午是不是我的儿子呀!”平公就派了祁午去做法官。祁午当上了法官,替人们办了许多好事,很受人们的欢迎与爱戴。孔子听到这两件事,十分称赞祁黄羊。孔子说:“祁黄羊说得太好了!他推荐人,完全是拿才能做标准,不因为他是自己的仇人,心存偏见,便不推荐他;也不因为他是自己的儿子,怕人议论,便不推荐。像祁黄羊这样的人,才称得上‘大公无私’!”

大惊小怪

【词义】形容对没有什么了不起的事情过分惊讶。

【出处】南宋·朱熹《答林择之》:“要须把此事来做一平常事看,朴实头做将去,久之自然见效,不必如此大惊小怪,起模画样也。”

【例句】一个人说一两句过头话是难免的,用不着大惊小怪。

大器晚成

【词义】大器:比喻大才。指能担当重任的人物要经过长期的锻炼,所以成就较晚。也用作对长期不得志的人的安慰话。

【出处】《老子》："大器晚成，大音稀声，大象无形。"

【例句】只要能成材，大器晚成也未尝不可。

【典故】袁绍身边的一位门客，名叫崔琰，他从小喜习武艺，到了二十三岁才开始读《论语》《韩诗》，求师学习。由于他刻苦努力，学问也逐渐多起来。当时袁绍的士兵非常残暴，掘开坟墓将尸骨暴露出来。崔琰劝说袁绍不要这样做，袁绍认为他说得对，封他为骑都尉。后来，崔琰跟随曹操，为曹操出了不少主意。在他做尚书时，曹操想立曹植为嗣子，而崔琰反对，他说："自古以来的规矩是立长子，怎么能立曹植呢？"曹植是崔琰的侄女婿，尽管是亲属他也不偏袒，曹操十分佩服他的公正。崔琰有个堂弟叫崔林，年轻时既无成就也无名望，亲戚朋友都看不起他，可是崔琰却很器重他，崔琰常对人说："才能大的人需要长时间才能成器，崔林将来一定会成大器。"后来，崔林果然当上了翼州主簿、御史中丞，还在魏文帝手下任过司空。

呆若木鸡

【词义】呆：傻，发愣的样子。呆得像木头鸡一样。形容因恐惧或惊异而发愣的样子。

【出处】《庄子·达生》："几矣。鸡虽有鸣者，已无变矣，望之似木鸡矣，其德全矣，异鸡无敢应者，反走矣。"

【例句】他听到这个消息后，整个人站在原地呆若木鸡。

待价而沽

【词义】沽：卖。等有好价钱才卖。比喻谁给好的待遇就替谁工作。

【出处】《论语·子罕》："沽之哉！沽之哉！我待贾者也。"

【例句】船一入港，鱼就被送到市场，待价而沽。

箪食瓢饮

【词义】一箪食物，一瓢饮料。形容读书人安于贫穷的清高生活。

【出处】《论语·雍也》："一箪食，一瓢饮，在陋巷，人不堪其忧，回也不改其乐。"

【例句】物质欲望是无穷的，为了保持清廉，必要时过一过箪食瓢饮的生活很有好处。

胆战心惊

【词义】战：通"颤"，发抖。形容十分害怕。

【出处】元·无名氏《碧桃花》第三折："不由我不心惊胆战，索陪着笑脸儿褪后趋前。"

【例句】他看到对手如此强悍，不由得胆战心惊，紧张起来。

当务之急

【词义】当务：应当办理的事。当前任务中最急切要办的事。

【出处】《孟子·尽心上》："知者无不知也，当务之为急。"

【例句】作为一名学生，当务之急就是把功课学好。

【典故】有一次，孟子的弟子问起，现在要知道和要去干的事情很多，究竟应该先知道和干些什么？孟子回答说："有智慧的人无所不知，但要知道当前应该做的事中最急需要办的事，而不要面面俱到。比如仁德是人们无所不爱的，但应先爱亲人和贤者。又比如古代的圣主尧和舜，尚且不能认识所有的事物，因为他们必须急于做当前最重要的事情。尧和舜的仁德也不是爱一切人，因为他们急于爱的是亲人和贤人。"接着，孟子又从反面来回答这个问题："父母死了，不去服三年的丧期，却对服三个月、五个月丧期的礼节很讲究；在长者面前用餐没有礼貌地狼吞虎咽，咕咚咕咚地喝汤，却去讲什么不能用牙齿咬断干肉等，这就是舍本逐末，不知道当前最需要知道和干的是什么。”

当之无愧

【词义】无愧：毫无愧色。当得起某种称号或荣誉，无须感到惭愧。

【出处】北宋·欧阳修《回丁判官书》：“夫人有厚己而自如者，恃其中有所以当之而不愧也。”

【例句】他的这个荣誉称号是当之无愧的。

倒行逆施

【词义】原指做事违反常理，不择手段。现多指所作所为违背时代潮流或人民意愿。

【出处】《史记·伍子胥传》：“吾日暮涂（途）远，吾故倒行而逆施之。”

【例句】他在辉煌的时候倒行逆施，导致他今日的失败。

【典故】春秋时，楚国大臣伍子胥的父亲和哥哥都被楚平王杀害了。伍子胥逃到吴国，发誓要为父兄报仇。后来，伍子胥率领吴军攻破楚国首都郢。那时，楚平王已经死了，伍子胥还不肯罢休，他挖出楚平王的尸体，狠狠地鞭打了三百下，总算解了心中之恨。他的好朋友申包胥看到伍子胥为报私仇而把自己的祖国灭了，还要在死人身上出气，就派人去对他说：“亏你还是楚国人，你太过分了！”伍子胥对来人说：“我已经老了，日子有限，我急于报仇，没有别的办法，只好做这样违背常理的事！”

道骨仙风

【词义】指有得道者及仙人的气质神采。

【出处】南宋·程珌《喜迁莺·寿薛枢密》词：“道骨仙风，安排顿著，须是人间紫府。”

【例句】神功大力，有时济困扶危，道骨仙风，尽可度人出世。

道貌岸然

【词义】道貌：正经严肃的容貌；岸然：高傲的样子。指神态严肃，一本正经的样子。

【出处】清·蒲松龄《聊斋志异·成仙》：“又八九年，成忽自至，黄巾氅服，岸然道貌。”

【例句】别看他平时总是一副道貌岸然的样子，接触多了，才发现他其实品质卑劣。

得饶人处且饶人

【词义】指做事不要做绝，须留有余地。

【出处】《唾玉集·常谈出处》：“蔡州褒信县有道人式棋，常饶人先，其诗曰：‘自出洞来无敌手，得饶人处且饶人。’”

【例句】得饶人处且饶人，能将就的就不要为难别人了。

得心应手

【词义】得：得到，想到；应：反应，配合。心里怎么想，手就能怎么做。比喻技艺纯熟或做事情非常顺利。

【出处】《庄子·天道》：“不徐不疾，得之于手而应于心，口不能言，有数存焉于其间。”

【例句】这位老作家运用语言的功夫已达到了得心应手的地步。

【典故】古时，瓠巴弹琴，鸟儿会随着乐声而舞，鱼儿会跃出水面倾听。郑国的师文听说后，就去拜师襄为师学琴。师文学了三年，柱指钩弦，却弹不出一首完整的曲子。师襄无奈地说：“你可以回家去了。”师文扔掉琴，叹息道：“我不是不会指法，也不是不能完整地弹一首曲子。而是我心不在琴弦上，心里也没有音乐。由于内心找不到音乐的感受，所以手指就不能和琴弦相配合了。你再给我一些时间，让我找一找音乐的感受。”过了不久，师文回来见师襄。师襄说：“你的琴练得如何？”师文告诉他："我已找到音乐的感受，请听我弹一曲。"春天时叩击商弦弹南吕调，凉风突起，草木都结出了果实。秋天时叩击角弦弹夹钟调，和风徐徐地吹起，花草树木都开花发芽了。夏天时叩击羽弦弹黄钟调，霜雪交下，河塘里都结冰了。冬天时叩击徵弦弹蕤宾调，阳光变得炽热，厚厚的冰块一下就融化了。一曲将终时，则以宫弦为主与其他四弦一并奏起，这时吹来了和丽的风，天空中飘着吉祥的云朵，降下了甘露，地下涌出了清清的泉水。师襄抚心高蹈说："你的弹奏真是妙啊！即使师旷之清角，邹衍之吹律，也比不上你。我得挟琴执管向你学琴了。"

得意扬扬

【词义】扬扬：得意的样子。形容称心如意、沾沾自喜的样子。

【出处】《史记·管晏列传》："意气扬扬，甚自得也。"

【例句】他听到自己的名字后，立刻变得得意扬扬。

等量齐观

【词义】等：同等；量：衡量，估量；齐：一齐，同样。指对有差别的事物同等看待。

【出处】清·况周颐《蕙风词话》："或带烟月而益韵，托雨露而成润，意境可以稍变，然而乌可等量齐观也。"

【例句】他们二人的工作成绩不可等量齐观。

低眉顺眼

【词义】低着眉头，两眼流露出顺从的神情。形容驯良、顺从。

【出处】东晋·王隐《晋书》："人或说之使仕，仲御勃然作色，谓之曰：'我安然随俗低眉下意乎？'"

【例句】大多数人都不喜欢那种低眉顺眼、唯唯诺诺的人。

地崩山摧

【词义】土地崩裂，山岭倒塌。多形容巨大变故。

【出处】唐·李白《蜀道难》："地崩山摧壮士死，然后天梯石栈相钩连。"

【例句】在修路工人地崩山摧的努力下，一座荒山变成了一条高速公路。

地灵人杰

【词义】灵：好；杰：杰出。指有杰出的人降生或到过，其地也就成了名胜之区。

【出处】唐·王勃《滕王阁序》："人杰地灵，徐孺下陈蕃之榻。"

【例句】这个地方地灵人杰，出现过很多人才。

雕梁画栋

【词义】指有彩绘装饰的十分华丽的房屋。

【出处】元·无名氏《看钱奴》："这的是雕梁画栋圣祠堂。"

【例句】正面五间上房，皆是雕梁画栋，两边穿山游廊厢房，挂着各式鹦鹉画眉等雀鸟。

东窗事发

【词义】比喻阴谋已败露。

【出处】元·刘一清《钱塘遗事》："秦桧欲杀岳飞，于东窗下谋。其妻王氏曰：'擒虎易，放虎难。'其意遂决。后桧游西湖，舟中得疾，见一人披发，厉声曰：'汝误国害民，我已诉于天，得请于帝矣。'桧遂死。未几，子熺亦死。夫人思之，设醮，方士伏章，见熺荷铁枷……备受诸苦。桧曰：'可烦传语夫人，东窗事发矣。'"

【例句】一听到东窗事发，他立刻吓得六神无主。

【典故】宋代大奸臣秦桧，为降金国，尝与其妻王氏，于东窗下密谋定计，以害民族英雄岳飞。据传，桧先于帝前诬岳飞谋反。时有几位大臣，如大理寺卿薛仁辅、枢密使韩世忠，皆为岳飞鸣冤，使之有所顾忌。一日，桧独坐于东窗之下，为害岳飞之事，踌躇不定，委决不下。王氏适至，问曰："夫君为何事愁眉苦脸，犹豫不决？"桧遂告以此事，并与之商议。王氏自袖中取出一柑，以手掰之，将一半递与桧，曰："此柑一掰即分，有何难哉？君不闻古语云：'纵虎易兮擒虎难'乎？"桧一闻此言，其意遂决。不久，岳飞父子便遇害矣。后桧卒，未几其子熺亦死。王氏请道士为其招魂。道士作法时，见熺与桧偕已故谏议大夫万俟卨，均戴铁枷，在地狱中备受诸苦。桧犹语道士曰："烦传语夫人，'东窗事发'矣！"

东山再起

【词义】指再度出任要职。也比喻失势之后又重新得势。

【出处】《世说新语·排调》："谢公在东山，朝命屡降而不动。后出为桓宣武司马，将发新亭，朝士咸出瞻送。高灵时为中丞，亦往相祖。先时，多少饮酒，因倚如醉，戏曰：'卿屡违朝旨，高卧东山，诸人每相与言："安石不肯出，将如苍生何？"今亦苍生将如卿何？'谢笑而不答。""谢公始有东山之志，后严命屡臻，势不获已，始就桓公司马。"

【例句】失败了，只要不灰心丧气，一切从头开始，重整旗鼓，就有东山再起的希望。

【典故】公元383年八月，苻坚亲自带领八十七万大军从长安出发。向南的大路上，烟尘滚滚，步兵、骑兵，再加上车辆、马匹、辎重，队伍浩浩荡荡。过了一个月，苻坚主力到达项城（在今河南沈丘南），益州的水军沿江顺流东下，黄河北边来的人马也到了彭城（今江苏徐州市），从东到西一万多里长的战线上，前秦水陆两路进军，向江南逼近。这个消息传到建康，晋孝武帝和京城的文武官员都慌了。晋朝军民都不愿让江南陷落在前秦手里，大家都盼望宰相谢安拿主意。谢安是陈郡阳夏（今河南太康）人，出身士族，年轻的时候，跟王羲之是好朋友，经常在会稽东山游览山水，吟诗谈文。他在当时的士大夫阶层中名望很大，大家都认为他是个挺有才干的人。但是他宁愿隐居在东山，不愿做官。有人推举他做官，他上任一个多月，就不想干了。当时在士大夫中间流传着一句话："谢安不出来做官，叫百姓怎么办？"到了四十多岁的时候，他才重新出来做官。因为谢安长期隐居在东山，所以后来把他重新出来做官这样的事称为"东山再起"。

洞若观火

【词义】洞：透彻。形容观察事物非常清楚，好像看火一样。

【出处】明·林潞《江陵救时之相论》："当以某辞入告，某策善后，勇怯强弱，进退疾徐，洞若观火。"《尚书·盘庚上》："予若观火。"

【例句】王老师对国际形势看得很明白，洞若观火。

豆蔻年华

【词义】豆：多年生草本植物，比喻处女。指女子十三四岁时。

【出处】唐·杜牧《赠别》："娉娉袅袅十三余，豆蔻梢头二月初。"

【例句】方方正值豆蔻年华，十分漂亮。

独当一面

【词义】单独负责一个方面的工作。

【出处】《史记·留侯世家》："而汉王之将，独韩信可属大事，当一面。"

【例句】经过几个月的训练，他现在可以独当一面了。

【典故】楚汉相争时，汉王刘邦趁项羽率领大军攻打齐王田荣的时候，采用谋士陈平的计策，率军东进，直捣项羽的根据地彭城（今江苏徐州），并很快攻下了彭城。项羽获悉后，怒发冲冠，立刻率精兵回救彭城。结果，刘邦的汉军被楚兵打得大败，伤亡惨重。刘邦逃到夏邑（今安徽砀山西）才松了口气。他在休息的时候，一脸愤怒地对张良说："这次战败，我军损失惨重，现在士气十分低落，我想只要有人能帮我出这口恶气，打败项羽，我愿意把函谷关以东的土地全拿出来封赏给他们，以此来鼓舞士气，你看怎么样？"张良听了，回答说："九江王鲸布，作战非常勇猛，他虽然是楚国的将领，但他一向与项羽有矛盾；拥有一万多人马的大将彭越，不久前刚扯起反楚的大旗。这两支力量，大王可派人去和他们联络，和他们联合起来。至于大王手下的将领，只有韩信能够担负起独当一面的重任。大王如果将关东的土地封赏给他们三个人，使他们全力帮你进攻项羽，那么项羽一定可以打败的！"刘邦听了这番话，斟酌过后，觉得很有道理，便采纳了张良的建议，派人去和鲸布、彭越联系，和他们合力攻击项羽。同时，又重用韩信，派他到黄河以北开辟战场，不久又封韩信为齐王。韩信果然不负刘邦所望，在和项羽的战斗中接连取得了好几次胜利。刘邦依靠韩信、鲸布、彭越的帮助，加上萧何为他建立巩固的后方，张良不断为他出谋划策，终于取得了汉楚战争的胜利，建立了汉朝。

独来独往

【词义】独身往来，不与人为伍。比喻事事不与人相同。

【出处】明·李贽《何心隐论》："公独来独往，自我无前者也。"

【例句】他的性格很古怪，经常独来独往。

杜鹃啼血

【词义】传说杜鹃昼夜悲鸣，啼至血出乃止。常用以形容哀痛之极。

【出处】唐·白居易《琵琶行》："其间旦暮闻何物？杜鹃啼血猿哀鸣。"

【例句】听到姥爷的死讯，他杜鹃啼血，伤痛不已。

度德量力

【词义】度：估量；德：德行。衡量自己的德行是否能够服人，估计自己的能力是否能够胜任。

【出处】《左传·隐公十一年》："度德而处之，量力而行之。"

【例句】野心家总是不能度德量力，所以多数以失败而告终。

短小精悍

【词义】形容人身躯短小，精明强悍。也形容文章或发言简短而有力。

【出处】《史记·游侠列传》："解为人短小精悍。"

【例句】这篇文章短小精悍，言简意明。

断壁残垣

【词义】残垣：倒了的短墙。残存和坍塌了的墙壁。形容残败的景象。

【出处】清·吴趼人《二十年目睹之怪现状》第一百八回："走到也是园滨文述农门首，抬头一看，只见断壁颓垣，荒凉满目，看那光景是被火烧的。"

【例句】以前的老村子满眼望去，尽是断壁残垣。

断章取义

【词义】断：截断；章：音乐一曲为一章。指不顾全篇文章或谈话的内容，孤立地取其中的一段或一句的意思。指引用与原意不符。

【出处】《左传·襄公二十八年》："赋《诗》断章，余取所求焉。"

【例句】断章取义，无限上纲，是一种恶劣的文风！

对答如流

【词义】对答：回答。回答问话像流水一样快。形容口才好，反应快。

【出处】《北史·李孝伯传》："风容闲雅，应答如流。"

【例句】这个学生对老师的提问，总是对答如流。

对酒当歌

【词义】对着酒应该放声高唱。原意是人生时间有限，应该有所作为。后也用来指及时行乐。

【出处】东汉·曹操《短歌行》："对酒当歌，人生几何。"

【例句】今天同学们聚会很不容易，对酒当歌，让我们共同唱一首歌助兴吧！

对症下药

【词义】针对病症用药。比喻针对事物的问题所在，采取有效的措施。

【出处】《三国志·魏志·华佗传》："府吏倪寻、李延共止，俱头痛身热，所苦正同。佗曰：'寻当下之，延当发汗。'或难其异，佗曰：'寻外实，延内实，故治之宜殊。'即各与药，明旦并起。"

【例句】医生详细地询问了病人的病情，然后对症下药。

【典故】华佗 (tuó) 是东汉末年著名的医学家，他精通内、外、妇、儿、针灸 (jiǔ) 各科，医术高明，诊断准确，在我国医学史上享有很高的地位。华佗给病人诊疗时，能够根据不同的情况，开出不同的处方。有一次，州官倪 (ní) 寻和李延一同到华佗那儿看病，两人诉说的病症相同：头痛发热。华佗分别给两人诊了脉后，给倪寻开了泻药，给李延开了发汗的药。两人看了药方，感到非常奇怪，问："我们两人的症状相同，病情一样，为什么吃的药却不一样呢？"华佗解释说："你俩相同的只是病症的表象，倪寻的病因是由内部伤食引起的，而李延的病却是由于外感风寒，着了凉引起的。两人的病因不同，我当然得对症下药，给你们用不同的药治疗了。"倪寻和李延服药后，没过多久，病就全好了。

咄咄逼人

【词义】咄咄：使人惊奇的声音。形容气势汹汹，盛气凌人，使人难堪。也指形势发展迅速，给人压力。

【出处】东晋·卫铄《与释某书》："卫有一弟子王逸少，甚能学卫真书，咄咄逼人。"

【例句】他说话这样不客气，真有点咄咄逼人。

【典故】有一次，顾恺之和桓玄在建康殷仲堪家中谈笑取乐。他们约定说"危语"（用一句话形容一个非常危险的情况）。大家说得高兴时，忽然旁边一位参军插嘴道："盲人骑瞎马，夜半临深池。"由于当时在场的殷仲堪正好是瞎了一只眼睛的，听了此话自觉难堪，但又不便当众发怒，只好说了一语双关的话聊以解嘲："呦，真是咄咄逼人呀。"

E

峨冠博带

【词义】峨：高；博：阔。高帽子和阔衣带。古代士大夫的装束。

【出处】明·罗贯中《三国演义》第四十三回："早见张昭、顾雍等一班文武二十余人，峨冠博带，整衣端坐。"

【例句】小玉终于穿上了峨冠博带的博士服，从校长手上郑重接过博士证书。

鹅行鸭步

【词义】步：走。像鹅和鸭子那样走路。比喻步行缓慢。

【出处】元·杨景贤《西游记·妖猪幻惑》："见一人光纱帽，黑布衫，鹰头雀脑将身探，狼心狗行潜踪阚，鹅行鸭步怀愚滥。”

【例句】像你这样鹅行鸭步，到天黑也到不了目的地。

额手相庆

【词义】把手放在额上，表示庆幸。

【出处】清·王韬《淞滨琐话·卢双月》："泥金高揭，邻里喧哗，挤庭下几满。喜极入告，额手相庆。"

【例句】这次表彰大会，我们班又是第一，同学们无不额手相庆。

恶贯满盈

【词义】贯：穿钱的绳子；盈：满。罪恶之多，犹如穿线一般已穿满一根绳子。形容罪大恶极，到受惩罚的时候了。

【出处】《尚书·泰誓》："商罪贯盈，天命诛之。"

【例句】这个坏事做尽、恶贯满盈的歹徒，终于受到法律的制裁。

【典故】商朝末年，商纣王暴虐无道，激起老百姓极大的愤慨，就连诸侯们也看不过，认为他不像一个治国之君。当时有一个诸侯叫姬昌，他主张实施仁政，反对纣王的暴政，纣王便把他抓了起来。后来他的儿子姬发即位，便联合诸侯起兵讨伐商纣，大军渡过黄河，向商都进发，在牧野这个地方与纣王的军队交战，打了一场大仗。由于姬发所率的是仁义之师，深得老百姓的欢迎，百姓因而给予了很大的支持，而老百姓对纣王的军队却是深恶痛绝的，结果纣王打了大败仗，最后自焚而死，商朝也灭亡了。姬发领兵进攻纣王之前，曾对全军发表誓言，列举了商纣的种种罪行，说商纣所做的坏事已经到头了，他罪大恶极，应该受到惩罚。号召大家齐心协力，为民除害。

尔虞我诈

【词义】尔：你；虞、诈：欺骗。表示彼此互相欺骗。

【出处】《左传·宣公十五年》："我无尔诈，尔无我虞。"

【例句】三国时期，各国之间尔虞我诈，互相猜忌。

耳顺之年

【词义】六十岁时听别人言语便可判断是非真假。耳顺，六十岁的代称。

【出处】先秦·孔子《论语·为政》："吾十有五而志于学，三十而立，四十而不惑，五十而知天命，六十而耳顺，七十而从心所欲。"

【例句】今年就是爷爷的耳顺之年了，他还是那么身强体壮。

耳提面命

【词义】不仅是当面告诉他，而且是提着他的耳朵向他讲。形容长辈教导热心恳切。

【出处】《诗经·大雅·抑》："匪面命之，言提其耳。"

【例句】学习总得靠个人努力，如果自己不长进，即便别人在旁边耳提面命，恐怕也无济于事。

F

发愤忘食

【词义】努力学习或工作，连吃饭都忘了。形容十分勤奋。

【出处】《论语·述而》："发愤忘食，乐以忘忧，不知老之将至云尔。"

【例句】他这段时间发愤忘食，希望能够实现梦想。

发扬光大

【词义】发扬：发展，提倡；光大：辉煌而盛大。使好的作风、传统等得到发展和提高。

【出处】《周易·坤》："坤厚载物，德合无疆，含弘光大，品物咸亨。"

【例句】对好的传统、好的作风应发扬光大。

翻山越岭

【词义】翻：翻过；越：过；岭：山岭。翻越不少山头。形容野外工作或旅途的辛苦。

【出处】姚雪垠《李自成》第一卷第六章："他的腿脚好，只要肚子里填饱了瓤子，翻山越岭，跟年轻人一样。"

【例句】他们几个掉队了，只得昼夜赶路，翻山越岭，寻找大部队。

繁文缛节

【词义】文：规定、仪式；缛：繁多；节：礼节。过分烦琐的仪式或礼节。也比喻其他烦琐多余的事项。

【出处】北宋·苏轼《上圜丘合祭六仪》："仪者必又曰：'省去繁文末节，则一岁可以再郊。'"

【例句】要办成这件事，繁文缛节，感到乱七八糟，弄得我头晕脑涨。

返老还童

【词义】由衰老恢复青春。形容老年人充满了活力。

【出处】《云笈七签·诸家气法》："日服千不足为多，返老还童，渐从此矣。"

【例句】传说王母娘娘的蟠桃吃后能返老还童，不知是真是假。

【典故】相传，刘安自年轻时起，就喜好求仙之道。封淮南王以后，更是潜心钻研，四处派人打听防老之术，访寻长生不老之药。有一天，忽然有八位白发银须的老汉求见，说他们有防老之法术，并愿把长生不老之药献给淮南王。刘安一听，知是仙人求见，大喜过望，急忙开门迎见，但一见那八个老翁，却不禁哑然失笑。原来八个老汉一个个白发银须，虽然精神矍铄，但毕竟是老了呀！哪会有什么防老之术呢？"你们自己都那样老了，我又怎么可以相信，你们有防老之术呢？这分明是骗人！"说完，叫守门人把他们撵走。八个老汉互相望了一眼，哈哈笑道："淮南王嫌我们年老吗？好吧！那么，再让他仔细看看我们吧！"说着，八个老翁一眨眼工夫，忽然全变成儿童了。已经年老的人，一下子回到了儿童时期，这是全然不可能的，所以这仅仅是传说故事而已。《云笈七签》这部道教书籍中提到的"返老还童"，也仅仅是炼丹、法术的有关传说罢了。

犯而不校

【词义】犯：触犯；校：计较。受到别人的触犯或无礼也不计较。

【出处】《论语·泰伯》："以能问于不能，以多问于寡，有若无，实若虚，犯而不较。"

【例句】老教授对那些新学员的冒犯犯而不校。

方兴未艾

【词义】方：正在；兴：兴起；艾：停止。事物正在发展，尚未达到止境。

【出处】北宋·陆佃《陶山集·太学案问》："大学之道，方兴未艾也，士之来学者，盖已千数。"

【例句】改革大潮席卷全国，经济方面出现了方兴未艾的大好形势。

防患于未然

【词义】患：灾祸；未然：没有这样，指尚未形成。防止事故或祸害于尚未发生之前。

【出处】《周易·既济》："君子以思患而豫防之。"《乐府诗集·君子行》："君子防未然。"

【例句】在安全问题上，我们一定要做到有备无患，或者说是防患于未然。

【典故】有一户人家买了一套新房子。装修时，由于缺乏精心的设计和认真的思考，炉具四周用了一种极易燃烧的材料。一天，这家主人请客。有位客人看到主人家厨房的这些情况，就对主人说："你家的厨房应该重新整顿一下。”主人问道：“为什么呢？”客人说：“你看炉具周围装修所用的材料很容易燃烧，如果做饭时，火苗不小心蹿了出来，是很容易发生火灾的。”主人听了，笑了笑，不以为然，没放在心上，不久也就把这事忘到脑后去了。

后来，这户人家果然失了火，由于火被及时发现，又采取了适当的灭火措施，在左右邻居的帮助下，火很快被扑灭，除了厨房里的东西烧了一些，没酿成大祸。为了酬谢大家的全力救助，主人办了一桌酒席。当时帮忙的人都请到了，可唯独没有请那位曾建议他改建厨房的朋友。席间，大家高高兴兴地吃着喝着，忽然有人提醒主人说：“要是当初您听了那位客人的劝告，改用另一种材料装修炉灶周围的话，就不会造成今天的损失。现在，您宴请大家帮助你救火，怎么可以忘了那位事先提醒、劝告您的朋友呢？难道提出防火的没有功，只有参加救火的人才算有功吗？我看哪，您应该把那位客人请来，并请他坐上座才对呀！”主人听了，这才恍然大悟，赶忙把那位客人请来，说了许多感激的话。

防微杜渐

【词义】微：微小；杜：堵住；渐：指事物的开端。比喻在坏事情、坏思想萌芽的时候就加以制止，不让它发展。

【出处】《后汉书·丁鸿传》：“若敕政责躬，杜渐防萌，则凶妖销灭，害除福凑矣。”

【例句】我们要加强对学生的思想品德教育，做到防微杜渐。

【典故】东汉和帝即位后，窦太后专权。她的哥哥窦宪官居大将军，任用窦家兄弟为文武大官，掌握着国家的军政大权。看到这种现象，许多大臣心里很着急，都为汉室江山捏了把汗。大臣丁鸿就是其中的一个。丁鸿很有学问，对经书极有研究。对窦太后的专权他十分气愤，决心为国除掉这一祸根。几年后，天上发生日蚀，丁鸿就借这个当时认为不祥的征兆，上书皇帝，指出窦家权势对于国家的危害，建议迅速改变这种现象。和帝早已有这种感觉和打算，于是迅速撤了窦宪的官，窦宪和他的兄弟们因此而自杀。丁鸿在给和帝的上书中，说皇帝如果亲手整顿政治，应在事故开始萌芽时候就注意防止，这样才可以消除隐患，使得国家能够长治久安。

放浪形骸

【词义】放浪：放荡；形骸：人的形体。指行动不受世俗礼节的束缚。

【出处】东晋·王羲之《三月三日兰亭集序》：“夫人之相与，俯仰一世。或取诸怀抱，悟言一室之内；或因寄所托，放浪形骸之外。”

【例句】画家往往在生活中放浪形骸，不修边幅。

放纵不羁

【词义】指恣意行事，不受约束。

【出处】《晋书·外戚传·王濛》：“少时放纵不羁，不为乡曲所齿，晚节始克己励行，有风流美誉。”

【例句】他年轻的时候行事放纵不羁，经常惹是生非，不过现在收敛多了。

飞檐走壁

【词义】旧小说中形容有武艺的人身体轻捷，能够跳上房檐，越过墙壁。

【出处】清·吴趼人《二十年目睹之怪现状》第二十六回：“这个人本来是一个飞檐走壁的贼。”

【例句】今晚的电影风超酷，特别喜欢里面那个会飞檐走壁的人物。

飞扬跋扈

【词义】飞扬：放纵；跋扈：蛮横。原指意态狂豪，不爱约束。现多形容骄横放肆，目中无人。

【出处】《北齐书·神武纪下》：“（侯）景专制河南

十四年矣，常有飞扬跋扈志。”

【例句】有些人稍有学识便趾高气扬，不可一世，飞扬跋扈。

非同寻常

【词义】寻常：平常。形容人和事物很突出，不同于一般。

【例句】在我们单位，他可是一位非同寻常的人物。

分道扬镳

【词义】分路而行。比喻目标不同，各走各的路或各干各的事。

【出处】《北史·魏诸宗室·河间公齐传》：“(元志)为洛阳令，不避强御，与御史中尉李彪争路，俱入见，面陈得失。……孝文曰：‘洛阳，我之丰沛，自应分路扬镳。自今以后，可分路而行。’及出，与彪折尺量道，各取其半。”

【例句】这次争吵是造成他俩分道扬镳的主要原因。

【典故】南北朝的时候，北魏有一个名叫元齐的人，他很有才能，屡建功勋。皇帝非常敬重他，封他为河间公。元齐有一个儿子叫元志。他聪慧过人，饱读诗书，是一个有才华但很骄傲的年轻人。孝文帝很赏识他，任命他为洛阳令。不久以后，孝文帝采取了御史中尉李彪的建议，从山西平城搬迁到洛阳建都。这样一来，洛阳令成了“京兆尹”。在洛阳，元志仗着自己的才能，对朝廷中某些学问不高的达官贵族，往往表示轻视。有一次，元志出外游玩，正巧李彪的马车从对面飞快地驶来。照理，元志官职比李彪小，应该给李彪让路，但他一向看不起李彪，偏不让路。李彪见他这样目中无人，当众责问元志：“我是御史中尉，官职比你大多了，你为什么不给我让路？”元志并不买李彪的账，说：“我是洛阳的地方官，你在我眼中，不过是洛阳的一个住户，哪里有地方官给住户让路的道理呢？”他们两个互不相让，争吵起来了。于是他们来到孝文帝那里评理。李彪说，他是御史中尉，洛阳的一个地方官怎敢同他对抗，居然不肯让道。元志说，他是国都所在地的长官，住在洛阳的人都编在他主管的户籍里，他怎么同普通的地方官一样向一个御史中尉让道？孝文帝听他们的争论，觉得各有各的道理，不能训斥他们中的任何一个，便笑着说：“洛阳是我的京城。我听了，感到你们各有各的道理。我认为你们可以分开走，各走各的，不就行吗？”

分庭抗礼

【词义】庭：庭院；抗礼：平等行礼。原指宾主相见，分站在庭的两边，相对行礼。现比喻平起平坐，彼此对等的关系。

【出处】《庄子·渔父》：“万乘之主，千乘之君，见天子未尝不分庭抗礼，夫子犹有倨敖之容。”

【例句】在杂文方面，没有人可以与鲁迅分庭抗礼。

【典故】一天，孔子和弟子们在树林里休息。弟子们读书，孔子独自弹琴。一曲未了，一条船停在附近的河岸边，一位须眉全白的老渔夫走上河岸，坐在树林的另一头，侧耳恭听孔子的弹奏。孔子弹完了一首曲子后，渔夫招手叫孔子的弟子子贡、子路到他跟前，并且问道：“这位弹琴的老人是谁呀？”子路高声说道：“他就是我们的先生，鲁国的君子孔子呀！”子贡补充说：“他，就是以忠信、仁义闻名于各国的孔圣人。”渔夫微微一笑，说：“恐怕是危忘真性，偏行仁爱呀。”渔夫说完，转身朝河岸走去。子贡急忙把渔夫说的话报告孔子。孔子听后马上放下琴，猛然站起身，惊喜地说：“这位是圣人呀，快去追他！”孔子快步赶到河边，渔夫正要划船离岸，孔子尊敬地向他拜了两拜，说：“我从小读书求学，到现在已经六十九岁了，还没有听到过高深的教导，怎么敢不虚心地请求您帮助呢？”渔夫也不客气，走下船对孔子说：“所谓真，就是精诚所至，不精不诚，就不能动人。所以，强哭者虽悲而不哀，强怒者虽严而不威，强亲者虽笑而不和。真正的悲没有声音而感到哀，真正的怒没有发出来而显得威，真正的亲不笑而感到和蔼。真在内者，神动于外，所以真是非常可贵的。从此用于人间的情理，侍奉亲人则慈孝，侍奉君主则忠贞，饮酒则欢乐，处丧则悲哀。”孔子听得很有启发，不住地点头。最后，孔子谦卑地对渔夫说："遇见先生真是幸运。我愿意做您的学生，得到您的教授。请告诉我您住在哪里好吗？”渔夫没有告诉他住在哪里，而是跳上小船，独自划船走了。这时，颜渊已把车子拉过来，子路把上车拉的带子递给孔子，但孔子全不在意，两眼直勾勾地望着渔夫的船影，一直到看不见船的影儿，听不见划水的声音，才惆怅地上车。子路对孔子出乎寻常的表现不理解，在车旁问道："我为您驾车已经很久了，还没见过像渔夫这样傲慢的人。就是天子和诸侯见到您，也是相对得礼，平等相待，您还带有点自尊的神色呢！但今天，那个渔夫撑着船篙漫不经心地站着，而您却弯腰弓背，先拜后说话，是不是太过分了呢？我们几个弟子都对您这举动觉得奇怪：对渔夫怎么可以这样恭敬呢？”孔子听了子路的话很不高兴，伏着车木叹口气说："唉，子路，你真是难以教化。你那鄙拙之心至今未改！你靠近一点，我告诉你：遇到年长的不敬是失礼，遇到贤人不尊是不仁，不仁不爱是造祸的根本。今天这位渔夫是懂得道理的贤人，我怎么能不敬他呢？”

分外妖娆

【词义】分外：格外；妖娆：妖媚艳丽。形容景色异常艳丽。

【出处】毛泽东《沁园春·雪》："须晴日，看红妆素裹，分外妖娆。"

【例句】放眼看去，山下的景色分外妖娆。

粉墨登场

【词义】粉、墨：搽脸和画眉用的化妆品。原指演员化妆上台演戏。比喻坏人经过一番打扮，登上政治舞台。

【出处】明·张岱《祭义伶文》："汝生前，傅粉登场努眼张舌，喜笑鬼浑，观者绝倒，听者喷饭。"

【例句】历史的车轮不断前进，随着清朝覆灭，军阀又粉墨登场了。

粉身碎骨

【词义】身体粉碎而死。比喻为了某种目的或遭到什么危险而丧失生命。

【出处】唐·蒋防《霍小玉传》："平生志愿，今日获从，粉骨碎身，誓不相舍。"

【例句】为了革命胜利，纵然粉身碎骨也在所不辞。

奋不顾身

【词义】奋勇向前，不考虑个人安危。

【出处】西汉·司马迁《报任少卿书》："常思奋不顾身，以徇国家之急。"

【例句】在洪水到来之际，共产党员首当其冲跳下水去，接着战士们相继奋不顾身跳了下去。

【典故】这个成语来源于《汉书·司马迁传》："然仆观其为人自奇士，事亲孝，与士信，临财廉，取予义，分别有让，恭俭下人，常思奋不顾身，以徇国家之急。"

丰富多彩

【词义】内容丰富，花色繁多。

【出处】峻青《秋色赋》："一个不久前才由机关、工厂的业余戏剧爱好者所组织进来的吕剧团，演出了丰富多彩的节目，非常令人兴奋。"

【例句】学校给我们寒假安排了丰富多彩的活动。

丰功伟绩

【词义】丰：大。伟大的功绩。

【出处】北宋·包拯《天章阁对策》："睿谋神断，丰功伟绩，历选明辟，未之前闻。"

【例句】老一辈无产阶级革命家的丰功伟绩永远值得我们缅怀。

风餐露宿

【词义】风里吃饭，露天睡觉。形容旅途或野外工作的辛苦。

【出处】南宋·陆游《宿野人家》："老来世路浑谙尽，露宿风餐未觉非。"

【例句】一路上虽然风餐露宿，但战士们情绪饱满，斗志昂扬。

风和日丽

【词义】和风习习，阳光灿烂。形容晴朗暖和的天气。

【出处】唐·无名氏《句》："风和日暖方开眼，雨润烟浓不举头。"

【例句】这是一个风和日丽的星期天，我们来到颐和园。

风华正茂

【词义】风华：风采、才华；茂：旺盛。正是青春焕发、风采动人和才华横溢的时候。形容青年朝气蓬勃、奋发有为的精神面貌。

【出处】毛泽东《沁园春·长沙》："恰同学少年，风华正茂，书生意气，挥斥方遒。"

【例句】我们还年轻，正处在风华正茂的时代，应多学点东西，不要浪费了青春。

风流人物

【词义】风流：英俊的、杰出的。指对一个时代有很大影响的人物。有时也指举止潇洒或惯于调情的人。

【出处】北宋·苏轼《念奴娇·赤壁怀古》："大江东去，浪淘尽，千古风流人物。"

【例句】他可是文坛上的风流人物，他的散文影响了一个时代。

风声鹤唳

【词义】唳：鹤叫声。形容惊慌失措，或自相惊忧。

【出处】唐·房玄龄等《晋书·谢玄传》："余众甲宵遁，闻风声鹤唳，皆以为王师已至。"

【例句】这些罪犯从狱中逃出后，风声鹤唳，草木皆兵，每天都心惊胆战地过日子。

【典故】公元383年，前秦皇帝苻坚组织九十万大军，南下攻打东晋。东晋王朝派谢石为大将，谢玄为先锋，带领八万精兵迎战。苻坚认为自己兵多将广，有足够的把握战胜晋军。他把兵力集结在寿阳（今安徽寿县）东的淝水边，等后续大军到齐，再向晋军发动进攻。为了以少胜多，谢玄施出计谋，派使者到秦营，向秦军的前锋建议道："贵军在淝水边安营扎寨，显然是为了持久作战，而不是速战速决。如果贵军稍向后退，让我军渡过淝水决战，不是更好吗？"秦军内部讨论时，众将领都认为，坚守淝水，晋军不能过河，待后续大军抵达，即可彻底击溃晋军。因此不能接受晋军的建议。但是，苻坚求胜心切，不同意众将领的意见，说："我军只要稍稍后退，等晋军一半过河，一半还在渡河时，用精锐的骑兵冲杀上去，我军肯定能大获全胜！"于是，秦军决定后退。苻坚没有料到，秦军是临时拼凑起来的，指挥不统一，一接到后退的命令，以为前方打了败仗，慌忙向后溃逃。谢玄见敌军溃退，指挥部下快速渡河杀敌。秦军在溃退途中，丢弃了兵器和盔甲，一片混乱，自相践踏而死的不计其数。那些侥幸逃脱晋军追击的士兵，一路上听到呼呼的风声和鹤的鸣叫声，都以为晋军又追来了，于是不顾白天黑夜，拼命地奔逃。就这样，晋军取得了淝水之战的重大胜利。

风雨如晦

【词义】指白天刮风下雨，天色暗得像黑夜一样。形容政治黑暗，社会不安。

【出处】《诗经·郑风·风雨》："风雨如晦，鸡鸣不已。"

【例句】在那些风雨如晦的日子里，革命者没有动摇，更没有屈服。

锋芒毕露

【词义】毕露：完全显露。锐气和才华全都显露出来。多指人好表现自己。

【出处】《后汉书·袁绍传》："瓒亦枭夷，故使锋芒挫缩，厥图不果。"

【例句】做人不要锋芒毕露，不然往往会招来灾难。

逢场作戏

【词义】逢：遇到；场：演戏的场地。原指旧时走江湖的艺人遇到适合的场合就表演。后指遇到机会，偶尔凑凑热闹。

【出处】北宋·释道原《景德传灯录》第六卷："竿木随身，逢场作戏。"

【例句】他从来不打扑克，这次不过是逢场作戏，应酬一下客人而已。

逢凶化吉

【词义】逢：遭遇；凶：不幸；吉：吉利、吉祥。遇到凶险转化为吉祥、顺利。这是带有迷信的说法。

【出处】明·施耐庵《水浒传》第四十二回："豪杰交游满天下，逢凶化吉天生成。"

【例句】佛家认为只要多做好事，就会逢凶化吉、平安无事。

凤毛麟角

【词义】凤凰的羽毛，麒麟的角。比喻珍贵而稀少的人或物。

【出处】明·何良俊《四友斋丛说》："康对山之文，天下慕向之，如凤毛麟角。"

【例句】以前山村的孩子能上大学的凤毛麟角，现在可大不一样了。

奉公守法

【词义】奉：奉行；公：公务。奉公行事，遵守法令。形容办事守规矩。

【出处】元·关汉卿《山神庙裴度还带》："韩公平昔奉公守法，廉于公谨。"

【例句】每个公民都应自觉奉公守法，毫无例外。

【典故】春秋战国时期，赵国大将赵奢是个足智多谋的人，他英勇善战，屡战屡胜，建立了显赫的功勋。赵惠文王封赵奢为马服君，官列上卿。赵奢原来是一个普通的收取田税的官吏，他对赵王一片忠心，收税时大公无私，一视同仁。有一次，他来到惠文王之弟、平原君赵胜家收取田税，但是赵胜的管家仗势欺人，戏弄赵奢，拒付税款。赵奢并不怕赵胜的权势，他毫不客气地、果断地处理了这件事，且依照赵国法令杀了那些无事生非的闹事者。赵胜听说后，怒气冲天，一定要赵奢抵命，以显示他的权势。赵奢得知赵胜的想法后，马上去找赵胜，真心诚意地对他说："您是赵国栋梁之材，是受朝廷重用的大官。应该遵守国家法令，以昭示天下百姓。而现在您的管家却依靠您的权势，公然违反国家法令。如果百姓都拒不付税，那么天下还会太平吗？国家还会富强吗？到那时候，您还会有现在这样显赫的地位？相反，您要是能够奉公守法，那么百姓也会以您为榜样，天下就会稳定，国家就会富强，您怎么能轻视呢？"赵胜听了这番话，惭愧万分。继而转怒为喜，将赵奢保举给赵惠文王，赵王封了他一个掌管整个赵国税收的官。赵奢上任后，没有仗着权势欺压百姓，仍然公正、无私地处理一切事务。后来，赵奢又被赵王任命为大将，为赵国建立了很多战功。

浮光掠影

【词义】水面的光和掠过的影子，一晃就消逝。比喻观察不细致，学习不深入，印象不深刻。

【出处】唐·褚亮《临高台》："浮光随日度，漾影逐波深。"

【例句】这个剧种的汇报演出，我曾看过，但浮光掠影，印象不深。

俯仰之间

【词义】一低头，一抬头的工夫。形容时间极短。

【出处】《汉书·晁错传》："以大为小，以强为弱，在俯仰之间耳。"

【例句】俯仰之间，我已经成为一名初中生了。

付之一炬

【词义】付：给；之：它；炬：火把。一把火给烧了。

【出处】明·沈德符《万历野获编·尚衣失珠袍》："内府盗窃，乃其本等本技，偶私攘过多，难逃大罪，则故称遗漏，付之一炬，以失误上闻，不过薄责而已。"

【例句】他一不小心丢失了文件，这几个月的成果付之一炬。

负隅顽抗

【词义】负：依靠；隅：山势弯曲险阻的地方。凭借险阻，顽固抵抗。指依仗某种条件，顽固进行抵抗。

【出处】《孟子·尽心下》："有众逐虎，虎负隅，莫之敢撄。"

【例句】犯罪分子在法律面前要老实交代，不要负隅顽抗，才能得到宽大处理。

【典故】战国时，有一年齐国发生饥荒，许多人饿死。孟子的弟子陈臻听到这个消息，急忙来找老师，心情沉重地说："老师，您听说了吗？齐国闹饥荒，人都快饿死了。人都以为老师您会再次劝说齐王，请他打开谷仓救济百姓。我看不能再这样做了吧。"孟子回答说："再这样做，我就成为冯妇了。"接着，孟子向陈臻讲述了有关冯妇的故事。冯妇是晋国的猎手，善于和老虎搏斗。后来他成为善人，不再打虎了，他的名字也几乎被人们忘掉了。有一年，某座山里出现了一只猛虎，常常伤害行人。几个年轻猎人联合起来去打虎，他们把老虎追至山的深处，老虎背靠着一个山势弯曲险要的地方，面向众人，它瞪圆了眼睛吼叫，没有人敢上前去捕捉。就在这时，冯妇坐车路过这儿。猎手们见了他，都快步上前迎接，请他帮助打虎。冯妇下了车，挽起袖子与老虎搏斗起来。经过一场拼搏，终于打死了猛虎，为民除了害。年轻的猎手们高兴地谢他，可是一些读书人却讥笑他。

妇孺皆知

【词义】孺：小孩。妇女、小孩全都知道。指众所周知。

【出处】《星火燎原·湘西再起》："可是提起他（贺龙）的名字，湘鄂本的人民差不多是妇孺皆知。"

【例句】婚姻法的宣传，要做到家喻户晓，妇孺皆知。

覆水难收

【词义】覆：倒。倒在地上的水难以收回。比喻事情已成定局，无法挽回。

【出处】①《敦煌变文集·伍子胥变文》："成谋不说，覆水难收。"②南宋·王楙《野客丛书》："太公取一壶水倾于地，令妻收入。乃语之曰：'若言离更合，覆水定难收。'"

【例句】古人说，"沉舟可补，覆水难收"，这话很有道理。

【典故】商朝末年，有个足智多谋的人物，姓姜名尚，字子牙，人称姜太公。因先祖封于吕，又名吕尚。他辅佐周文王、周武王攻灭商朝，建立周朝，立了大功。后来封在齐，是春秋时齐国的始祖。姜太公曾在商朝当过官，因为不满纣王的残暴统治，弃官而走，隐居在陕西渭水河边一个比较偏僻的地方。为了取得周族的领袖姬昌（即周文王）的重用，他经常在小河边用不挂鱼饵的直钩，装模作样地钓鱼。姜太公整天钓鱼，家里的生计发生了问题，他的妻子马氏嫌他穷，没有出息，不愿再和他共同生活，要离开他。姜太公一再劝说她别这样做，并说有朝一日他定会得到富贵。但马氏认为他在说空话骗她，无论如何不相信。姜太公无可奈何，只好让她离去。后来，姜太公终于取得周文王的信任和重用，又帮助周武王联合各诸侯攻灭商朝，建立西周王朝。马氏见他又富贵又有地位，懊悔当初离开了他，便找到姜太公请求与他恢复夫妻关系。姜太公已看透了马氏的为人，不想和她恢复夫妻关系，便把一壶水倒在地上，叫马氏把水收起来。马氏赶紧趴在地上去取水，但只能收到一些泥浆。于是姜太公冷冷地对她说："你已离我而去，就不能再合在一块儿。这好比倒在地上的水，难以再收回来了！"

G

甘之如饴

【词义】甘：甜；饴：麦芽糖浆。感到像糖那样甜。指为了从事某种工作，甘愿承受艰难、痛苦。

【出处】南宋·真德秀《送周天骥序》："非义之富贵，远之如垢污，不幸而贱贫，甘之如饴蜜。"

【例句】我要努力坚持自己所认识到的思想与生活态度，虽有刀锯斧，甘之如饴，愿以此报生平知己。

肝脑涂地

【词义】涂地：涂抹在地上。形容惨死。也形容竭尽忠诚，任何牺牲都在所不惜。

【出处】《史记·刘敬叔孙通列传》："大战七十，小战四十，使天下之民肝脑涂地，父子暴骨中野。"

【例句】革命党人在狱中表示，就是肝脑涂地，也不改变对共产主义的信仰。

【典故】汉高祖刘邦战胜项羽、平定中原后，就和群臣商议建都一事。由于群臣都是华山以东的人士，都说："周朝建都洛阳，世祚（zuò）传了数百年；秦朝建都咸阳，传位不过二代就亡了，所以应建都洛阳。"汉高祖犹豫不定。汉高祖五年，刘邦巡幸洛阳，有个叫娄敬的人，请求晋见皇上。娄敬问皇上："陛下想建都洛阳，难道是想和周朝较量兴隆的盛况吗？"皇上说："不错。"娄敬说："陛下获取天下和周朝不同。周武王的祖先积德行善几十年，人们愿意跟随他，没有经过多少杀戮，便取得了天下。陛下从丰沛起事，统兵三千，经历无数战斗而席卷蜀汉地区，平定三秦，又和项羽抗衡决战中原。就拿成皋孤城之争来说，经历大战七十、小战四十，让天下无辜百姓肝脑涂地，尸满遍野，哭泣之声不绝于耳。那些受创伤的人还没有复原，你就想和西周较量兴隆盛世，我私下以为陛下不能这样做啊！"汉高祖最终采纳娄敬的建议，取消了建都洛阳的念头，并赐娄敬为刘姓，故史称之为刘敬。

感恩戴德

【词义】戴：尊奉，推崇。感激别人的恩惠和好处。

【出处】《三国志·吴志·骆统传》："令皆感恩戴义，怀欲报之心。"

【例句】爷爷多亏这位解放军战士的搭救才没发生意外，我们全家对他感恩戴德，永世难忘！

刚愎自用

【词义】形容一个人过分自信，完全不听别人的意见，十分固执。

【出处】《左传·宣公十二年》："刚愎不仁，未肯用命。"

【例句】老王这个人太刚愎自用，根本就听不进别人的意见。

【典故】公元前597年春（春秋时期），楚国攻破郑国，郑襄公裸体牵羊迎接楚庄王，并苦苦求饶，取得了楚王的同情。当年夏，晋国派军队救援郑国。晋军南下，兵临黄河时，听说郑国已经同楚国媾和，晋军中军主帅荀林父想退兵，并提出等楚国军队回国后，再出兵攻打郑国，讨伐背叛者。荀林父的副手先谷表示反对，认为这样不行，并说："晋国之所以能够称霸诸侯，是因为军队勇敢、文臣武将尽力的关系。现在失去了诸侯（指郑国背叛晋国倾向楚国），不奋勇当先，不能说是尽了力。有敌人不去攻打，不能说是勇敢。要是由于我们而失去霸主的地位，不如死了。"先谷还说道："率军出征，遇到强敌而退却，这不是大丈夫的气概；担任军队统帅，而终非大丈夫，唯有你们能做得出，我办不到。"于是他率领所属部队渡过黄河，继续前进。荀林父的部将根据这一形势，分析进和退的得失利害关系，最后一致劝荀林父率兵渡河。楚国军队想北上，到饮马黄河时再回国。听说晋军已渡河，楚王想退兵返国。其宠臣伍参想战，而令尹（官名）孙叔敖则不想战，并说："去年打陈国，今年攻郑国，不是没有战争。战而不胜，您伍参的肉够吃的吗？"伍参说："如果这次打胜了，就足见您孙叔敖没有谋略了；不能战胜，我的肉将在晋军之手，还能吃得上吗？"令尹转车反旗，伍参对楚王说："晋国现在从政的都是些新人，不能很好地执行命令；其副手先刚愎不仁，不肯听从命令；他们的三个统帅（指中军、上军、下军之首领）想统一行事也难以办到，就是想听从命令，也没有统一的上级，大家听谁的？这一仗，晋军必败。"楚庄王无奈，只好命令令尹调转战车向北，驻扎于管地以待晋军。

高不可攀

【词义】攀：抓住高处的东西向上爬。高得手也攀不到。形容难以达到。也形容人高高在上，使人难接近。

【出处】东汉·陈琳《为曹洪与魏文帝书》："且夫墨子之守，萦带为垣，高不可登，折箸为械，坚不可入。"

【例句】现在，这棵槐树已高不可攀。

高朋满座

【词义】高：高贵。高贵的朋友坐满了席位。形容宾客很多。

【出处】唐·王勃《滕王阁序》："十旬休假，胜友如云，千里逢迎，高朋满座。"

【例句】今天叔叔搬新家，请了很多客人，到了吃饭的时候，真是高朋满座。

高山仰止

【词义】高山：比喻高尚的品德。比喻对高尚的品德的仰慕。

【出处】《诗经·小雅·车辖》："高山仰止，景行行止。"

【例句】对于伟人，我们应该高山仰止。

高深莫测

【词义】高深的程度无法揣测。形容使人难以理解。

【出处】南宋·高似孙《讳略》引《物类相感志》："东海之外荒，海中有山，焦炎而峙，高深莫测。"

【例句】小张说话总喜欢故弄玄虚，使人感到高深莫测，时间长了，令人厌烦。

高视阔步

【词义】眼睛向上看，迈大步走路。形容气概不凡或态度傲慢。

【出处】《隋书·卢思道传》："俄而抵掌扬眉，高视阔步。"

【例句】他身体魁伟，相貌堂堂，走起路来高视阔步，气度不凡。

高谈阔论

【词义】高：高深；阔：广阔。多指不着边际地大发议论。

【出处】唐·吕岩《徽宗斋会》："高谈阔论若无人，可惜明君不遇真。"

【例句】昨天晚上，他们整夜高谈阔论。

高屋建瓴

【词义】建：倒水，泼水；瓴：盛水的瓶子。把瓶子里的水从高层顶上倾倒。比喻居高临下，不可阻遏。

【出处】西汉·司马迁《史记·高祖本纪》："地势便利，其以下兵于诸侯，譬犹居高屋之上建瓴水也。"

【例句】革命的豪情和气魄，使他的史剧气势恢宏，振摆超腾，高屋建瓴，雄浑奔放。

【典故】楚汉相争时，汉王刘邦的大将韩信东征西讨，立下了汗马功劳。他居功自傲，有点飘飘然起来。平定齐地后，他写信给刘邦，要求把自己封为"假（代理）齐王"。刘邦得知后，非常恼怒，骂韩信是白日做梦！他的属下张良看完信，劝道："目前，我方不利，楚军尚强，韩信又掌握着很大一部分兵权，大王不如顺水推舟，答应他的要求。"刘邦心领神会，派张良为特使，带了王印，去封韩信为齐王。韩信非常高兴，答应迅速发兵攻打楚霸王。汉军在垓下设下埋伏，韩信担任三军统帅，并请刘邦守住大营。韩信有勇有谋，楚霸王战败，拔剑自刎。刘邦担心韩信位高权重，就收了他的兵权，夺了齐地，改封他为楚王。公元202年，刘邦做了皇帝，即汉高祖。不久，有人告发说，韩信把项羽的大将钟离昧窝藏在家里，看来是想造反。此事传到韩信那里，有人劝道："大王何不杀了钟离昧，表明心迹，使皇上高兴呢？"韩信说："钟离昧素来与我有交情。我在楚营时，霸王曾经要杀我，多亏钟离昧救了我。现在他走投无路，我怎忍心杀他？"尽管嘴上这么说，韩信最后还是当面跟钟离昧谈了。钟离昧看透了他的心思，大骂他无情无义，自刎了。随后，韩信向刘邦献上了钟离昧的人头。刘邦仍怀疑韩信不是真心，并命武士将他绑了起来。大夫田肯知道后，就拜见刘邦，说："有几件事，值得向陛下祝贺。一是韩信束手就擒；二是陛下牢牢地控制着三秦（关中），陛下利用这雄险的地势，来控制、驾驭诸侯，就如从高高的屋脊上把水从瓶子里倒下去。"田肯又说，"齐地两千多里，七十余城，非常重要，控制着这里，便可以一当十。如此重要的地方，非亲子弟是不能封他做齐王的。"刘邦听出了田肯婉转地为韩信求情的意思。因为定三秦、平齐地，主要是韩信的功劳。于是，刘邦赦免了韩信，只是将他降为淮阴侯。

高枕无忧

【词义】垫高枕头睡觉，无忧无虑。比喻思想麻痹，丧失警惕。

【出处】《敦煌变文集·山远公话》："但贱奴若得道安论文，如渴得浆，如寒得火，请相公高枕无忧。"

【例句】只要你能认真学习，考试时就可以高枕无忧了。

【典故】春秋时，齐国有一位叫作孟尝君的人，他在家里养了三千个客人，孟尝君把这些人分成上、中、下三种等级！上等的客人每天都可以吃到大鱼大肉，出门的时候还有车子可以坐；中等的客人每天可以吃到鱼和菜；下等的客人每天只能吃蔬菜。有一天，孟尝君的朋友介绍一个叫作冯谖的人到孟尝君家，孟尝君问他的朋友：这个叫冯谖的人有什么专长呀？朋友想了很久说：好像没什么专长耶！孟尝君听了之后，就不怎么理会冯谖，家里的佣人看到孟尝君不理冯谖，以为主人瞧不起冯谖，通通把冯谖当下等的客人招待。冯谖心里很不高兴，天天发牢骚：既然大家都瞧不起我，我干脆离开算了！孟尝君知道以后，就把冯谖由下等的客人升为上等的客人，还送给冯谖的妈妈吃的和用的东西，冯谖心想：孟尝君对我这么好，我一定要找机会报答他！

有一次，孟尝君派冯谖到薛地去讨债，冯谖就假装是孟尝君下的命令，叫所有欠孟尝君钱的人不用还钱，替孟尝君买了个好名声！后来孟尝君被齐王解除了相国的官位，回到薛地去住的时候，薛地的人民都热烈地欢迎孟尝君。过了不久，冯谖又对孟尝君说：一只兔子要有三个洞藏身，才能免除被猎人猎杀的危险。您现在住在薛地，就好像兔子只有一个洞，是很危险的！万一齐国的国君对您不满意要杀您，您连其他躲的地方都没有呢。所以，您现在还不能把枕头垫高，安心地睡觉！孟尝君一听，问：那我该怎么办呢？冯谖说：这件事就交给我去办。我会让您像狡兔一样，有三个安全的洞藏身。于是，冯谖就跑去找梁国的国君梁惠王，告诉梁惠王孟尝君非常能干，梁惠王听了之后立刻派人带着一千斤黄金、一百辆马车去请孟尝君到梁国做相国。这个消息传到了齐国，齐国的国君马上慌张起来，赶快用隆重的礼节请孟尝君回去齐国做相国。同时，冯谖又叫孟尝君在薛地建立宗庙，用来保证薛地的安全。等到薛地的宗庙建好以后，冯谖就对孟尝君说：现在三个洞都已经挖好了，从今天起，您就可以把枕头垫高，安心地睡觉了。后来，人们就用“高枕无忧”来形容做任何事情准备周全，感觉很安心、不用害怕的意思。

隔靴搔痒

【词义】搔：抓。隔着靴子搔痒痒。比喻说话作文不中肯，不贴切，没有抓住要点。或做事没有抓住关键。

【出处】北宋·释道原《景德灯传录》：“（僧）问：‘圆明湛寂非师意，学人因底却不明？’师曰：‘辨得也未。’僧曰：‘恁么则识性无根去也。’师曰：‘隔靴搔痒。’”

【例句】这篇文章洋洋千言，并没有抓住要害，有点隔靴搔痒。

各式各样

【词义】指多种不同的式样、种类或方式。

【出处】茅盾《子夜》十二：“毒太阳晒得马路上的柏油发软，汽车轮辗过，就印成了各式各样的花纹。”

【例句】今天去了趟动物园，见到了各式各样的动物。

各执己见

【词义】各人都坚持自己的意见。

【出处】北宋·钱易《南部新书·乙》：“凡中书有军国政事，则中书舍人各执所见，杂署其名，谓之五花判事。”

【例句】班务会上，我们小组的同学各执己见，谁也不服谁。

根深蒂固

【词义】比喻基础深厚，不容易动摇。

【出处】《韩非子·解老》：“柢固则生长，根深则视久。”

【例句】几千年来，“养儿防老”“多子多福”的旧观念，在文化不发达的山区一直根深蒂固。

功亏一篑

【词义】亏：欠缺；篑：盛土的筐子。堆九仞高的山，只缺一筐土而不能完成。比喻做事情只差最后一点没能完成。

【出处】《尚书·旅獒》：“为山九仞，功亏一篑。”

【例句】实验已进入最后阶段，但因她的疏忽，最终功亏一篑。

【典故】古时，有一个人要筑一座九仞（八尺＝一仞）高的山。他堆了一年又一年，不论严寒酷暑，废寝忘食地从远处挖土，再挑土，再堆到山包上。终于有一天，他就要完工了。这一天也如往常一样，鸡刚叫就起床开工，一筐又一筐，眼看着山就要九仞高了，只差一筐土的工夫。但他一摸肚子咕咕叫，天又下起雪来，认为只有一筐土，就回家去了。此后，他总认为只有一筐土而偷懒，所以这一筐土至死他也没堆上，这座只差一筐土的九仞高的山终究还是没有堆成。

狗尾续貂

【词义】续：连接。晋代皇帝的侍从官员用作帽子的装饰。指封官太滥。亦比喻拿不好的东西补接在好的东西后面，前后两部分非常不相称。

【出处】五代·孙光宪《北梦琐言》第十八卷："乱离以来，官爵过滥，封王作辅，狗尾续貂。"

【例句】你这部小说已经写了大半，请我继续写下去，我怎敢狗尾续貂。

【典故】晋武帝司马炎死后，儿子司马衷继位，他对朝政一窍不通，大权落到贾后手里。贾后生性凶狠狡诈，赵王司马伦以此为借口带兵冲入宫廷，杀死了贾后，自封为相国。司马伦为了笼络朝臣，扩大自己的势力范围，于是大封文武百官。等到一切就绪后，又废掉晋惠帝，自称皇帝。当时规定，王侯大臣都戴用貂尾装饰的帽子。由于司马伦大肆封官晋爵，一时貂尾都不够用，所以只好用狗尾来代替，人们编民谣"貂不足，狗尾续"来讽刺朝廷。后来，人们用"狗尾续貂"表示续作不佳。清代蒲松龄的《代王次公与颜山赵启》里有这个典故："庇舆盖中，仍添昼行之锦，从缙绅后，张蜥尾续之貂。"

狗血喷头

【词义】把狗血喷在头上。形容言辞恶毒，大肆辱骂。也形容骂得痛快淋漓。

【出处】明·兰陵笑笑生《金瓶梅词话》第六十四回："一清早辰（晨），吃他骂的狗血喷了头。"

【例句】范进因没有盘费，走去同丈人商议，被胡屠户一口啐在脸上，骂了一个狗血喷头。

沽名钓誉

【词义】沽：买；钓：用饵引鱼上钩，比喻骗取。用某种不正当的手段捞取名誉。

【出处】元·宫大用《范张鸡黍》第三折："自恨我奔丧来后，又不是沽名吊誉没来由。"

【例句】有一种人，不干实事，专会沽名钓誉。

孤军奋战

【词义】奋战：尽全力地战斗。孤立无助的军队单独对敌作战。也比喻一个人或一个集体在无人支援、帮助的情况下努力从事某项斗争。

【出处】《隋书·虞庆则传》："由是长儒孤军独战，死者十八九。"

【例句】西汉将领李陵，率领五千步兵深入沙漠攻打匈奴，遇敌骑十万，陷入重围，他孤军奋战，终因寡不敌众，被迫投降。

孤立无援

【词义】只有一个人或一方面的力量，得不到外力援助。

【出处】《后汉书·班超传》："十八年，帝崩。焉耆以中国大丧，遂功没都护陈睦。超孤立无援，而龟兹姑墨数发兵攻疏勒。"

【例句】在被敌围困、孤立无援的情况下，这位将军仍然沉着、镇定地坐镇指挥。

孤注一掷

【词义】把所有的钱一次押上去，一决输赢。比喻在危急时用尽所有力量做最后一次冒险。

【出处】《元史·伯颜传》："今日我宋天下，犹赌博孤注，输赢在此一掷耳。"

【例句】王华冲动时又想采取孤注一掷冲上去的手段。

【典故】公元 1003 年，契丹军队攻陷德清（今河南清丰），逼近冀州（今河北衡水县），抵达澶州（今河南濮阳），宋朝军队节节失利，边境告急，文书频频送到京城。此时，寇准（曾在邯郸市成安县任知县）任宰相，他接到告急文书后扣而不发，像平时一样从容镇定，不露半点惊慌。宋真宗赵恒闻听此事，非常震怒，责问寇准道："边关军情如此紧急，你为什么隐情不报？"寇准笑着对真宗说："陛下息怒，消灭契丹军队的计划臣已谋划好了，请陛下御驾亲征，敌人定会不战而逃。"12月，宋真宗率领文武百官，冒着严寒登上澶州。宋朝军队驻扎到澶州之后，寇准奉命处理军务，他号令军队以逸待劳，等待战机。果然，几天后契丹军队前来攻城，等敌人疲惫时，寇准命令将士出击，一举将敌兵斩获大半，迫使敌人仓皇退兵。从此，宋真宗对寇准更加重用。朝中另一位大臣王钦若嫉妒寇准的功劳，便在宋真宗面前讲寇准的坏话："陛下听说过赌博吗？赌输的赌徒往往会把所有的钱押上作为最后一次赌注，叫作'孤注一掷'。寇准再三要陛下亲征，陛下不是成了寇准的'孤注'了吗？这不是拿陛下的生命来冒险吗？"宋真宗听信了谗言，不久便罢免了寇准的宰相之职。

姑妄言之

【词义】姑且随便说说，不一定有什么道理。

【出处】《庄子·齐物论》："予尝为女妄言之，女以妄听之。"

【例句】他说的这件事，你不妨姑妄言之，不必在意。

姑息养奸

【词义】姑息：为求苟安，无原则地宽容；养：助长；奸：坏人坏事。无原则地宽容，只会助长坏人作恶。

【出处】《礼记·檀弓上》："细人之爱人也以姑息。"

【例句】对破坏社会主义建设的坏人，必须坚决斗争，绝不能姑息养奸。

故步自封

【词义】比喻守着老一套，不求进步。

【出处】《汉书·叙传上》："昔有学步于邯郸者，曾未得其仿佛，又复失其故步，遂匍匐而归耳。"

【例句】我们不能故步自封，要改革创新。

顾盼神飞

【词义】左右顾视，目光炯炯，神采飞扬。

【出处】清·曹雪芹《红楼梦》第三回："第二个削肩细腰，长挑身材，鹅蛋脸儿，俊眼修眉，顾盼神飞，文彩精华，见之忘俗。"

【例句】只见他精神抖擞，顾盼神飞，正大步流星地向这边走来。

瓜田李下

【词义】比喻容易引起嫌疑的场合。

【出处】《北史·袁聿修传》："瓜田李下，古人所慎。愿得此心，不贻厚责。"

【例句】只要自己行得正，就是在瓜田李下也没有什么可担心的。

【典故】唐朝唐文宗时，大书法家柳公权忠良耿直，能言善谏，官职是工部侍郎。当时有个叫郭宁的官员把两个女儿送进宫中，于是皇帝就派郭宁到邮宁（现在的陕西郇县）做官，人们对这件事议论纷纷。皇帝就以这件事来问柳公权："郭宁是太皇太后的继父，官封大将军，当官以来没有什么过失，现在只让他当邮宁这个小地方的主官，又有什么不妥呢？"柳公权说："议论的人都以为郭宁是因为进献两个女儿入宫，才得到这个官职的。"唐文宗说："郭宁的两个女儿是进宫陪太后的，并不是献给朕的。"柳公权回答："瓜田李下的嫌疑，人们哪能分辨得清呢？""瓜田李下"是从古乐府《君子行》中的诗句"瓜田不纳履，李下不整冠"引申来的。这里柳公权是比喻皇帝的做法很容易让人产生怀疑。

刮目相看

【词义】指别人已有进步，不能再用老眼光去看他。

【出处】《三国志·吴志·吕蒙传》："注引《江表传》：'士别三日，即更刮目相待。'"

【例句】小明近几年进步很快，大家都得刮目相看了。

【典故】吕蒙小的时候家里很穷，靠姐夫接济，没有机会读书，后来跟着姐夫打仗很勇敢，最终得到了孙权的赏识。目不识丁的他以为凭勇敢就能打天下。有一次。孙权很认真地对吕蒙说："你现在是国家的栋梁，要好好读书啊。"吕蒙嬉皮笑脸地回答说："我现在整天打仗，忙得很呢，哪里有时间读书啊，哈哈。"孙权很严肃地说："我这个当国王的比你还忙吧？我读了那么多书还嫌不够用，现在还抽空读许多史书和兵书，很有好处啊。你看现在曹操这么老了，还很好学呢，你可不要把我的话当玩笑啊。"此后，吕蒙下定决心，一有空就读书，学识长见得很快。有一次，当时的大知识分子鲁肃和吕蒙一起讨论国家大事，鲁肃常常被吕蒙问得不知道该怎么回答。鲁肃很高兴地拍拍吕蒙的背说："以前我以为你这个大老粗只是在军事方面有本事，现在才知道你学问很好啊，看法独到，你再也不是以前吴下（吴国）的那个阿蒙了！"吕蒙很自信地笑着说："士别三日，当刮目相看，你怎么能用老眼光看我呢。"

拐弯抹角

【词义】抹角：挨墙角绕过。沿着弯弯曲曲的路走。比喻说话绕弯，不直截了当。

【出处】元·秦简夫《东堂老》："转弯抹角，可早来到李家门首。"

【例句】王明靠着墙根，拐弯抹角，来到李刚家大门。

光怪陆离

【词义】光怪：光彩奇异；陆离：开卷参差。形容奇形怪状，五颜六色。

【出处】西汉·刘安《淮南子·本经训》："五彩争胜，流漫陆离。"

【例句】元宵灯会上展出的花灯，色彩斑斓，光怪陆离。

归根结蒂

【词义】归结到根本上。

【出处】鲁迅《且介亭杂文二集·叶紫作〈丰收〉序》："天才们无论怎样说大话，归根结蒂，还是不能凭空创造。"

【例句】一切正确的思想，归根结蒂只能从实践中来，并且回到实践中去加以检验。

鬼斧神工

【词义】像是鬼神制作出来的。形容艺术技巧高超，不是人力所能达到的。

【出处】《庄子·达生》："梓庆削木为鐻，鐻成，见者惊犹鬼神。"

【例句】其工程之大，工艺之精，真可谓鬼斧神工，不可思议。

过河拆桥

【词义】自己过了河，便把桥拆掉。比喻达到目的后，就把帮助过自己的人一脚踢开。

【出处】元·康进之《李逵负荆》："你休得顺水推船，偏不许我过河拆桥。"

【例句】对于那些曾经帮助过我们的人，我们决不能忘恩负义，过河拆桥。

【典故】元朝的大臣彻里帖木耳，处理公务精明干练，善于决断。有一年他在浙江任职，时逢省城举行科举考试。他目睹了这场考试，从官府到考生都花费了许多钱财，并且免不了有营私舞弊的情况。他暗暗下决心，待到自己掌握了大权，一定要促使朝廷废除这种制度。后来，他升任相当于副宰相的中书平章政事，便奏告元顺帝，请求废除科举制度。中国科举制度自隋唐以来已实行了七百多年，要废除它是一件非常重大的事，在朝中引起了巨大的反响。大师伯颜表示支持，但反对的很多。有位御史坚决反对废除科举制度，他请求顺帝治彻里帖木耳的罪。不料顺帝虽然很昏庸，但对废除科举制度倒是赞成的。因此不仅不支持那位御史，反而把他贬到外地去当官。不久，他命人起草了废除科举制度的诏书，准备颁发下去。书还未下达，地位略低于平章的参政许有王，又出来反对废除科举制度。他对伯颜说："如果废除科举考试制度，世上有才能的人都会怨恨的。"伯颜针锋相对地说："如果继续实行科举考试制度，世上贪赃枉法的人还要多。"许有王反驳说："没有实行科举考试制度的时候，贪赃枉法的人不是也很多吗？"伯颜讽刺他说："我看中举的人中有用之才太少，只有你参政一个人可以任用！"许有王不服气，举出许多当时中举的高官来反驳伯颜。伯颜当然不会改变自己的观点，于是两人争论得非常激烈。第二天，满朝文武被召到崇天门听读皇帝下达的废除科举制席的诏书，许有王还特地被侮辱性地通知在班首听读。看来，皇帝特意要让这个反对者将诏书听得明白些。许有王心里非常不愿意，但又惧怕得罪皇帝遭到祸害，只好勉强跪在百官前列听读诏书。听读完诏书后，百官纷纷回府，许有王满脸不高兴地低头走路。有个名叫普化的御史特地走到他边上，凑近他的耳朵冷嘲热讽道："参政，你这下成为过河折桥的人啦。"这话的意思是，你许参政是靠科举当官的，现在宣读皇上关于废除科举制度的诏书，你跪在最前面，似乎是废除科举制度的领头人，就像一个人过了桥后就把桥拆掉一样。许有王听了又羞又恨，加快步伐离开。之后他借口有病，再也不上朝了。

H

海枯石烂

【词义】海水干涸、石头腐烂。形容历时久远。比喻坚定的意志永远不变。

【出处】元·王实甫《西厢记》第五本第三折："这天高地厚情，直到海枯石烂时。"

【例句】海枯石烂、至死不渝的爱情一直为青年朋友们所向往。

海市蜃楼

【词义】蜃：大蛤。原指海边或沙漠中，由于光线的反射和折射，空中或地面出现虚幻的楼台城郭。现多比喻虚无缥缈的事物。

【出处】《史记·天官书》："海旁蜃气像楼台，广野气成宫阙然。"

【例句】他在企业界是一员猛将，他是时时刻刻向前突进的。然而在他面前，不是半浮在空中的荒唐虚无的海市蜃楼么？

骇人听闻

【词义】骇：震惊。使人听了非常吃惊、害怕。

【出处】南宋·朱熹《朱文公文集·答詹师书》："浙中近年怪论百出，骇人听闻，坏人心术。"

【例句】报纸登了一条骇人听闻的消息，某地不法商贩用工业酒精制酒而致多人中毒。

【典故】隋炀帝杨广时，著作郎（官名）王劭常用一些荒诞言论取悦皇帝。他曾谎报说：有人抓了一只乌龟，它的腹部有"天下杨兴"四个字，预示着杨家江山兴旺长久。当皇后死时，王劭又说：皇后原是菩萨转生，她现在只是回到天上去……他这些"骇人视听"的奇谈怪论虽然遭到有识之士的鄙弃，却得到杨广的欢心。这样，王劭在著作郎的位置上坐了将近二十年。"骇人视听"现写为"骇人听闻"。

害群之马

【词义】危害马群的劣马。比喻危害社会或集体的人。

【出处】北宋·刘安世《尽言集·应诏言集》："恣其毁誉，如害群之马，岂宜轻议哉！"

【例句】我们是一个团结的整体，不允许某些害群之马在我们的整体里。

邯郸学步

【词义】邯郸：战国时赵国的都城；学步：学习走路。比喻模仿人不到家，反把原来自己会的东西忘了。

【出处】《庄子·秋水》："且子独不闻夫寿陵余子之学行于邯郸与？未得国能，又失其故行矣，直匍匐而归耳！"

【例句】不管学什么，都不能邯郸学步，生搬硬套。

【典故】相传两千多年前，燕国寿陵这个地方有一位少年，不知道姓啥叫啥，就叫他寿陵少年吧。这位寿陵少年不愁吃不愁穿，论长相也算得上中等，可他就是缺乏自信心，经常无缘无故地感到事事不如人，低人一等——衣服是人家的好，饭菜是人家的香，站相坐相也是人家高雅。他见什么学什么，学一样丢一样，虽然花样翻新，却始终不能做好一件事，不知道自己该是什么模样。家里的人劝他改一改这个毛病，他以为是家里人管得太多。亲戚、邻居们说他是狗熊掰棒子，他也根本听不进去。日久天长，他竟怀疑自己该不该这样走路，越看越觉得自己走路的姿势太笨，太丑了。有一天，他在路上碰到几个人说说笑笑，只听得有人说邯郸人走路姿势那叫美。他一听，对上了心病，急忙走上前去，想打听个明白。不料，那几个人看见他，一阵大笑之后扬长而去。邯郸人走路的姿势究竟怎样美呢？他怎么也想象不出来。这成了他的心病。终于有一天，他瞒着家人，跑到遥远的邯郸学走路去了。一到邯郸，他感到处处新鲜，简直令人眼花缭乱。看到小孩走路，他觉得活泼、美，学；看见老人走路，他觉得稳重，学；看到妇女走路，摇摆多姿，学。就这样，不过半月光景，他连走路也不会了，路费也花光了，只好爬着回去了。

含沙射影

【词义】传说一种叫蜮的动物，在水中含沙喷射人的影子，使人生病。比喻暗中攻击或陷害人。

【出处】唐·白居易《读史五首（某二）》："含沙射人影，虽病人不知，巧言构人罪，至死人不疑。"

【例句】我一向光明磊落，对人开诚布公，从来不含沙射影。

【典故】传说古时候，江淮间出产一种很特别的甲虫，名叫蜮，又有人称作射工、射影、短狐、水狐。这种虫常常伤害人，形状很是奇怪，背上长着硬壳，头上有角，身上长有翅膀，可以飞到上空，在人的头上施行袭击。它没有眼睛，但耳朵特别灵敏，口中有一横物，形状像弩，只要听到人声便知道人的所在方向和距离，然后用口中所含的沙当作矢，向人射击。被蜮射中的人，会染上一种毒质而生疮，就算人的身体能够躲避，而影子被蜮射中，也会生病。

含英咀华

【词义】咀：细嚼，引申为体味；英、华：这里指精华。比喻读书吸取其精华。

【出处】唐·韩愈《进学解》："沉浸郁，含英咀华，作为文章，其书满家。"

【例句】读李贺的诗，要含英咀华，仔细玩味，方能有所体会。

好大喜功

【词义】不管条件是否许可，一心想做大事立大功。多用以形容浮夸的作风。

【出处】《新唐书·太宗纪赞》："至其牵于多爱，复立浮图，好大喜功，勤兵于远，此中材庸主之所常为。"

【例句】他一向好大喜功，不切实际，工作常常干得一塌糊涂。

涸辙之鲋

【词义】涸：干；辙：车轮碾过的痕迹；鲋：鲫鱼。水干了的车沟里的小鱼。比喻在困境中急待援救的人。

【出处】《庄子·外物》："周昨来，有中道而呼声。周顾视车辙中，有鲋鱼焉。周问之曰：'鲋鱼来，子何为者耶？'对曰：'我东海之波臣也。君岂有斗升之水而活我哉？……吾得斗升之水然活耳，君乃言此，曾不如早索我于枯鱼之肆！'"

【例句】他们就像涸辙之鲋一样在戈壁滩上困了二十天。

【典故】庄子因为过分专注于著书，不太注重生产，所以家里很穷，经常因为没钱买粮而忍饥挨饿。有一天，庄子家又到了揭不开锅的地步，无奈之下，他只好硬着头皮到监理河道的监河侯家去借粮。监河侯本是一个很小气的人，但看见这么清高的庄子登门求助，便爽快地答应借粮，同时说道："借你粮食当然可以，不过得等我收了老百姓的租税之后才能借给你，你觉得可以吗？"庄子见监河侯不愿马上借粮，十分生气，他恼怒地对监河侯说："我昨天从家里走了很远的路到你这里来，走在半路上，突然听到喊救命的声音。我当即朝发出声音的地方走去，一看，原来是躺在干枯的车沟里的一条小鱼在呼救。"庄子叹了口气接着说："它见到我，像遇见救星般向我求救。我当时连忙上前去问道：'小鱼啊，你为什么来到这里？'小鱼回答说：'我原本住在东海，今天不幸落在这车沟里，快要干死了，请你给我一升半斗的水，救救我的命吧！'"监河侯听了庄子的话后，问他是否给了水救助小鱼。庄子冷冷地说道："我当时说：'好吧，等我到了南方，去劝说吴、越两国国王，把西江里的水引来救济你，让你随江水愉快地游回东海去，你看怎么样？'"监河侯一听傻了眼，对庄子的救助方法感到十分荒唐，便说："那怎么行呢？""是啊，小鱼听了我的主意，当即气得睁大了眼，气愤地说：'我失去了依赖的水，没法活下去。我现在只要得到一升半斗的水，就能活命了。如果等你引来西江水，我早就死在这里了。那时候，你只能到卖鱼干的店铺里去找我了。'"

鹤发童颜

【词义】仙鹤羽毛般雪白的头发，儿童般红润的面色。形容老年人气色好。

【出处】唐·田颖《玉山堂诗文集·梦游罗浮》："自言非神亦非仙，鹤发童颜古无比。"

【例句】这位年逾古稀的老人，鹤发童颜，健步如飞。

鹤立鸡群

【词义】像鹤站在鸡群中一样。比喻一个人的仪表或才能在周围一群人里显得很突出。

【出处】南晋·戴逵《竹林七贤论》："嵇绍入洛，或谓王戎曰：'昨于稠人中始见嵇绍，昂昂然若野鹤之在鸡群。'"

【例句】这栋百层大楼，在这一地区犹如鹤立鸡群。

【典故】嵇绍是魏晋时期"竹林七贤"之一嵇康的儿子，体态魁伟，聪明英俊，在同伴中非常突出。晋惠帝时，嵇绍官为侍中，他对皇帝始终非常忠诚。有一次都城发生变乱，形势严峻，嵇绍奋不顾身奔进宫去。守卫宫门的侍卫张弓搭箭，准备射他。侍卫官望见嵇绍正气凛然的样子，连忙阻止侍卫，并把弓上的箭抢了下来。不久京城又发生变乱，嵇绍跟随晋惠帝，出兵迎战于汤阳，不幸战败，将士死伤逃亡无数，只有嵇绍始终保护着惠帝，不离左右。敌方的飞箭，像雨点般射过来，嵇绍身中数箭，鲜血直流，滴在惠帝的御袍上。嵇绍就这样阵亡了。事后惠帝的侍从要洗去御袍上的血迹，惠帝说："别洗别洗，这是嵇侍中的血啊！"嵇绍在世时，有一次有人对王戎说："昨天在众人中见到嵇绍，气宇轩昂如同野鹤立鸡群之中。”后来就用“鹤立鸡群”比喻一个人的仪表或才能在周围一群人里显得很突出。

红装素裹

【词义】指衣着淡雅的妇女。也形容雪后天晴，红日和白雪相映衬的景色。

【出处】毛泽东《沁园春·雪》：“须晴日，看红装素裹，分外妖娆。”

【例句】昨夜一场大雪，早上出门一看，天晴了，好一派红装素裹的绚丽景象！

后来居上

【词义】后来的超过先前的。用以称赞后起之秀超过前辈。

【出处】《史记·汲郑列传》：“陛下用群臣如积薪耳，后来者居上。”

【例句】长江后浪推前浪，这些年轻人可真是后来居上啊！

【典故】汲黯是西汉武帝时代人，以刚直正义、敢讲真话而受人尊重。他为人和做官都不拘小节，讲求实效。虽然表面上不那么轰轰烈烈，却能把一个郡治理得井井有条，因此，朝廷把他从东海太守调到朝廷当主爵都尉——一种主管地方官吏任免的官职。有一次，汉武帝说要实行儒家的仁义之政，为老百姓办好事。没等皇帝把话说完，汲黯就说：“陛下内心里那么贪婪多欲，表面上却要装得实行仁政，这是何苦呢？”一句话把皇帝噎了回去。汉武帝顿时脸色大变，宣布罢朝，满朝文武都为汲黯捏着一把汗，担心他会因此招来大祸。武帝回到宫里后，对身边的人说，汲黯这个人也未免太粗太直了。从此以后，汲黯的官职再也没有提升。他当主爵都尉的时候，公孙弘、张汤都还是不起眼的小官，后来，他们一个劲儿往上升，公孙弘当上了丞相，张汤做上了御史大夫，可汲黯还蹲在原地没动窝。有一天，汲黯对武帝说，陛下使用群臣，跟码劈柴一样，是“后来者居上”啊！汉武帝当然听得出这是发牢骚。于是，转脸对臣下们说：“人真是不能不学习啊！你们听汲黯说话，越来越离谱了！”

后生可畏

【词义】后生：年轻人，后辈；畏：敬畏。年轻人是可敬畏的。形容青年人能超过前辈。

【出处】《论语·子罕》：“后生可畏，焉知来者之不如今也。”

【例句】小小年纪竟创造出这样奇迹，真是后生可畏啊！

【典故】孔子在游历的时候，碰见三个小孩，有两个正在玩耍，另一个小孩却站在旁边。孔子觉得奇怪，就问站着的小孩为什么不和大家一起玩儿。小孩很认真地回答：“激烈的打闹能害人的性命，拉拉扯扯地玩耍也会伤人的身体；退一步说，撕破了衣服，也没有什么好处。所以我不愿和他们玩儿。这有什么可奇怪的呢？”过了一会儿，小孩用泥土堆成一座城堡，自己坐在里面，好久不出来，也不给准备动身的孔子让路。孔子忍不住又问：“你坐在里面，为什么不避让车子？”“我只听说车子要绕城走，没听说过城堡还要避车子的！”孩子说。孔子非常惊讶，觉得这么小的孩子，竟如此会说话，实在是了不起，于是赞叹他说：“你这么小的年纪，懂得的事理真不少呀。”小孩却回答说：“我听人说，鱼生下来，三天就会游泳。兔生下来，三天就能在地里跑。马生下来，三天就可跟着母马行走。这些都是自然的事，有什么大小可言呢？”孔子不由感叹道：“好啊，我现在才知道少年人实在了不起呀！”

厚此薄彼

【词义】重视或优待一方，轻视或怠慢另一方。比喻对两方面的待遇不同。

【出处】明·袁宏道《广庄·养生主》：“皆吾生即

皆吾养，不宜厚此薄彼。”

【例句】他对待同事一视同仁，从不厚此薄彼，所以威信很高。

胡思乱想

【词义】指没有根据、不切实际的瞎想。

【出处】南宋·朱熹《朱子全书·文》：“苦心未能静安，则总是胡思乱想，如何是能虑！”

【例句】不然的话，你尽管胡思乱想，到头来，一切都不过是水里捞月罢了。

虎步龙行

【词义】原形容帝王的仪态不同一般。后也形容将军的英武姿态。

【出处】《宋书·武帝纪上》：“刘裕龙行虎步，视瞻不凡，恐不为人下，宜早为其所。”

【例句】只见那人生得面如冠玉，唇若涂朱，眉清目秀，虎步龙行。

怙恶不悛

【词义】怙：依靠，依仗；悛：改过，悔改。坚持作恶，不肯悔改。

【出处】《左传·隐公六年》：“长恶不悛，从自及也虽欲救之，其将能乎？”

【例句】对于怙恶不悛、民愤极大的罪犯，我们应予严惩，不能手软。

【典故】西晋末年，中原再次出现混乱，一些少数民族在北方建立起独立的政权，史称十六国时期。前赵的国君刘渥，本为匈奴族，他依仗武力夺取了汉刘渊建立的政权，建都长安，威震一时。和刘渥同时期的另一位武将石勒原是羯族人，从小做商贩。后来，石勒投奔刘渊从军，立下战功，被封为大将。石勒对刘渥的篡权很不满，伺机灭掉刘渥取而代之。石勒经过多次与刘渥交战，使刘渥的军事实力日渐削弱。于是，刘渥对石勒改换收买拉拢的策略，派心腹郭氾为使者，前去封石勒为太宰，领大将军衔，进爵赵王，领二十部，出入乘金银车，驾云马，冕带十二旒，夫人封王后。石勒答应下来，为了表示谢意，他特派王修等人为大使前往刘渥处拜谢。刘渥手下有个叫曹平的谋士，原是石勒的舍人。他告诫刘渥说：“石勒派王修等人前来，外表上是来答谢，实际上是要观察各郡的虚实，以便伺机发起攻击。”刘渥听后大怒，待郭氾等回来，立即将来使王修斩首，并下令撤销了对石勒的封授。石勒听后怒不可遏，下令灭了曹平的三族，召集大臣说：“我们派出使者本是为了修好如初，并无他意，但刘渥却‘长恶不悛’，反而杀害了表示诚意的使者。这实在是作恶多端，不可饶恕！所以，我决定自取赵地，自立为王。”于是，石勒设了太医、尚方、御府诸令，并专门修了正阳门，正式称起王来。公元 318 年，石勒杀了刘渥，建立起后赵政权。

花团锦簇

【词义】形容花朵五彩缤纷，十分华丽的景象。

【出处】北宋·释道原《景德传灯录》卷十七：“自余是什么亲拟，将有限身心向无限中用……若无恁么事，饶你攒花簇锦，亦无用处。”

【例句】这个季节的公园里面花团锦簇，十分漂亮。

花香鸟语

【词义】鸟语：鸟鸣如同讲话一般。形容春天动人的景象。

【出处】宋·吕本中《紫薇·庵居》：“鸟语花香变夕阴，稍闲复恐病相寻。”

【例句】春天一到，公园里花香鸟语，充满了生机。

花枝招展

【词义】招展：迎风摆动的样子。形容打扮得十分艳丽。

【出处】明·冯梦龙《醒世恒言》："莲步轻移，如花枝招展一般。"

【例句】墙边一排一排的板凳上，坐着粉白黛绿、花枝招展的妇女们，笑语盈盈不休。

华而不实

【词义】华：开花。花开得好看，但不结果实。比喻外表好看，内容空虚。

【出处】左丘明《左传·文公五年》："且华而不实，怨之所聚也。"

【例句】我们做事要务实，不可华而不实。

【典故】春秋时，晋国大夫阳处父出使魏国，回来路过宁邑，住在一家客店里。店主姓嬴 (yíng)，看见阳处父相貌堂堂，举止不凡，十分钦佩，悄悄对妻子说："我早想投奔一位品德高尚的人，可是多少年来，随时留心，都没找到一个合意的。今天我看阳处父这个人不错，我决心跟他去了。"店主得到阳处父的同意，离别妻子，跟着他走了。一路上，阳处父同店主东拉西扯，不知谈些什么。店主一边走，一边听。刚刚走出宁邑县境，店主改变了主意，和阳处父分手了。店主的妻子见丈夫突然折回，心中不明，问道："你好不容易遇到这么个人，怎么不跟他去呢？你不是决心很大吗？家里的事你尽管放心好了。""我看到他长得一表人才，以为他可以信赖，谁知听了他的言论却感到非常讨厌。我怕跟他一去，没有得到教育，反倒遭受祸害，所以打消了原来的主意。"店主说。这阳处父，在店主的心目中，就是个"华而不实"的人。所以，店主毅然地离开了他。

化为乌有

【词义】乌有：哪有，何有。变得什么都没有。指全部消失或完全落空。

【出处】北宋·苏轼《东坡诗·卷十五·章质夫送酒六壶，书至而酒不达，戏作小诗问之》："岂意青州六从事（指六壶好酒），化为乌有一先生。"

【例句】大火四起，那间小木屋顿时化为乌有。

涣然冰释

【词义】涣然：流散的样子；释：消散。像冰遇热消融一般。形容疑虑、误会、隔阂等完全消除。

【出处】西晋·杜预《春秋（左氏传）序》："若江海之浸，膏泽之润，涣然冰释，怡然理顺，然后为得也。"

【例句】一切误会都消除后，他俩从此涣然冰释了。

黄粱美梦

【词义】黄粱：小米。比喻虚幻不能实现的梦想。

【出处】唐·沈既济《枕中记》记载：有个卢生在一个店里向一道士诉说自己的贫困。道士送给他一个枕头，他枕上去就睡着了，做梦享尽了荣华富贵。这时店主人煮上一锅小米饭，卢生一梦醒来，小米饭还未煮熟。

【例句】他规划的家庭远景只不过是黄粱美梦罢了。

【典故】青年卢生，旅途经过邯郸，住在一家客店里。道人吕洞宾也住在这家客店里，卢生同吕翁谈话之间，连连怨叹自己穷困的境况。吕翁便从行李中取出一个枕头来，对卢生说："你枕着这个枕头睡，就可以获得荣华富贵。"这时，店主人正在煮饭（黄色的小米饭），离开饭时间尚早，卢生就枕着这个枕头，先睡一会儿。不想刚枕上去立刻做起梦来。在梦里，他娶了清河崔府里一位高贵而美丽的小姐，生活阔绰，十分体面。第二年，又考中进士，后来步步高升，做官一直做到节度使、御史大夫，还当了十年宰相，后来受封为燕国公。五个儿子，都和名门望族成了亲，而且也都做了大官。一共有十几个孙子，个个都聪明出众。真是子孙满堂，福禄齐全。他一直活到八十多岁才寿终正寝。梦一结束，他也就醒来了。这时，他才发觉原来是一场梦，店主人煮的黄粱饭还没有熟哩。卢生想想几十年荣华富贵，竟是短暂的一梦，很觉惊异。吕翁笑道："人生就是这样！要想真正享受荣华富贵，必须靠自己的双手去努力，去创造。"

恍然大悟

【词义】恍然：猛然清醒的样子；悟：心里明白。形容一下子明白过来。

【出处】北宋·释道原《景德传灯录》卷五："（薛）简蒙指教，豁然大悟。"

【例句】这时我才恍然大悟，原来昨夜向这里奔驰时，遥望那火的城、火的海，就是这海港的闪光。

挥汗如雨

【词义】挥：洒，泼。形容天热出汗多。

【出处】《战国策·齐策一》："临淄之途，车毂击，人肩摩，连衽成帷，举袂成幕，挥汗成雨。"

【例句】大忙季节，农民们虽然挥汗如雨，却也不肯停止劳动。

回肠荡气

【词义】回：回转；荡：动摇。使肝肠回旋，使心气激荡。形容文章、乐曲十分婉转动人。

【出处】战国·楚·宋玉《高唐赋》："感心动耳，回肠荡气。"

【例句】这首古乐曲描写春夜的景象，感情细腻婉转，旋律优美动人，令人回肠荡气。

回心转意

【词义】心、意：心思；回、转：掉转。重新考虑，改变原来的想法和态度。

【出处】元·高则诚《琵琶记》第三十一出："怕你爹爹也有回心转意时节，且更宁耐看如何？"

【例句】希望你能回心转意，和他重归于好。

讳莫如深

【词义】讳：隐讳；深：事件重大。原意为事件重大，讳而不言。后指把事情隐瞒得很紧。

【出处】《榖梁传·庄公三十二年》："讳莫如深，深则隐。"

【例句】对漏毒气事件，厂方讳莫如深，不愿接受采访。

诲人不倦

【词义】诲：教导。教导人特别耐心，从不厌倦。

【出处】《论语·述而》："学而不厌，诲人不倦，何有于我哉！"

【例句】他一生勤勤恳恳，诲人不倦，培养了一批又一批栋梁之才。

昏昏欲睡

【词义】昏昏沉沉，只想睡觉。形容极其疲劳或精神不振。

【出处】清·蒲松龄《聊斋志异》："是秋入闱复落，邑邑不得志，颇思郎言，遂取前所指示者强读之。未至终篇，昏昏欲睡，心惶惑无以自主。"

【例句】连着三天加夜班，白天还要护理病人，小陈虽身强力壮，竟也飘飘然，昏昏欲睡，极度疲倦。

浑身解数

【词义】浑身：全身，指所有的；解数：那套数，指武艺。所有的本领，全部的技术手腕。

【出处】明·吴承恩《西游记》："浑身解数如花锦，双手腾挪似辘轳。"

【例句】这条鱼使尽了浑身解数，才死里逃生，如今累了，潜在水里不动了。

豁然贯通

【词义】豁然：通达的样子；贯通：前后贯穿通晓。指一下子弄通了某个道理。

【出处】南宋·朱熹《大学章句》："至于用力之火，而一旦豁然贯通焉。"

【例句】听了他对时局的分析，同志们都有豁然贯通的感觉。

火树银花

【词义】火树：火红的树，指树上挂满灯彩；银花：银白色的花，指灯光雪亮。形容张灯结彩或大放焰火的灿烂夜景。

【出处】唐·苏味道《正月十五夜》："火树银花合，星桥铁锁开。"

【例句】过春节时放的烟火十分漂亮，火树银花，令人目不暇接。

【典故】睿宗是唐代君主中最会享乐的一位皇帝，虽然他只当了三年的皇帝，但不管什么佳节，他总要用很多的物力人力去铺张一番，供他游玩。他每年逢正月元宵的夜晚，一定扎起二十丈高的灯树，点起五万多盏灯，号为火树。后来诗人苏味道就拿这个做题目，写了一首诗，描绘它的情形。"火树银花合，星桥铁锁开。暗尘随马去，明月逐人来。游伎皆秾李，行歌尽落梅。金吾不禁夜，玉漏莫相催。"这首诗把当时热闹的情况，毫无隐瞒地描写出来，仿佛就在我们眼前。这句成语用于形容灯火繁盛的地方，望上去好像是火树银花的样子。所以现在凡是繁盛的都市，或有盛大的集会在夜间举行，灯光灿烂，都用这个成语去形容它。

火中取栗

【词义】偷取炉中烤熟的栗子。比喻受人利用，冒险出力却一无所得。

【出处】十七世纪法国寓言诗人拉·封登的寓言《猴子与猫》载：猴子骗猫取火中栗子，栗子让猴子吃了，猫却把脚上的毛烧掉了。

【例句】犯罪分子通过走私毒品发财，纯属火中取栗，最后只能落入法网。

祸不单行

【词义】祸：灾难。指不幸的事接二连三地发生。

【出处】北宋·释道原《景德传灯录·卷十一·紫桐和尚》："师曰：'祸不单行。'"

【例句】他妹妹发烧住院，他弟弟又让汽车撞伤了，真是祸不单行啊！

祸起萧墙

【词义】萧墙：古代宫室内当门的小墙。指祸乱发生在家里。比喻内部发生祸乱。

【出处】东汉·蔡邕《刘镇南碑》："俄而汉室大乱，祸起萧墙。"

【例句】一大家人个个心怀异志，终于祸起萧墙，发生财产纠纷。

J

疾言厉色

【词义】疾：急速。说话急躁，脸色严厉。形容对人发怒说话时的神情。

【出处】《后汉书·刘宽传》："虽在仓卒，未尝疾言遽色。"

【例句】教育孩子要讲究方式方法，不要动辄就疾言厉色地训斥。

集思广益

【词义】集：集中；思：思考，意见；广：扩大。指集中群众的智慧，广泛吸收有益的意见。

【出处】三国·蜀·诸葛亮《教与军师长史参军掾属》：

"夫参署者，集众思，广忠益也。"

【例句】为了提高全班同学的语文成绩，班干部们集思广益听取同学们的意见。

【典故】三国时，刘备死后，刘禅继位。丞相诸葛亮处理、决定蜀国的大小政事，成了蜀国政权的实际主持者。他在人们的心目中有很高的威望，但他并不因此居功自傲，积极听取部下的意见。杨颙（yóng）是当时丞相府里负责文书事务的主簿官，他对诸葛亮亲自过问每一件事的做法提出了建议，他说："处理国家军政大事，上下之间分工应该不同。"他还举出历史上一些著名的例子，就是成语集思广益的意思。劝诸葛亮不必亲自处理一切文书，少过问一些琐碎的小事，对下属应该有所分工，自己应主抓军政大事。诸葛亮对于杨颙的劝告和关心很是感激，但他怕有负刘备所托，仍然亲自处理大小事务。后来杨颙病死，诸葛亮非常难过，哀悼不已。为了鼓励下属踊跃参与政事，诸葛亮特地写了一篇文告，号召文武百官、朝廷内外主动积极地发表政见，反复争议。这篇文告就是《教与军师长史参军掾属》。他在文中写道："丞相府里让大家都来参与议论国家大事，是为了集中众人的智慧和意见，广泛听取各方面有益的建议，从而取得更好的效果。"

集腋成裘

【词义】腋：腋下，指狐狸腋下的皮毛；裘：皮衣。狐狸腋下的皮虽很小，但聚集起来就能制一件皮袍。比喻积少成多。

【出处】《慎之·知忠》："狐白之裘，盖非一狐之腋也。"

【例句】如果我们每个人都捐助一点零用钱，集腋成裘，就是一笔很大的数目，许多失学儿童就能重新上学了。

家徒四壁

【词义】徒：只，仅仅。家里只有四面的墙壁。形容十分贫困，一无所有。

【出处】东汉·班固《汉书·司马相如传》："文君夜亡奔相如，相如与驰归成都，家徒四壁立。"

【例句】他经商失败，赔光所有的资本，如今已是家徒四壁了。

【典故】司马相如是西汉有名的才子，不过他的家境很不好。有一天，大财主卓王孙邀请他到家里吃饭，顺便让司马相如表演他的琴艺。卓王孙的女儿那时候刚死了丈夫，名叫文君，对音乐很有兴趣。当司马相如在宴会上弹琴时，知道文君也在场，就用音乐表达他的爱意。宴会结束后，司马相如贿赂卓文君身边的人，希望他们能够帮忙转达他的感情。结果，当天晚上，卓文君就离家出走到司马相如住的旅舍，两个人一起回到成都。可是回到司马相如的家，屋子里除了四面墙壁外，根本没有任何东西。他们生活得十分艰苦，靠着朋友的帮忙，才在卓王孙家的附近开了一间酒店。没多久，邻居们都晓得，卓王孙的女儿居然在街上卖酒！卓王孙为了面子，不得已只好送给卓文君一百名仆人和一百两黄金，让他们购买田产、房屋。

家喻户晓

【词义】喻：明白；晓：知道。家家户户都知道。形容人所共知。

【出处】南宋·楼钥《缴郑熙等免罪》："而遽有免罪之旨，不可以家喻户晓。"

【例句】中国女排夺取世界冠军的消息，已是家喻户晓，尽人皆知了。

【典故】有个名叫梁姑的女子，一天，她的房屋不慎失火。她哥哥的一个小孩和她自己的两个小孩，都在屋里。她冒火冲进屋去，本来想先抢救她哥哥的小孩，可是抢出一看，却是自己的一个孩子。这时，火势已猛，没法再进去了。她急得双脚直跳，捶胸大哭道："这怎么得了呀！我不是要背上自私的恶名了吗？我姓梁的岂能'户告人晓'，让人骂呢？我还有什么脸面见人啊！……"说着，不顾一切，投身火海，最终被火烧死了。这里的“户告人晓”是“家家互相传告，人人都知道”的意思。后来又有人写作“家至户晓”，是“家家都传到，户户都知道”的意思。逐渐地，就变成今天的“家喻户晓”了。

戛然而止

【词义】戛：象声词。形容声音突然终止。

【出处】清·章学诚《文史通义·古文十弊》：“夫文章变化，侔于鬼神，斗然而来，戛然而止何尝无此景象？”

【例句】这支乐曲，旋律急促，气势宏伟，当推向高潮时，又戛然而止，让人回味无穷。

价廉物美

【词义】廉：便宜。东西价钱便宜，质量又好。

【出处】清·吴趼人《近十年之怪现状》第十回：“苏州有个朋友写信来，要印一部书。久仰贵局的价廉物美，所以特来求教。”

【例句】这种洗衣机，价廉物美，我们家用的就是这个品牌。

尖嘴猴腮

【词义】腮：面颊。尖嘴巴，瘦面颊。形容人相貌丑陋粗俗。

【出处】清·吴敬梓《儒林外史》第三回：“像你这尖嘴猴腮，也该撒泡尿自己照照！”

【例句】他长得尖嘴猴腮，骨瘦如柴，整天游手好闲，不干正经事。

坚忍不拔

【词义】坚忍不拔，形容信念坚定，意志顽强，不可动摇。

【出处】北宋·苏轼《晁错论》：“古之立大事者，不惟有超世之才，亦必有坚忍不拔之志。”

【例句】就冲着他这种坚忍不拔的精神，我们就该给他一定的鼓励。

间不容发

【词义】间：空隙。空隙中容不下一根头发。比喻与灾祸相距极近或情势危急到极点。

【出处】西汉·枚乘《上书谏吴王》：“系绝于天，不可复结，坠入深渊，难以复出，其出不出，间不容发。”

【例句】事情已到了间不容发的地步，却哪儿也找不到他，真是让人干着急。

【典故】西汉的辞赋家枚乘，是吴王刘濞的谋士，他见刘濞积蓄力量准备反叛，便上书劝谏。原来，刘濞是汉朝开国皇帝刘邦的侄子。刘邦称帝后，把他的亲属分封到各地当诸侯王，并赋予这些诸侯王很大的权力。时间长了，诸侯王与朝廷尖锐对立，成为朝廷的严重威胁。为此，文帝、景帝两代逐步削减王国封地。刘濞对此不服，阴谋反叛，引起了枚乘对这件事的严重关切。枚乘在上书中分析了反叛的严重后果。他举例说，如果在一根线上吊千钧（古代三十斤为一钧）重物，这重物悬在空中，下面是无底的深渊，那最笨的人也知道它极其危险。接着他又指出，马刚受惊骇就打鼓吓它，线将断又吊上更重的东西，其结果必然是线在半空断掉无法联结，马坠入深渊无法救援。这情势的危急程度，就像两者距离极近，中间容不下一根头发。请大王深思。尽管枚乘以及其他一些谋士反复劝谏，吴王刘濞还是不听，决定谋反，于是枚乘等人离开刘濞，前去投奔梁孝王刘武。

见贤思齐

【词义】贤：德才兼备的人；齐：相等。见到德才兼备的人就想赶上他。

【出处】《论语·里仁》：“见贤思齐焉，见不贤而内自省也。”

【例句】只要我们具有见贤思齐的精神，就能不断进步。

交头接耳

【词义】交头：头靠着头；接耳：嘴凑近耳朵。形容两个人凑近低声交谈。

【出处】元·关汉卿《单刀会》："大小三军，听吾将令，甲马不许驰骤，金鼓不许乱鸣，不许交头接耳，不许语笑喧哗。"

【例句】李老师一进教室，就发现今天的气氛不正常，同学们都在交头接耳，小声议论着什么。

胶柱鼓瑟

【词义】用胶把柱粘住以后奏琴，柱不能移动，就无法调弦。比喻固执拘泥，不知变通。

【出处】《史记·廉颇蔺相如列传》："王以名使括，若胶柱而鼓瑟耳。"

【例句】时代前进了，措施也得跟上去，胶柱鼓瑟是不行的。

【典故】齐人跟赵人学习瑟这种乐器。他不去刻苦钻研演奏瑟的技术，却依照赵人预先调弄好的音调，将瑟上调音的短柱用胶粘固起来，就高高兴兴地回到了家乡。齐人回家后，摆弄了多年，总是弹不出一支曲子。他还觉得奇怪呢！后来，有人从赵国来，了解到是怎么回事之后，觉得这个齐人的举动是多么愚蠢啊！

狡兔三窟

【词义】窟：洞穴。狡猾的兔子准备好几个藏身的窝。比喻隐蔽的地方或方法多。

【出处】《战国策·齐策四》："狡兔有三窟，仅得免其死身，今君在一窟，未得高枕而卧也，请为君复凿二窟。"

【例句】在旧社会，官僚政客们常常八面玲珑，为自己多留后路，正所谓狡兔三窟。

【典故】春秋时，齐国有个叫孟尝君的人，他非常喜欢与文学家还有侠客风范的人交朋友，为了能与他们常讨论国家大事，总喜欢邀请这些人到家中长住。在这些人当中，有位叫冯谖的人，常常一住就是很长时间，却什么事都不做。孟尝君虽然觉得很奇怪，但是好客的他还是热情招待冯谖。有一次，冯谖替孟尝君到薛地讨债，但是他不但没跟当地百姓要债，反而还把债条全烧了，薛地人民都以为这是孟尝君的恩德，心里充满感激。直到后来，孟尝君被齐王解除相国的职位，前往薛地定居，受到薛地人热烈的欢迎，孟尝君才知道冯谖的才能。一直到这时候，不多话的冯谖才对孟尝君说："通常聪明的兔子都有三个洞穴，这样在紧急的时候才能逃过猎人的追捕。但是你却只有一个藏身之处，所以你还不能把枕头垫得高高地睡觉，我愿意再为你安排另外两个可以安心的藏身之处。"于是冯谖去见梁惠王，他告诉梁惠王说，如果梁惠王能请到孟尝君帮他治理国家，那么梁国一定能够变得更强盛。于是梁惠王派人邀请孟尝君到梁国，准备让他担任治理国家的重要官职。可是，梁国的使者一连来了三次，冯谖都叫孟尝君不要答应。梁国派人请孟尝君去治理梁国的消息传到齐王那里，齐王一急，就赶紧派人请孟尝君回齐国当相国。冯谖要孟尝君向齐王提出希望能够拥有齐国祖传祭器的要求，并且将它们放在薛地，同时兴建一座祠庙，以确保薛地的安全。祠庙建好后，冯谖对孟尝君说："现在属于你的三个安身之地都建造好了，从此以后你就可以垫高枕头，安心地睡大觉了。"

矫揉造作

【词义】矫：使弯的变成直的；揉：使直的变成弯的。比喻故意做作，不自然。

【出处】《周易·说卦》："坎，为矫揉，为引轮。"

【例句】如果是说文章的修辞应当先求准确，应当恰如其分，不要矫揉造作，以辞害意，这当然是对的。

接踵而至

【词义】人们前脚跟着后脚，接连不断地来。形容来者很多，络绎不绝。

【出处】《新编五代史平话·唐史下》："是日唐主大军接踵而至。"

【例句】秦始皇兵马俑展览开始后，参观的人便接踵而至。

节外生枝

【词义】本不应该生枝的地方生枝。比喻在原有问题之外又岔出了新问题。多指故意设置障碍，使问题不能顺利解决。

【出处】南宋·朱熹《答吕方子约（九月十三日）》："随语生解，节上生枝，则更读万卷书，亦无用处也。"

【例句】原先这事并不难办，可谁知又节外生枝，出了新的问题。

捷足先登

【词义】比喻行动快的人先达到目的或先得到所求的东西。

【出处】西汉·司马迁《史记·淮阴侯列传》："秦失其鹿，天下共逐之，于是高材疾足者先得焉。"

【例句】他捷足先登，第一个到达山顶。

【典故】西汉的韩信极善用兵。他率军攻破齐国都城临淄（今属山东省），打败齐王田广以后，声名大震。刘邦担心韩信反叛，为了笼络人心，就封他为齐王。这时，辩士蒯通为韩信出谋划策，他劝说韩信背叛刘邦，联络项羽，先三分天下，进而统一全国。韩信思念以前刘邦待他的好处，没有接受蒯通的建议。

刘邦当上皇帝之后，不再信任韩信，解除了他的兵权，削弱他的势力，把他降为淮阴侯。韩信非常不满，便暗中联络驻兵巨鹿的陈豨，共谋起兵反叛刘邦。后来，刘邦亲自率兵讨伐陈豨。计谋败露之后，韩信被刘邦妻子吕雉（zhì）骗入宫中处死。韩信在临死的时候叹道："我真悔恨当初自己没有听从蒯通的计谋，以致今日白白地死在一个妇人手里。"

刘邦攻打陈豨取胜回京，听说韩信临死前讲的话，立即下令把蒯通捉来审问。刘邦亲自问蒯通："是你劝说韩信造反的吗？"蒯通回答说："是的，韩信这个小子不听我的计策，因此得到这样的下场。如果当初他听我的劝告，皇上怎么能够杀得了他呢？"刘邦听罢大怒，下令把他煮死。蒯通大喊冤枉，理直气壮地对刘邦说："秦朝丢了天下，各路英雄好汉纷纷起兵争夺皇位，结果当然是那些才能卓绝、行动迅速的人首先夺得。柳下跖的狗对尧狂吠，这不是尧不好，而是尧不是它的主人。当时我是韩信的部下，只知道为他出谋划策，当然不会为你着想。况且，当时四海之内的英雄豪杰和你争夺天下的人太多了，只不过因为他们的才能和力量不如你，因而没有达到目的罢了。难道你能把这些人都煮死吗？"刘邦听他讲得很有道理，于是将他释放了。

截然不同

【词义】截然：断然分开的样子。形容两件事物毫无共同之处。

【出处】南宋·陆九渊《与王顺伯》："从其教之所由起者观之，则儒释之辨，公私义利之别，判断截然，有不可民者矣。"

【例句】直到近来，经过许多学者的研究，才知道孩子的世界与成人截然不同。

竭尽全力

【词义】竭尽：用尽。用尽全部力量。

【出处】《三国志·魏志·贾逵传》裴松之注引《魏略》："竭尽心力，奉宣科法。"

【例句】做事需要竭尽全力和锲而不舍的精神才能成功。

【典故】东汉末年，有一个叫杨沛的人，字孔渠，当过新郑长。曹操路过新郑的时候，部队缺粮，杨沛帮助过曹操，因此深得曹操喜爱。曹操辅政以后，杨沛升为长社令。他不畏豪强，不管谁犯了法，都依法惩办，得到曹操的称许。当时，曹操出征在外，听说国都邺城治安太乱，便发诏选一个邺城令，其入选标准是要有杨沛那样的胆略和水平。选来选去，没有合适的，于是将杨沛提拔为邺城令（当时叫京兆尹）。杨沛上任之前，曹操召见了他，并问他如何治邺。杨沛回答："我一定竭尽心力，大力宣传法纪，使人人遵纪守法。"曹操听后十分高兴，对左右的人说："你们听见了没有，这才是使人敬服的人。"杨沛还没正式上任，一些豪强地主和皇亲国戚听说杨沛要来邺城了，都纷纷告诫自己的子弟检点一些。

金戈铁马

【词义】戈闪耀着金光，马配备了铁甲。比喻战争，也形容战士持枪驰马的雄姿。

【出处】《新五代史·李袭吉传》："金戈铁马，蹂践于明时。"

【例句】南宋爱国词人辛弃疾，有过金戈铁马的经历。

筋疲力尽

【词义】精神疲乏，气力用尽。形容精神和身体极度疲劳。

【出处】①唐·韩愈《论淮西事宜状》："虽时侵掠，小有所得，力尽筋疲，不偿其费。"②明·冯梦龙《醒世恒言·张淑儿巧智脱杨生》："我已筋疲力尽，不能行动。"

【例句】长跑结束后，我累得筋疲力尽。

锦瑟华年

【词义】比喻青春时代。

【出处】唐·李商隐《锦瑟》："锦瑟无端五十弦，一弦一柱思华年。"

【例句】喜才子佳人，双双锦瑟华年。

进退维谷

【词义】维：相当于"是"；谷：比喻困境。无论是进还是退，都处在困境之中。形容进退两难。

【出处】《诗经·大雅·桑柔》："人亦有言，进退维谷。"

【例句】她进退维谷，不知该如何是好。

泾渭分明

【词义】泾河水清，渭河水浑，泾河的水流入渭河时，清浊不混。比喻界限清楚或是非分明。

【出处】《诗经·邶风·谷风》："泾以渭浊，湜湜其沚"。

【例句】在学生心目中，哪个老师要求严格，哪个老师要求宽松，是泾渭分明的。

惊慌失措

【词义】失措：失去常态。由于惊慌，一下子不知怎么办才好。

【出处】《北齐书·元晖业传》："孝友临刑，惊慌失措，晖业神色自若。"

【例句】由于轻敌而放松准备，和由于敌人进攻而惊慌失措，都应该坚决反对。

【典故】南北朝时期，北魏景穆帝的玄孙元晖业为人正直，十分有骨气。北魏被北齐所灭后，齐神武帝将魏孝武帝的皇后嫁给魏孝庄帝的侄子元韶。元晖业当着齐文宣帝痛骂元韶，被齐文宣帝下令处死，同时还有元孝友，孝友吓得惊慌失措。元晖业神色自若，从容就义。

惊心动魄

【词义】使人神魂震惊。原指文辞优美，意境深远，使人感受极深，震动极大。后常形容使人惊骇紧张到极点。

【出处】南朝·梁·钟嵘《诗品》："文温以丽，意悲而远，惊心动魄，可谓几乎一字千金。"

【例句】山脚下惊心动魄的火光，整夜烧炙着被围的人们的心。

【典故】春秋时期，越国想灭吴国，便搜集天下的奇珍异宝、珍味佳肴献给吴王，同时还把西施、郑旦两位美人献给吴王。吴王把两位美人安置在椒房殿内，美人并肩而坐，偷窥者莫不惊心动魄。吴王被她们迷住了，越军进攻吴国，吴王带两位美人狼狈逃跑。

居心叵测

【词义】居心：存心；叵：不可；测：推测。指心存险恶，不可推测。

【出处】《三国演义》第五十七回："马腾兄子马岱谏曰：'曹操心怀叵测，叔父若往，恐遭其害。'"。

【例句】他看上去待人诚恳，实际上居心叵测。

【典故】三国时，曹操准备率军攻打孙权与刘备，担心凉州马腾趁机作乱，就采用谋士荀攸的建议，封马腾为征南大将军，骗至许昌杀害。马腾不相信侄儿马岱说曹操是一个居心叵测的人，就带儿子马休一起去许昌，结果被曹操杀害。

举案齐眉

【词义】案：古时有脚的托盘。送饭时把托盘举得跟眉毛一样高。后形容夫妻互相尊敬。

【出处】《后汉书·梁鸿传》："为人赁舂，每归，妻为具食，不敢于鸿前仰视，举案齐眉。"

【例句】这一对伉俪可以说是志同道合，举案齐眉，相敬如宾。

【典故】东汉人梁鸿，字伯鸾，原籍平陵（今陕西咸阳市西北），年轻时家里很穷，由于刻苦好学，后来很有学问。但他不愿意做官，和妻子依靠自己的劳动，过着俭朴而愉快的生活。梁鸿的妻子，是同县孟家的女儿，名叫孟光，生得皮肤黝黑，体态粗壮，喜爱劳动，没有小姐的习气。据说，孟家当初为这个女儿选对象，很费了一些周折。三十岁了还没出嫁。主要原因倒不在于一般少爷嫌她模样儿不够娇，而在于她瞧不起那些少爷的一副娇模样。她自己提出要嫁个像梁鸿那样的男子。她父母没法，只得托人去向梁鸿说亲。梁鸿也听说过孟光的性格，便同意了。孟光刚嫁到梁鸿家里的时候，作为新娘，穿戴得不免漂亮些，梁鸿一连七天都不理睬她。到了第八天，孟光挽起发髻，拔去首饰，换上布衣布裙，开始勤劳操作。梁鸿大喜，说道："好啊，这才是我梁鸿的妻子呢！"据《后汉书·梁鸿传》载，梁鸿和孟光婚后，隐居在灞陵（今陕西西安市东）的深山里。后来，迁居吴地（今江苏苏州）。两人共同劳动，互助互爱，彼此又极有礼貌，真所谓相敬如宾。据说，梁鸿每天劳动完毕，回到家里，孟光总是把饭和菜都准备好了，摆在托盘里，双手捧着，举得齐自己的眉毛那样高，恭恭敬敬地送到梁鸿面前去，梁鸿也就高高兴兴地接过来，于是两人就愉快地吃起来。

举不胜举

【词义】胜：尽。列举也列举不完。形容数量很多。

【出处】鲁迅《伪自由书·后记》引谷春帆《谈"文人先行"》："公开告密，卖友求荣，卖身投靠的勾当，举不胜举。"

【例句】他做的那些公开告密、卖友求荣、卖身投靠的勾当，举不胜举。

举棋不定

【词义】拿着棋子，不知下哪一着才好。比喻犹豫不决，拿不定主意。

【出处】《左传·襄公二十五年》："弈者举棋不定，不胜其耦。"

【例句】机遇来临时，如果举棋不定，就会丧失成功的机会。

【典故】春秋时，卫国的大夫孙文子和宁惠子发动军事政变，将卫献公赶下台，立别人当了卫国国君。后来，宁惠子临死前觉得自己做错了，便将儿子悼子叫到身边对他说："我的儿子呀，当初你的父亲一时鲁莽，驱逐了国君。现在我知道做错了，看来，只有你能帮我改正我的错误了。把卫献公接回来吧。"说完，就去世了。

一直流亡在国外的卫献公听说宁惠子已死，便开始了复国的活动。他派人同宁悼子联系，并许诺自己回国后一定要让宁悼子掌权，自己不管朝政。宁悼子有些心动，于是和众大臣们在一起商议。大家都反对宁悼子做这样的蠢事。其中有一个大夫说："想十二年前，你们宁家驱逐了卫献公，并没什么过错。可现在又要接卫献公回来，我想这会很危险。就如同下棋，棋手如果举棋不定就会遭到失败。对待一个国君的废与立更是这样，犹豫不决就会招来灭族之祸。"

宁悼子独断专行，不听劝说，迎回了献公，反而被献公用计除掉了。

举手投足

【词义】一抬手，一动脚。形容轻而易举，毫不费力。

【出处】唐·韩愈《应科目时与人书》："如有力者，哀其穷而运转之，盖一举手一投足之劳也。"

【例句】我帮你这点忙不过是举手投足之劳，不必放在心上。

举止言谈

【词义】行为举动和说话言论。指人的外在风度。

【出处】唐·杜牧《罪言》："山东之人，叛且三五世矣，今之后生所见，言语举止，无非叛也，以为事理正当如此，沈酣入骨髓，无以为非者。"

【例句】他举止言谈不错，很受同行们的欢迎。

卷土重来

【词义】卷土：人马奔跑时尘土飞卷。比喻失败之后，重新恢复势力。

【出处】唐·杜牧《题乌江亭》："胜败兵家事不期，包羞忍耻是男儿。江东子弟多才俊，卷土重来未可知。"

【例句】我校足球队在去年比赛中失利了，未能进入决赛圈。经过一年的刻苦训练，今年比赛时就要卷土重来，力争进入决赛圈。

【典故】楚汉相争之时，最后刘邦取得了胜利，他包围了项羽，虽楚霸王后来突围，但只剩下了二十八名残兵败将，逃到了乌江（即现在安徽省乌江镇）。汉军的数千追兵仍在穷追不舍。此时乌江亭长驾着一条小船来接应项羽说："江东虽小，但是亦有千里土地，数十万人口，你仍可在江东为王。所以，请你快上船渡江吧！"项羽苦笑着说："天意要亡我，渡江还有什么意思呢？何况，当年同我一起渡江西进的八千江东子弟，而今无一生还，即使江东父老还能拥戴我为王，我已到今日这般田地，自己哪还有脸面见他们？"项羽说完，立即拔剑自刎而死。杜牧后来游览项羽自杀之地，感慨万千。他在《题乌江亭》中写道"卷土重来未可知"，感叹若项羽当年没自杀身亡，而是渡江积蓄力量，再与刘邦较量，那么，谁胜谁负还很难说呢！

绝处逢生

【词义】绝处：死路。形容在最危险的时候得到生路。

【出处】元·关汉卿《钱大尹知勘绯衣梦·正名》："李庆安绝处幸逢生。"

【例句】他绝望了，正在此时，他见到远方的帆影，有了绝处逢生的希望。

K

开诚布公

【词义】开诚：敞开胸怀，显示诚意。指以诚心待人，坦白无私。

【出处】《三国志·蜀志·诸葛亮传》："诸葛亮之为相国也，抚百姓，示仪轨，约官职，从权制，开诚心，布公道。"

【例句】同志之间有了矛盾，应开诚布公地协商解决。

【典故】三国时，蜀汉的丞相诸葛亮极得皇帝刘备的信任。刘备临终前，将自己的儿子刘禅托付给他，请他帮助刘禅治理天下，并且诚恳地表示，你能辅佐他就辅佐他，如果他不好好听你话，干出危害国家的事来，你就取而代之。刘备死后，诸葛亮尽全力帮助平庸的后主刘禅治理国家。有人劝他进爵称王，他严词拒绝，并认为自己受先帝委托，已经担任了这么高的官职；如今讨伐曹魏没见什么成效，却要加官进爵，这样做是不义的。诸葛亮待人处事公正合理，不徇私情。马谡（sù）是他非常看重的一位将军，在攻打曹魏时当前锋。因为违反节制，失守街亭，诸葛亮严守军令状规定，忍痛杀了他。马谡临刑前上书诸葛亮，说自己虽然死去，在九泉之下也没有怨恨。诸葛亮自己也为失守街亭等承担责任，请求后主批准他由丞相降为右将军。他还特地下令，要下属批评他的缺点和错误。这在当时是罕见的。公元234年，诸葛亮病死于军中。他一生清贫，并无什么产业留给后代。

开卷有益

【词义】开卷：打开书本，指读书；益：好处。读书总有好处。

【出处】北宋·王辟之《渑水燕谈录》："太宗日阅《（太平）御览》第三卷，因事有阙（缺），暇日追补之，尝曰：'开卷有益，朕不以为劳也。'"

【例句】开卷有益的说法是正确的，我们历来提倡多读书，读好书。

【典故】宋朝初年，宋太宗赵光义命文臣李防等人编写一部规模宏大的分类百科全书——《太平总类》。这部书收集摘录了一千六百多种古籍的重要内容，分类归成五十五门，全书共一千卷，是一部很有价值的参考书。因这部书于北宋太平兴国年间编成，故定名为《太平总类》。对于这样一部巨著，宋太宗规定自己每天至少要看两三卷，一年内全部看完，遂更名为《太平御览》。当宋太宗下定决心花精力翻阅这部巨著时，曾有人觉得皇帝每天要处理那么多国家大事，还要去读这么一部大书，太辛苦了，就去劝告他少看些，也不一定每天都得看，以免过度劳神。可是，宋太宗却回答说："我很喜欢读书，从书中常常能得到乐趣，多看些书，总会有益处，况且我并不觉得劳神。"于是，他仍然坚持每天阅读三卷，有时因国事忙耽搁了，他也要抽空补上，并常对左右的人说："只要打开书本，总会有好处的。"宋太宗由于每天阅读三卷《太平御览》，学问十分渊博，处理国家大事也得心应手。当时的大臣们见皇帝如此勤奋读书，也纷纷努力读书，所以当时读书的风气很盛，连平常不读书的宰相赵普，也孜孜不倦阅读《论语》，有"半部论语治天下"之谓。后来，"开卷有益"便成了成语，形容只要打开书本读书，总有益处。

开源节流

【词义】开：劝课；源：水源。开发水源，节制水流。比喻增加收入，节省开支。

【出处】《荀子·富国》："百进时和，事业得叙者，货之源也，等赋府库者，货之流也。故明主必谨养其和，节其流，开其源，而时斟酌焉。"

【例句】在经济工作中，应该经常注意开源节流。

侃侃而谈

【词义】侃侃：理直气壮，从容不迫。理直气壮、从容不迫地说话。

【出处】《论语·乡党》:“朝,与下大夫言,侃侃如也。”

【例句】小明在讲演比赛时，不拿稿子，侃侃而谈。

【典故】在周朝的等级制度中，大夫是诸侯下面的一个等级。其中又分为两等，最高一级称为卿，即上大夫，其余称为下大夫。孔丘是春秋末期的思想家、政治家、教育家，又是儒家学派的创始者。但他在当时的地位仅相当于下大夫。孔子大力宣传“仁”的学说，并提出“仁”的执行要以“礼”为规范，极力维护贵族等级秩序，所以他是一个一举一动、一言一行都力求合乎周礼的人。在家乡，在朝廷上，和上大夫说话，和下大夫说话，他都有不同的举止和言语。平时，在家乡与乡亲们谈话，他显得温和恭顺，好像不善辞令的样子；但在祭祀和朝见的场合，他却十分善言，只是比较谨慎罢了。在朝廷上，当国君不在场时，与下大夫说话，他言谈毫无顾忌，侃侃而谈，显得从容不迫；但和上大夫说话，他和颜悦色，十分谦恭；如果国君临朝，在国君面前，他一切都按朝仪去做，小心谨慎，还怕有不妥之处。应该说，孔子提倡的礼教，是中华民族传统文化的组成部分，即使现在来看，也仍有一定的积极意义。

看风使舵

【词义】看风向转动舵柄。比喻看势头或看别人的眼色行事。

【出处】南宋·释普济《五灯会元·法云法秀禅师》:“看风使舵，正是随波逐流。”

【例句】有些人惯于看风使舵，看领导眼色行事。

【典故】清朝时，浙江刘中丞被御史告状，朝廷派钦差大臣去查办,该大臣到了浙江后采取“只拉弓，不放箭”的办法，想叫刘中丞贿赂他，于是让学生拉达对过道台说要二百万两银子就能过关。过道台写了字据给拉达，禀告刘中丞，刘中丞叫他见风使舵。

可望不可即

【词义】即：接近。能望见，但达不到或不能接近。常比喻目前还不能实现的事物。

【出处】唐·宋之问《明河篇》:“明河可望不可亲，原得乘搓一问津。”

【例句】这首诗只是象征其政治理想的追求，可望不可即，有如虚无缥缈的蓬莱山。

克己奉公

【词义】克己：约束自己；奉公：以公事为重。克制自己的私心，一心为公。

【出处】《后汉书·祭遵传》:“遵为人廉约小心，克己奉公。”

【例句】我们要学习雷锋同志克己奉公、助人为乐的高尚品质。

【典故】祭遵，字弟孙，东汉初年颍阳人。祭遵从小喜欢读书，知书达理，虽然出身豪门，但生活非常俭朴。公元24年，刘秀攻打颍阳一带，祭遵去投奔他，被刘秀收为门下吏。后随军转战河北，当了军中的执法官，负责军营的法令。任职中，他执法严明，不徇私情，为大家所称道。

有一次，刘秀身边的一个小侍从犯了罪，祭遵查明真相后，依法将这小侍从处以死刑。刘秀知道后，十分生气，想祭遵竟敢处罚他身边的人，欲降罪于祭遵。但马上有人来劝谏刘秀说：“严明军令，本来就是大王的要求。如今祭遵坚守法令，上下一致做得很对。只有像他这样言行一致，号令三军才有威信啊。”刘秀听了觉得有理。后来，非但没有治罪于祭遵，还封他为征虏将军、颍阳侯。祭遵为人廉洁，为官清正，处事谨慎，克己奉公，常受到刘秀的赏赐，但他将这些赏赐都拿出来分给手下的人。他生活十分俭朴,家中也没有多少私人财产，即使在安排后事时，他仍嘱咐手下的人，不许铺张浪费，只用牛车装载自己的尸体和棺木，拉到洛阳草草下葬就可以了。祭遵死后多年，汉光武帝刘秀仍对他的克己奉公精神十分怀念。

刻骨铭心

【词义】铭刻在心灵深处。形容记忆深刻，永远不忘。

【出处】唐·李白《上安州李长史书》："深荷王公之德，铭心刻骨。"

【例句】老师的谆谆教诲，我将刻骨铭心，永志不忘。

空前绝后

【词义】从前没有过，今后也不会再有。夸张性地形容独一无二。

【出处】宋·赵佶《宣和画谱》："顾（顾恺之，晋代画家）冠于前，张（张僧繇，南朝梁代画家）绝于后，而道子（吴道子，唐代画家）乃兼有之。"

【例句】万里长城的建造是空前绝后的。

【典故】晋朝顾恺之，才华出众，学识渊博，他的绘画才能更是出色，闻名于世。顾恺之画人物，神态逼真，形象生动。与众不同的是，他画人物，从来不先点眼珠。有人问其原因，他说：人物传神之处，正在这个地方。一语道出了其中的诀窍，使人叹服。当时被人称为三绝：才绝、画绝、痴绝。南北朝时的梁朝，又出了一个叫张僧繇的大画家。他善画山水、人物、佛像，在当时名气很响。梁武帝建了很多寺庙佛塔，都命他作画。据说，有一次他在一个寺庙的墙上画了四条龙，却没有给龙点眼珠。旁人问他为什么不点上眼珠，他说："恐怕点了眼珠，这些龙会破壁飞去。"众人不信，坚持要他试一试，他便点了两条，果然破壁飞去。这一传说虽夸张得近于荒诞，但说明了他作画技艺很高超。到了唐朝，又出了个更有成就的画家吴道子，集绘画、书法大成于一身。他的山水、佛像画闻名当时，且写得一手好字，有"书圣"之称。据传说，他曾为唐玄宗画巨幅嘉陵江图，几百里山水竟在一天内画好了。他在景玄寺中画了地狱变相图，不画鬼怪而阴森逼人，相传看过这幅画后改过自新、弃恶从善的大有人在。所以，后来有人评价这三个画家时，认为顾恺之的画成就超越前人，张僧繇的画成就后人莫及，而吴道子则兼两人的长处。

空穴来风

【词义】穴：孔、洞；来：招致。有了洞穴才进风。比喻消息和谣言的传播不是完全没有原因的。也比喻流言乘机会传开来。

【出处】战国·楚·宋玉《风赋》："臣闻于师，'枳句来巢，空穴来风。'"

【例句】这怨不得别人，自己空穴来风，才被坏人利用。

孔武有力

【词义】孔：甚，很。形容人很有力气。

【出处】《诗经·郑风·羔裘》："羔裘豹饰，孔武有力，彼其之子，邦之司直。"

【例句】他虽然长得孔武有力，但平时他总是一副笑容可掬的样子。

口蜜腹剑

【词义】嘴上说的很甜美，心里却怀着害人的主意。形容两面派的狡猾阴险。

【出处】北宋·司马光《资治通鉴》："李林甫为相……尤忌文学之士，或阳与之善，啖以甘言而阴陷之。世谓李林甫口有蜜，腹有剑。"

【例句】你把这种口蜜腹剑的人当朋友，小心他别有用心。

【典故】李林甫，唐玄宗时官居兵部尚书兼中书令，这是宰相的职位。此人若论才艺倒也不错，能书善画。但若论品德，那是坏透了。他忌才害人，凡才能比他强、声望比他高、权势地位和他差不多的人，他都不择手段地排斥打击。对唐玄宗，他有一套谄媚奉承的本领。他竭力迁就玄宗，并且采用种种手法，讨好玄宗宠信的嫔妃以及心腹太监，取得他们的欢心和支持，以便保住自己的地位。李林甫和人接触时，外貌上总是露出一副和蔼可亲的样子，嘴里尽说些动听的"善意"话，但实际上，他的性格非常阴险狡猾，常常暗中害人。例如有一次，他装作诚恳的样子对同僚李适之说："华山出产大量黄金，如果能够开采出来，就可大大增加国家的财富。可惜皇上还不知道。"李适之以为这是真话，连忙跑去建议玄宗快点开采，玄宗一听很高兴，立刻把李林甫找来商议，李林甫却说："这件事我早知道了，华山是帝王'风水'集中的地方，怎么可以随便开采呢？别人劝您开采，恐怕是不怀好意。我几次想把这件事告诉您，只是不敢开口。"玄宗被他这番话所打动，认为他真是一位忠君爱国的臣子，反而对李适之大为不满意，逐渐将他疏远了。就这样，李林甫凭借这套特殊"本领"，一直做了十九年宰相。后来，司马光在编《资治通鉴》时评价李林甫，指出他是个口蜜腹剑的人，这是很符合实际的。

口若悬河

【词义】若：好像；悬河：激流倾泻。讲起话来滔滔不绝，像瀑布不停地奔流倾泻。形容能说会辩，说起来没个完。

【出处】唐·房玄龄等《晋书·郭象传》："太尉王衍每云：'听象语，如悬河泻水，注而不竭。'"

【例句】他的演讲很精彩，口若悬河，妙语连珠。

【典故】晋朝时，有一位大学问家，名叫郭象，字子玄。他年轻时，已经是一个很有才学的人。尤其是他对于日常生活中所接触的一些现象，都能留心观察，然后再冷静地去思考其中的道理。因此，他的知识十分渊博，对于事情也常常有独到的见解。后来，他又潜心研究老子和庄子的学说，并且对他们的学说有深刻的理解。过了些年，朝廷一再派人来请他。他实在推辞不掉，只得答应，到朝中做了黄门侍郎。到了京城，由于他的知识很丰富，所以无论对什么事情都能说得头头是道，再加上他的口才很好，又非常喜欢发表自己的见解，因此每当人们听他谈论时，都觉得津津有味。

当时有一位太尉王衍，十分欣赏郭象的口才，他常常在别人面前赞扬郭象说："听郭象说话，就好像一条倒悬起来的河流，滔滔不绝地往下灌注，永远没有枯竭的时候。"郭象的辩才，由此可知。后人以"口若悬河"来形容人善于说话，一旦说起话来就像倒悬的河水、滔滔不绝，永远没有停止的时候。

枯燥无味

【词义】枯燥：单调。形容单调，没有趣味。

【出处】毛泽东《反对党八股》："因此，群众就不欢迎他们枯燥无味的宣传，我们也不需要这样蹩脚的不中用的宣传家。"

【例句】这篇小说情节不紧张，语言也不美，读起来真是枯燥无味。

苦心孤诣

【词义】指苦心钻研，到了别人所达不到的地步。也指为寻求解决问题的办法而煞费苦心。

【出处】清·翁方纲《复初斋文集·格调论下》："今且勿以意匠之独运者言之，且勿以苦心孤诣戛戛独造者言之，公且以效古之作若规仿格调者言之。"

【例句】他苦心孤诣，潜心钻研，终于拿下了这个项目。

脍炙人口

【词义】脍：切细的肉；炙：烤熟的肉。脍和炙都是人们爱吃的食物。指美味人人爱吃。比喻好的诗文受到人们的称赞和传诵。

【出处】①《孟子·尽心下》："曾皙嗜羊枣（一种野生果子，俗名叫牛奶柿），而曾子不忍食羊枣。

公孙丑问曰：'脍炙与羊枣孰美？'孟子曰：'脍炙哉！'公孙丑曰：'然则曾子何为食脍炙而不食羊枣？'曰：'脍炙所同也，羊枣所独也。讳名不讳姓，姓所同也，名所独也。'"②五代·王定保《唐摭言·卷十海叙不遇》："李涛，长沙人也，篇咏甚著，如'水声长在耳，山色不离门'……皆脍炙人口。"

【例句】唐诗三百篇，篇篇都脍炙人口。

【典故】春秋时，有父子两人，他们同是孔子的弟子。父亲曾皙爱吃羊枣。儿子曾参是个孝子，父亲死后，竟不忍心吃羊枣。这件事情在当时曾被儒家子弟大为传颂。到了战国时，孟子的弟子公孙丑对这件事不能理解，于是就去向老师孟子请教。公孙丑问："老师，脍炙和羊枣，哪一样好吃？""当然是脍炙好吃，没有哪个不爱吃脍炙的！"公孙丑又问："既然脍炙好吃，那曾参和他父亲也都爱吃脍炙了？那为什么曾参不戒吃脍炙，只戒吃羊枣呢？"孟子回答说："脍炙，是大家都爱吃的；羊枣的滋味虽比不上脍炙，却是曾皙特别爱吃的东西。所以曾参只戒吃羊枣。好比对长辈只忌讳叫名字，不忌讳称姓一样，姓有相同的，名字却是自己所独有的。"孟子的一席话，使公孙丑明白了其中的道理。这句成语用来比喻人人赞美的事物和传诵的诗文。

宽宏大量

【词义】形容度量大，能容人。

【出处】《元曲选·无名氏〈渔樵记〉三》："我则道相公不知打我多少，原来那相公宽宏大量。"

【例句】他待人一向宽宏大量，因此对于个别人的冷嘲热讽并不介意，总是一笑置之。

狂妄自大

【词义】狂妄：极端的自高自大。指极其放肆，自高自大，目中无人。

【出处】《旧唐书·皇甫镈传》："执谊，叔文乘时多僻，而欲斡运六合，斟酌万几，……何狂妄之甚也。"

【例句】他对诗只不过了解一点皮毛，就这样狂妄自大，目中无人，真令人反感。

旷日持久

【词义】旷：荒废，耽误。荒废时间，拖得很久。

【出处】《战国策·赵策四》："今得强赵之兵，以杜燕将，旷日持久，数岁，令士大夫余子之力，尽于沟垒。"

【例句】解决污染问题是一场旷日持久的战役。

【典故】战国时，有个名叫荣蚠的人，被燕国封为高阳君，并派他为统帅，带领军队攻打赵国（今河北南部、山西北部一带）。荣蚠很会打仗，赵王得到消息后，非常害怕，立即召集大臣商议对策。国相赵胜想出一个办法，说道："齐国的名将田单，善勇多谋。我国割三座城池送给齐国，以此作条件，请田单来帮助我们带领赵军作战，一定可以取得胜利。"

但大将赵奢不同意这么做，他说："难道我们赵国就没有大将领兵了吗？仗还没有打，就先要割三座城池给齐国，那怎么行啊！我对燕军的情况很熟悉，为什么不派我领兵抵抗呢？"

赵奢还进一步分析道："第一，即使田单肯来指挥赵军，我国也不一定取胜，也可能敌不过荣蚠，那就是白请他来了；第二，如果田单确实有本领，但他未必肯为我国出力，因为我国强大起来，对他们齐国称霸不是很不利吗？因此，他不可能会为我国的利益而认真地对付燕军。"

接着，赵奢又说："田单要是来了，他一定会把我们赵国的军队拖在战场上，'旷日持久'，荒废时间。这样长久地拖下去，几年之后，会把我国的人力、财力、物力消耗掉。后果不堪设想！"

但是，赵孝成王和国相赵胜还是没有听赵奢的意见，仍然割让三城，聘请齐国的田单来当赵军的统帅。结果，不出所料，赵国投入了一场得不偿失的消耗战，付出了很大的代价，只夺取了燕国一个小城，却没有获得理想的胜利。

L

来历不明

【词义】来历：由来。人或事物的来历与经过不清楚。

【出处】南宋·周密《癸辛杂识·前集·郑仙姑》："适新建县有阙氏者，雇一婢，来历不明。"

【例句】对来历不明的人，我们应该提高警惕。

狼吞虎咽

【词义】形容吃东西又猛又急的样子。

【出处】明·凌濛初《初刻拍案惊奇·刘东山夸技顺城门》："十人自来吃酒……须臾之间，狼飧虎咽，算来吃够有六七十斤肉。"

【例句】大家见他狼吞虎咽吃东西的样子，都忍不住笑了。

老当益壮

【词义】当：应该；益：更加；壮：雄壮。年纪虽老而志气更旺盛，干劲更足。

【出处】《后汉书·马援传》："丈夫为志，穷当益坚，老当益壮。"

【例句】郭大夫虽然离休了，但他老当益壮，仍然工作在第一线上。

【典故】东汉名将马援，从小就胸怀大志，他打算到边疆去发展畜牧业。马援长大以后，当了扶风郡的督邮。有一次，郡太守派他送犯人到长安。半路上，他觉得犯人怪可怜的，不忍心把他送去受刑，就把他放走了。自己也只好丢了官，逃亡到北朝郡躲起来。这时恰好赶上大赦，以前的事不再追究。于是他安心地搞起畜牧业和农业生产。不用几年工夫，马援成了一个大畜牧主和地主。他有牛羊几千头，粮食几万石。但是，他对富裕生活并不满足，他把自己积攒的财产、牛羊，都分送给他的兄弟、朋友。他说："一个人做个守财奴，太没有意思了。"他常对朋友说："做个大丈夫，总要'穷当益坚，老当益壮'才行。"就是说，越穷困，志向越要坚定；越年老，志气越要壮盛。后来，马援成了东汉有名的将领，为光武帝立下了很多战功。

老马识途

【词义】老马认识路。比喻有经验的人对事情比较熟悉。

【出处】北宋·毛滂《寄曹使君》："请同韶护公勿疑，老马由来识途久。"

【例句】他虽然年事已高，但老马识途，还是可以做个顾问的。

【典故】公元前663年，齐桓公应燕国的要求，出兵攻打入侵燕国的山戎，相国管仲和大夫隰朋随同前往。齐军是春天出征的，到凯旋时已是冬天，草木变了样。大军在崇山峻岭的一个山谷里转来转去，最后迷了路，再也找不到归路。虽然派出多批探子去探路，但仍然弄不清楚该从哪里走出山谷。时间一长，军队的给养发生困难，情况非常危急，再不找到出路，大军就会困死在这里。管仲思索了好久，有了一个设想：既然狗离家很远也能寻回家去，那么军中的马尤其是老马，也会有认识路途的本领。于是他对齐桓公说："大王，我认为老马有认路的本领，可以利用它在前面领路，带引大军出山谷。"齐桓公同意试试看。管仲立即挑出几匹老马，解开缰绳，让它们在大军的最前面自由行走。也真奇怪，这些老马都毫不犹豫地朝一个方向行进。大军就紧跟着它们东走西走，最后终于走出山谷，找到了回齐国的大路。

老气横秋

【词义】老气：老年人的气派；横：充满。形容老练而自负的神态。现形容自高自大，摆老资格。也形容缺乏朝气。

【出处】南北朝·齐·孔稚圭《北山移文》："风情张日，霜气横秋。"

【例句】你年纪轻轻，为什么总是老气横秋的？

老生常谈

【词义】老书生经常说的话。比喻人们听惯了的没有新鲜意思的话。

【出处】《三国志·魏书·管辂传》："此老生之常谭（同谈）。"

【例句】他的诗写得还好，就是老生常谈，少了点新鲜味儿。

【典故】三国时，有个名叫管辂的人，从小勤奋好学，才思敏捷，尤其喜爱天文。十五岁时，已熟读《周易》，通晓占卜术，渐渐有了小名气。日子一久，传到吏部尚书何晏、侍中尚书邓飏耳里。这天，正好是农历十二月二十八日，这两个大官吃饱喝足后，觉得无聊，便派人把管辂召来替他们占卜。管辂早就听说这两人是曹操侄孙曹爽的心腹，倚仗权势，胡作非为，名声很不好。他考虑了一会儿，想趁这个机会好好教训他们一顿，灭灭他们的威风。何晏一见管辂，就大声嚷道："听说你的占卜很灵验，快替我算一卦，看我能不能再有机会升官发财。另外，这几天晚上我还梦见苍蝇总是叮在鼻子上，这是什么预兆？"管辂想了一想，说："从前周公忠厚正直，辅助周成王建国立业，国泰民安，现在你的职位比周公还高，可感恩你的人很少，惧怕你的人却很多，这恐怕不是好预兆。你的梦按照卜术来测，也是个凶相阿！"管辂接着又说："要想逢凶化吉，消灾避难，只有多效仿周公等大圣贤们，发善心，行善事。"邓飏一旁听了，很不以为然，连连摇头说："这都是些老生常谈，没什么意思。"何晏脸上铁青，一语不发。管辂见了，哈哈一笑："虽说是老生常谈的话，却不能加以轻视啊！"不久，新年到了，传来消息说何晏、邓飏与曹爽一起因谋反而遭诛杀。管辂知道后，连声说："老生常谈的话，他们却置之不理，所以难怪有如此下场啊！"

冷嘲热讽

【词义】冷：不热情，引申为严峻；热：温度高，引申为辛辣。用尖刻辛辣的语言进行讥笑和讽刺。

【出处】清·袁枚《牍外余言》："楚公子围为虢之会，其时子围篡国之状，人人知之，皆有不平之意，故晋大夫七嘴八舌，冷讥热嘲，皆由于心之大公也。"

【例句】对成绩落后的同学要积极鼓励，不要冷嘲热讽。

冷若冰霜

【词义】冷得像冰霜一样。比喻待人接物毫无感情，像冰霜一样冷。也比喻态度严正，不可接近。

【出处】①东汉·王逸《正部论》："谚曰：政如冰霜，奸宄消亡；威如雷霆，寇贼不生。"②元·王实甫《西厢记》第一本第二折："俺老夫人治家严肃，凛若冰霜。"

【例句】她虽有姣好的容貌，待人却冷若冰霜，使人对她产生不了好感。

礼尚往来

【词义】尚：注重。指礼节上应该有来有往。现也指以同样的态度或做法回答对方。

【出处】《礼记·曲礼上》："太上贵德，其次务施报，礼尚往来，往而不来，非礼也；来而不往，亦非礼也。"

【例句】我过生日时，他送我一个生日蛋糕，他过生日时，我也送去一份，礼尚往来嘛！

礼贤下士

【词义】对有才有德的人以礼相待，对一般有才能的人不计自己的身份去结交。

【出处】《新唐书·李勉传》："其在朝廷，鲠亮谦介，为宗臣表，礼贤下士有始终，尝引李巡、张参在幕府。”

【例句】他虽身居高位，但谦恭屈己，能礼贤下士。

【典故】齐桓公听说小臣稷是个贤士，渴望见他一面，与他交谈一番。一天，齐桓公连着三次去见他，小臣稷托故不见。跟随桓公的人就说：“主公，您贵为万乘之主，他是个布衣百姓，一天中您来了三次，既然未见他，也就算了吧。”齐桓公却颇有耐心地说：“不能这样，贤士傲视爵禄富贵，才能轻视君主，如果其君主傲视霸主也就会轻视贤士。纵有贤士傲视爵禄，我哪里又敢傲视霸主呢？”这一天，齐桓公接连五次前去拜见，才得以见到小臣稷。

理所当然

【词义】当然：应当如此。按道理应当这样。

【出处】隋·王通《文中子·魏相篇》：“非辩也，理当然耳。”

【例句】我们选信得过的人当代表，是理所当然的。

历历在目

【词义】历历：清楚，分明的样子。指远方的景物看得清清楚楚，或过去的事情清清楚楚地重现在眼前。

【出处】唐·杜甫《历历》：“历历开元事，分明在眼前。”

【例句】李老师冒雨来给我补课的情景，至今依然历历在目。

励精图治

【词义】励：奋勉；图：设法；治：治理好国家。振奋精神，想办法治理好国家。

【出处】《宋史·神宗纪赞》：“厉（励）精图治，将大有为。”

【例句】这些年来，他励精图治，企业从小到大，现在已成为全国重点企业了。

【典故】公元前74年，汉昭帝刘弗陵死去。他没有儿子，于是手握朝政大权的大司马大将军霍光立武帝的曾孙刘询为帝。这就是汉宣帝。公元前68年，霍光病死。御史大夫魏相根据历史教训和霍氏家族的专权胡为，建议宣帝采取措施，削弱霍氏权力。霍氏对魏相极度怨恨和恐惧，便假借太后命令，准备先杀魏相，然后废掉宣帝。宣帝得知此事后，先发制人，采取行动，将霍氏满门抄斩。从此以后，汉宣帝亲自处理朝政，振作精神，力图把国家治理得繁荣富强。他直接听取群臣意见，严格考查和要求各级官员；还降低盐价，提倡节约，鼓励发展农业生产。魏相领着百官尽职，很符合汉宣帝的心意。汉宣帝在魏相的配合下，采取了一系列有利于发展生产、减轻人民负担的有效措施，终于使国家兴旺发达起来。他在位二十五年，使已经衰落的西汉王朝出现了中兴的局面。

利令智昏

【词义】令：使；智：理智；昏：昏乱，神志不清。因贪图私利而失去理智，把什么都忘了。

【出处】《史记·平原君虞卿列传赞》：“鄙语曰：‘利令智昏’。平原君贪冯亭邪说，使赵陷长平兵四十余万众，邯郸几亡。”

【例句】就算我们面对的诱惑很大，我们也不能利令智昏。

【典故】战国时，各诸侯国之间为了争夺土地，经常发动战争。秦国派大将白起攻打韩国，占领了韩国的一块土地野王。在野王邻近有另一块土地上党，他们的地方官员看到野王轻易地就被秦军攻下，怕上党也守不住，就写信给赵国，表示愿意归顺，希望得到赵国的庇护。赵国的君臣们对于要不要接受上党的归顺，意见不一，大家展开激烈的争论。平原君赵胜说：“上党这么大块的地方，我们不用出一兵一卒，就可以得到，为什么不要呢？”平阳君反对说：“就是因为不花力气得到好处，轻易要了，恐怕会招来大祸。”赵王因为不想失去这块到嘴的肥肉，便支持平原君的主张，并且派他去接收上党，把它划为赵国的领地。秦国知道后，认为赵国存心和自己作对，就命令白起率大军去攻打赵国。结果赵国的四十万大军全部被秦军歼灭，国都邯郸也被围困。后来平原君带毛遂去楚国，说服楚王联赵抗秦，最后楚国出兵，才解除了赵国的邯郸之围。赵王和平原君因为贪图眼前可以获得上党土地的利益，而差点导致赵国灭亡。后人便形容他们的行为是“利令智昏”。

连篇累牍

【词义】累：重叠；牍：古代写字的木片。形容篇幅过多，文辞冗长。

【出处】《隋书·李谔传》：“连篇累牍，不出月露之形。”

【例句】他写的文章总是连篇累牍，大家都不爱看。

【典故】李谔，字士恢，隋文帝时任治书侍御史，很有辩才，文章也写得很好。他看到六朝以来的文章常常华而不实，决定上书给隋文帝，希望通过发布政令来改变当时的文风。主意打定，他就着手去写。李谔的《请正文体书》终于写好了，他在上奏之前又看了一遍：书中从魏武帝、文帝、明帝说起，谈到了他们崇尚文辞，不重视为君之道，只注重文辞华丽的雕虫小技，下面的人跟着他们，在文辞华丽上大做文章，渐渐形成风格，给后世带来了恶劣的影响及危害，望当今皇上能出政令改变文风。他觉得自己把要说的话都说清楚了。第二天，他就把奏章递了上去。 隋文帝阅了李谔的奏章，不住地点头，当看到“连篇累牍，不出月露之形；积案盈箱，唯是风云之状”时，心想：李谔说得对呀，现在的一篇篇文章，一箱箱案卷，谈来谈去，都离不开吟风弄月，真是又长又累赘。这样下去，世俗无论贵贱贤愚，都去吟咏风花雪月，崇尚绮丽文风，追逐功名利禄，可怎么得了哇！于是他下令：“把李谔的奏章颁示天下。如以后写来的奏章再不注意文风，定严加追究。”

良师益友

【词义】良：好；益：有帮助。使人得到教益和帮助的好老师和好朋友。

【出处】①《论语·述而》：“三人行必有我师焉，择其善者而从之，其不善者而改之。”②《论语·季氏》：“益者三友，损者三友。友直、友谅、友多闻，益矣；友便辟、友善柔、友便佞，损矣。”

【例句】正因为经常有几位良师益友的规劝，他才不致滑入犯罪的深渊。

良莠不齐

【词义】莠：狗尾草，很像谷子，常混在禾苗中。好人坏人都有，混杂在一起。

【出处】清·李宝嘉《官场现形记》第五十六回：“且说彼时捐例大开，各省候补人员十分拥挤，其中鱼龙混杂，良莠不齐。”

【例句】改革开放初期，在某些方面出现一些良莠不齐的现象是在所难免的。

两败俱伤

【词义】俱：都。斗争双方都受到损伤，谁也没得到好处。

【出处】《史记·张仪列传》：“有顷，两虎果斗，大者伤，小者死，庄子从伤者而刺之，一举果有双虎之功。”

【例句】这两人为了一点小事，就大打出手，最后弄得个两败俱伤。

【典故】战国时，有一个很聪明、讲话幽默的人，名叫淳于。他知道齐宣王正准备攻打魏国后，便去觐见齐宣王，说：“大王，您听过韩子卢和东郭逡的故事吗？韩子卢是天底下最棒的猎犬，东郭逡是世界上最有名的狡兔。有一天，韩子卢在追赶东郭逡，一只在前面拼命地逃，一只在后面拼命地追。

结果呢，它们两个都跑到精疲力竭，动弹不得，全倒在山脚下死了。这个时候，正好有个农夫经过，便毫不费力地把它们两个一齐带回家煮了吃掉。”齐宣王一听，说："这跟我要去攻打魏国有什么关系呀？”淳于说："大王，现在齐国发兵去攻打魏国，一定不能在短期内就可以打赢的。到头来，双方都弄得民穷财尽，两败俱伤，不但老百姓吃苦，国家的兵力也会大受损伤，万一秦国和楚国趁机来攻打我们，那不是平白送给他们机会一并吞掉齐国和魏国吗？”齐宣王听了淳于的话，觉得很有道理，就停止攻打魏国的计划。后来，大家在形容两个能力差不多的人互相争斗，不但谁也没赢还彼此都受了伤，就说是“两败俱伤”。

两肋插刀

【词义】两边肋骨插上刀，表示不怕死。比喻承担极大的牺牲。

【出处】由“秦叔宝为朋友两肋庄走岔道”的传说演变而来。隋朝末年，山东好汉秦琼（字叔宝）在县衙当差。一天，县太爷接上峰指令缉拿境内“响马”要犯，就派秦叔宝带领众捕快实施抓捕。秦叔宝接上司抓捕令后，为搭救朋友，故意带领众捕快走岔道，以保护这些“响马”朋友。最后，抓捕行动失败，秦叔宝遭牵连，险些丧命。后来说书艺人为歌颂秦叔宝当年帮朋友脱险而故意走岔道的“千秋义举”，就将岔道口附近的村庄称作“两肋庄”，由此产生了“秦叔宝为朋友两肋庄走岔道”的神奇故事。说书故事在民间口耳相传的流程中，添枝加叶并借题生发，皆属群众的“艺术再创作”。“两肋岔道”的“岔道”谐音“插刀”，最后演化成“为朋友两肋插刀”。

【例句】为了朋友，他不惜两肋插刀。

两袖清风

【词义】衣袖中除清风外，别无所有。比喻做官廉洁。也比喻穷得一无所有。

【出处】元·陈基《次韵吴江道中》："两袖清风身欲飘，杖藜随月步长桥。"

【例句】他做了多年财政干部，依然两袖清风，一尘不染。

【典故】于谦是明朝著名的民族英雄和诗人。他曾先后担任过监察御史、巡抚、兵部尚书等职。于谦作风廉洁，为人耿直。于谦生活的那个时代，朝政腐败，贪污成风，贿赂公行。当时各地官僚进京朝见皇帝，都要从本地老百姓那里搜刮许多的土特产品，诸如绢帕、蘑菇、线香等献给皇上和朝中权贵。明朝正统年间，宦官王振以权谋私，每逢朝会，各地官僚为了讨好他，多献以珠宝白银，而巡抚于谦每次进京奏事，总是不带任何礼品。他的同僚劝他说："你虽然不献金宝、攀求权贵，也应该带一些著名的土特产如线香、蘑菇、手帕等物，送点人情呀！”于谦笑着举起两袖风趣地说："带有清风！”以示对那些阿谀奉承之贪官的嘲弄。两袖清风的成语从此便流传下来。

他曾作过《入京诗》一首："绢帕蘑菇与线香，本资民用反为殃。清风两袖朝天去，免得闾阎话短长。”这首诗的意思是说，绢帕、蘑菇、线香这些东西本是供人民享用的，可是因为贪官污吏的搜刮，它们反而给人民带来了灾难。所以我什么也不带，只带两袖清风去朝见天子（古时，人们把随身的钱物放在袖中），免除百姓的不满。这首诗嘲讽了进贡的歪风，表现了于谦为官清廉、不愿同流合污的铮铮风骨。

踉踉跄跄

【词义】踉跄：走路不稳。走路歪歪斜斜的样子。

【出处】明·施耐庵《水浒传》第四回："头重脚轻，对明月眼红面赤，前合后仰，趁清风东倒西歪。踉踉跄跄上山来，似当风之鹤，摆摆摇摇回寺去，如出水之龟。"

【例句】老人拄着拐杖，踉踉跄跄地来到医院。

鳞次栉比

【词义】栉：梳篦的总称。像鱼鳞和梳子齿那样有次序地排列着。多用来形容房屋或船只等排列得很密很整齐。

【出处】①《诗·周颂·良耜》："获之挃挃，积之栗栗。其崇如墉，其比如栉。"②南朝·宋·鲍照《咏史》："京城十二衢，飞甍各鳞次。"

【例句】大街上的商店鳞次栉比，非常热闹。

玲珑剔透

【词义】玲珑：精巧细致；剔透：孔穴明晰。形容器物精致通明，结构细巧。也比喻人精明灵活。

【出处】元·关汉卿《赵盼儿风月救风尘》："那厮爱女娘的心，见的便似驴共狗，卖弄他玲珑剔透。"

【例句】这些玻璃工艺品玲珑剔透，令人爱不释手。

零丁孤苦

【词义】孤单困苦，无所依傍。

【出处】西晋·李密《陈情表》："臣少多疾病，九岁不行。零丁孤苦，至于成立。"

【例句】在他年幼时无家可归，零丁孤苦。

流芳百世

【词义】流：流传；芳：香，指好名声；百世：时间久远。好的名声永远流传下去。

【出处】南北朝·刘义庆《世说新语》："桓公卧语曰：'作此寂寞，将为文景所笑。'既而屈起坐曰：'既不能流芳百世，亦不足复遗臭万载耶？'"

【例句】那些为国献身的英烈们，他们的英名和事迹将流芳百世。

【典故】东晋大司马、大将军桓温，是晋明帝的女婿。他长期手握重兵，南征北战，破西蜀，伐前秦，建立了赫赫战功。这个人的最大弱点，就是爱出风头，总想让天下的人都把他看成头等人物。他自己觉得气魄风度完全可以跟司马懿、刘琨相比。刘琨是晋怀帝时的重臣，治理国家功业卓著。

桓温权势越来越大，逐渐开始想入非非。有一天，他躺在自家床头，对家人和亲信说："我要是这样默默无闻，将被文帝、景帝所耻笑。"（他说的文帝、景帝，指的是司马师、司马昭兄弟二人。这两个人都曾经独揽曹魏大权，为司马氏取代曹魏打下了基础。武帝受禅以后，尊他们为文、景二帝。）桓温的这番话，含义明确。他身边的人听了，谁也不敢吭声。

过了一会儿，他突然一挺身坐起来，恨恨地说："就算我不能流芳百世了，难道还不能遗臭万年吗？"他还没来得及实现自己的野心，就病死了。后来他的儿子，继承了他的事业，终因反叛而被杀。

流连忘返

【词义】流连：留恋不止。玩乐时留恋不愿离开。留恋得忘记了回去。

【出处】《孟子·梁惠王下》："从流下而忘返谓之流，从流上而忘返谓之连，从兽无厌谓之荒，乐酒无厌谓之亡。"

【例句】精致、秀丽的苏州园林使游客们流连忘返，乐不思归。

论功行赏

【词义】论：按照。按功劳的大小给予奖赏。

【出处】《三国志·顾谭传》："时论功行赏，以为驻敌之功大，退敌之功小。"

【例句】他的功劳最大，论功行赏，也该他是先进。

【典故】刘邦消灭项羽后，平定天下，当上了皇帝，史称汉高祖。接着，要评定功臣们的功绩大小，给予封赏。刘邦认为，萧何的功劳最大，要封他为赞侯，给予的封户也最多。群臣们对此不满，都说："平阳侯曹参身受七十处创伤，攻城夺地，功劳最多，应该排在第一位。"这时，关内侯鄂千秋把刘邦要讲而未讲的话讲了出来："众位大臣的主张是不对的。曹参虽然有转战各处、夺取地盘的功劳，但这是一时的事情。大王与楚军相持五年，常常失掉军队，只身逃走也有好几次。然而，萧何常派遣军队补充前线。这些都不是大王下令让他做的。汉军与楚军在荥阳时对垒数年，军中没有口粮，萧何又用车船运来粮食。如今即使没有上百个曹参，对汉室也不会有损失，怎么能让一时的功劳凌驾在万世的功勋之上呢？应该是萧何排在第一位，曹参居第二位。"刘邦肯定了鄂千秋的话，于是确定萧何为第一位，特许他带剑穿鞋上殿，上朝时可以不按礼仪小步快走。

略胜一筹

【词义】筹：筹码，古代用以计数的工具，多用竹子制成。比较起来，稍微好一些。

【出处】清·蒲松龄《聊斋志异·辛十四娘》："小生所以忝出君上者，以起处数语，略高一筹耳。"

【例句】对于处理这个问题，小王的方法比小李的方法略胜一筹。

M

马革裹尸

【词义】马革：马皮。用马皮把尸体裹起来。指英勇牺牲在战场。

【出处】南朝·宋·范晔《后汉书·马援传》："男儿要当死于边野，以马革裹尸还葬耳，何能卧床上在儿女子手中邪？"

【例句】作为军人，应以马革裹尸为荣。

【典故】东汉初的名将马援英勇善战，为东汉王朝的创建立下汗马功劳。后来，他又率兵平定了边境的动乱，威震南方。公元 41 年被刘秀封为伏波将军。建武二十四年，武陵的少数民族首领相单程率众发动叛乱，光武帝派兵去征讨，结果全军覆没，急需再有人率军前往。光武帝考虑马援年纪大了，不放心他出征。马援见没有下文，直接找光武帝，说：我还能披甲骑马，请皇上让我带兵去吧。说罢，当场向光武帝表演了骑术。光武帝见他精神矍铄，矫健的动作不减当年，便批准了他的请求。于是，六十二岁的马援又领兵远征武陵、五溪蛮夷。建武二十五年三月，马援受阻于壶头山，水急，船难溯行，天炎溽暑，士卒多疫死，援亦病死于军中，应了他当年马革裹尸的誓言。

马首是瞻

【词义】瞻：往前或向上看。看着我马头的方向，决定进退。比喻追随某人行动。

【出处】《左传·襄公十四年》："荀偃令曰：'鸡鸣而驾，塞井夷灶，唯余马首是瞻。'"

【例句】你不必全听他们的话，唯他们马首是瞻。

【典故】战国时，晋淖公联合了十二个诸侯国攻伐秦国，指挥联军的是晋国大将荀偃。荀偃原以为十二国联军攻秦，秦军一定会惊慌失措。不料景公已经得知联军心不齐，士气不振，所以毫不胆怯，并不想求和。荀偃没有办法，只得准备打仗，他向全军将领发布命令说："明天早晨，鸡一叫就开始驾马套车出发。各军都要填平水井，拆掉炉灶。作战的时候，全军将士都要看我的马头来定行动的方向。我奔向哪里，大家就跟着奔向哪里。"想不到荀偃的下军将领认为，荀偃这样指令，太专横了，反感他说："晋国从未下过这样的命令，为什么要听他的？好，他马头向西，我偏要向东。"将领的副手说："他是我们的头，我听他的。"于是也率领自己的队伍朝东而去。这样一来，全军顿时混乱起来。荀偃失去了下军，仰天叹道："既然下的命令不能执行，就不会有取胜的希望，一交战肯定让秦军得到好处。”他只好下令将全军撤回去。

满腹经纶

【词义】经纶：整理丝缕，引申为人的才学、本领。形容人极有才干和智谋。

【出处】《周易·屯》：“云雷屯，君子以经纶。”

【例句】经过几十年的知识积累，李老师现在满腹经纶，博学多才。

满目疮痍

【词义】比喻眼前看到的都是灾祸的景象。

【出处】唐·杜甫《北征》：“乾坤含疮痍，忧虞何时毕？”

【例句】台风过处，满目疮痍，给人们的生命财产造成了极大的损失。

芒刺在背

【词义】芒刺：细刺。像有芒和刺扎在背上一样。形容内心惶恐，坐立不安。

【出处】《汉书·霍光传》：“宣帝始立，谒见高庙，大将军光从骖乘，上内严惮之，若有芒刺在背。”

【例句】他一看见老师的目光，立即如芒刺在背。

【典故】公元前87年汉武帝死后，他年仅八岁的小儿子刘弗陵即位，史称汉昭帝。按照武帝的遗诏，由大司马大将军霍光、御史大夫桑弘羊等辅政，掌握朝廷军政大权。昭帝的寿命不长，二十一岁就死了。他没有儿子，于是霍光把武帝的孙子刘贺立为皇帝。后来，霍光发现刘贺生活放荡不堪，整天寻欢作乐，经与大臣们商量，把刘贺废掉，另立武帝的曾孙刘询为帝。这就是汉宣帝。不过刘询也非常清楚，霍光的权势很大，自己的生死存废完全取决于他，因此对他很害怕。刘询即位后做的一件大事，就是去谒见祖庙。到了那一天，宣帝乘坐一辆装饰华丽的马车，霍光就坐在马车一侧陪侍，皇帝见霍光身材高大，脸容严峻，不由自主地觉得非常畏惧，惶恐不安，就像有芒刺在背上那样难受。此后，宣帝见到霍光，总是小心翼翼。公元前68年霍光病死，乘车时再也没有他陪侍，宣帝才感到无拘无束，行动自由了。

毛骨悚然

【词义】悚然：害怕的样子。汗毛竖起，脊梁骨发冷。形容十分恐惧。

【出处】明·冯梦龙《东周列国志》第九十七回：“秦王闻之，不觉毛骨悚然。”

【例句】刚才他讲的那个故事，惊险极了，令人毛骨悚然。

眉开眼笑

【词义】眉头舒展，眼含笑意。形容高兴愉快的样子。

【出处】元·王实甫《西厢记》第二本第二折：“彼见昨日惊魂魂魄，今日眉花眼笑。”

【例句】这一段默剧十分有趣，让观众个个眉开眼笑。

眉清目秀

【词义】眉、目：眉毛和眼睛，泛指容貌。形容人容貌清秀不俗气。

【出处】元·李真夫《合同文字》：“有个孩儿唤作安住，今年三岁，生得眉清目秀，是好一个孩儿也。”

【例句】小明是个漂亮的小男孩，长得眉清目秀。

每况愈下

【词义】越往下越明显。表示情况越来越坏。

【出处】《庄子·知北游》：“夫子之问也，固不及质，正获之问于监市履豨也，每况愈下。”

【例句】由于繁重的学习任务，妹妹的视力每况愈下。

【典故】战国时有一个叫东郭子的人，听说庄子对“道”很有研究，就去向庄子请教，问他“道”到底在什么地方。庄子说："我讲的'道'各处都有，无处不在。""那请您具体指明它在哪些地方，可以吗？"东郭子非常客气。庄子不假思索："在蚂蚁洞里。"东郭子非常奇怪："道，是很高尚的东西，怎么会存在于这么卑下的地方？"庄子又说："'道'，在稗草、砖瓦碎石之中。""这不是愈加卑下了吗？"东郭子更为奇怪。庄子继续说："我的'道'在屎尿之中！"东郭子听庄子越说越低下，心里很不高兴。庄子这才向他解释："要满足您的要求，把'道'的本质说明白，就得像在集市上检查猪的肥瘦一样，愈是猪的下部，愈能看出猪的肥瘦。因为猪腿的下部是最难长膘的，如果腿部也长满肉，其他部位当然更肥了。所以，我今天告诉您'道'所在的地方，尽是卑贱的地方，这些地方都有'道'，那么'道'存在于其他的地方，也就不言自明了。""噢，原来是这样。"东郭子很佩服庄子的才学。

美不胜收

【词义】胜：尽。美好的东西很多，一时看不过来。

【出处】清·钱泳《履园丛话·艺能·治庖》："惟鱼之一物，美不胜收。"

【例句】西湖的景色真是美不胜收。

闷闷不乐

【词义】闷闷：心情不舒畅，心烦。形容心事放不下，心里不快活。

【出处】明·罗贯中《三国演义》第十八回："又恐被人嗤笑，乃终日闷闷不乐。"

【例句】不知为什么，妈妈这几天闷闷不乐。

梦笔生花

【词义】比喻写作能力大有进步。也形容文章写得很出色。

【出处】五代·王仁裕《开元天宝遗事·梦笔头生花》："李太白少时，梦所用之笔头上生花，后天才赡逸，名闻天下。"

【例句】要想把文章写好，就得平常多读、多看、多写，这样才能梦笔生花。

【典故】相传纪少瑜幼年时，才华并不出众，但是他非常刻苦用功，他的诚心感动了文神。有一天晚上，他看书不知不觉睡着了，梦见著名的文神把一支笔送给了他，并告诉他用这支笔能够写出最漂亮的文章。纪少瑜梦醒之后，果然在枕边发现一支非同寻常的毛笔。从此，纪少瑜的文章大有长进，终于成了一位著名的作家。纪少瑜是南朝有名的文士，他自幼专攻《六经》，善于谈吐，对答如流，深受当时读书人的钦佩，后来官至东京大学士。

密不通风

【词义】密：严密。形容包围紧密或防卫严密，连风也透不进去。

【出处】元·纪君祥《赵氏孤儿》第二折："这两家做下敌头重，但要访的孤儿有影踪，必然把太平庄上兵围拥，铁桶般密不通风。"

【例句】晚上睡觉，怎么把窗子全关了？这样密不通风，空气不能流通，对身体不好。

名列前茅

【词义】比喻名次列在前面。

【出处】《左传·宣公十二年》："前茅虑无。"

【例句】小张的孩子学习很好，总是名列前茅。

【典故】春秋时，晋国和楚国两个大国争当霸主，矛盾尖锐。郑国（今河南新郑一带）是个小国，夹在两个大国之间，处境十分困难。

这一年，楚国发动大军侵入郑国，郑国军民坚决抗御，结果还是失败了。晋国派大将荀林父为统帅，出兵援郑，可是还没有渡过黄河，就得到消息：郑国国君已经向楚国屈服，楚军也已撤走了。荀林父召集部属将领，商议对策。荀林父的主张是："战事既已结束，楚军也撤了，我们就回去算了。”另一位大将同意统帅的主张，并详细分析了晋、楚双方的形势，认为“前茅虑无，中权后劲”，意思是楚军的前锋戒备森严，中军领导很强，后军实力也很充足，所以不宜轻敌，并说退兵回国是正确的。可是荀林父的副将先谷不同意，竟不听指挥，擅自带领他的兵马，渡过黄河，追击楚军，终被楚军打得大败。

所谓“前茅”，就是走在军队最前面的先锋部队。茅，是楚国的特产，楚军斥候兵拿来作信号旗用，斥候兵发现前沿敌人有什么动静，就举茅打信号。因此前锋就叫“前茅”。“虑无”是戒备和警惕意外的意思。

后来，人们借用“前茅”来比喻名次排列在最前面，于是产生了“名列前茅”的成语。

名落孙山

【词义】名字落在榜末孙山的后面。指考试或选拔没有录取。

【出处】南宋·范公偁《过庭录》：“解名尽处是孙山，贤郎更在孙山外。”

【例句】这次入学考试虽名落孙山，但他并没有气馁。

【典故】在我国宋朝时，有一个名叫孙山的才子，他为人不但幽默，而且很善于说笑话。有一次，他和一个同乡的儿子一同到京城去参加举人考试。放榜的时候，孙山的名字虽然被列在榜文的倒数第一名，但仍然是榜上有名，而那位和他一起去的同乡的儿子，却没有考上。不久，孙山先回到家里，同乡便来问他儿子有没有考取。孙山既不好意思直说，又不便隐瞒，于是，就随口念出两句不成诗的诗句来：解元尽处是孙山，贤郎更在孙山外。解元，是我国科举制度所规定的举人第一名。而孙山在诗里所谓的解元，泛指一般考取的举人。这首诗的意思是说：举人榜上的最后一名是我孙山，而令郎的名字还在我孙山的后面。从此，人们便根据这个故事，把投考学校或参加各种考试没有被录取，叫作“名落孙山”。

名正言顺

【词义】名：名分、名义；顺：合理、顺当。原指名分正当，说话合理。后多指做某事名义正当，道理也说得通。

【出处】《论语·子路》：“名不正则言不顺，言不顺则事不成。”

【例句】他名正言顺地当上了校教务处处长。

【典故】春秋时，子路问孔子：“卫君想请你帮他理政，您将先做什么？”孔子说：“先正名分。”子路说：“老师，您太迂腐了，名分有什么好正的？”孔子说：“你真鲁莽，名不正则言不顺，言不顺则事不成，事不成则教化不兴，教化不兴则刑罚不当，刑罚不当则老百姓不知所措。所以要先正名。”后来，人们用“名正言顺”来指做事理由正当而充分，含有理直气壮的意思。

明察秋毫

【词义】明察：看清；秋毫：秋天鸟兽身上新长的细毛。原形容人目光敏锐，任何细小的事物都能看得很清楚。后多形容人能洞察事理。

【出处】《孟子·梁惠王上》：“明足以察秋毫之末，而不见舆薪，则王许之乎？”

【例句】明察秋毫的开封府包公从不冤枉每个好人，也绝不放过一个坏人。

【典故】齐桓公小白、晋文公重耳曾在春秋时先后称霸，统领诸侯，是霸主中的代表。几百年后，战国时的齐宣王田辟疆也想称霸，因此他向孟子请教。齐宣王对孟子说：“您能把有关齐桓公、晋文公的事迹讲给我听听吗？”孟子答道：“对不起，我们孔夫子的门徒向来不讲霸主的事。我们只讲王道，用道德的力量来统一天下。”齐宣王问道：“那要有怎样的道德才能统一天下呢？”孟子说：“我听说，有一次新钟铸成，准备杀牛祭钟，您看见好好一头牛，无罪而被杀，心中感到不忍。凭您这种好心，就可以行王道，施仁政，统一天下。问题不在于您能不能，而在于您干不干罢了！比方有人说：'我的力气能举重三千斤，但举不起一根羽毛。眼力能看清秋天鸟兽毫毛那样细微的东西，却看不见满车的木柴。'您相信这种话吗？”齐宣王说：“当然不相信！”孟子紧接着说：“是呀，不能相信。如今您的好心能用来对待动物，却不能用来爱护老百姓，这同样叫人难以相信。老百姓之所以不能够安居乐业，是您根本不去关心的缘故。显然，这都是干与不干的问题，而不是能与不能的问题。您问能不能行王道、统一天下，问题也是如此，是不去干，而不是不能干！”

明目张胆

【词义】明目：睁亮眼睛；张胆：放开胆量。原指有胆识，敢作敢为。后形容公开放肆地干坏事。

【出处】《晋书·王敦传》：“今日之事，明目张胆为六军之首，宁忠臣而死，不无赖而生矣。”

【例句】考试时，他竟然明目张胆作弊，一点羞耻心都没有。

【典故】唐高宗时有一位大臣名叫韦思谦，做人正直，时常劝谏皇上，有话就直说。他考上进士之后，被任命为应城县令，后来升为监察御史。有一次，他发现中书令（即宰相）褚遂良以很低廉的价钱强行购买邻人田地，正直的韦思谦也不害怕他官位高、势力大，立刻上书举发他。因为证据明确，朝廷不好意思公开庇护大臣，只好把褚遂良调出京城，降职为同州刺史。过了一段时间，褚遂良又被重用，恢复了中书令的官职。褚遂良便找了理由报复韦思谦，把他贬到外省，当一名县官。有人替韦思谦打抱不平，暗中去慰问韦思谦，他仍然不改初衷，慷慨激昂地说：“我是一个正直的人，遇见不合理的事情，当然不肯放过，哪里有时间考虑个人得失呢？大丈夫应该有话就说，明目张胆而不畏强权，致力于报效国家，怎么可以庸庸碌碌，只顾着保护自己和家人的安全！”

模棱两可

【词义】模棱：含糊，不明确；两可：可以这样，也可以那样。指不表示明确的态度，或没有明确的主张。

【出处】《旧唐书·苏味道传》：“处事不欲决断明白，若有错误，必贻咎谴，但模棱以持两端可矣。”

【例句】在原则问题上，我们必须态度鲜明，决不能模棱两可。

摩拳擦掌

【词义】形容战斗或劳动之前，人们精神振奋，跃跃欲试的样子。

【出处】元·康进之《李逵负荆》第二折：“俺可也摩拳擦掌，行行里按不住莽撞心头气。”

【例句】听说要举行劳动技能大赛，工人们一个个精神振奋，摩拳擦掌，决心取得好名次。

莫名其妙

【词义】说不出其中的奥妙。指事情很奇怪，说不出道理来。

【出处】清·吴趼人《二十年目睹之怪现状》第十五回：“我实在是莫名其妙，我从哪时得着这么一个门生，连我也不知道。”

【例句】他的一番莫名其妙的话语令我非常费解。

莫衷一是

【词义】不能决定哪个是对的。形容意见分歧，没有一致的看法。

【出处】清·吴趼人《痛史》：“议论纷纷，莫衷一是。”

【例句】关于这部电影人们众说纷纭，莫衷一是。

目不识丁

【词义】丁：表示最简单的字。形容一个字也不认得。

【出处】《旧唐书·张弘靖传》："今天下无事，汝辈挽得两石力弓，不如识一丁字。"

【例句】原来目不识丁的他，经过两年学习已经可以读报纸了。

【典故】以前，有个财主姓丁，他有一个儿子，都十多岁了，还什么都不懂，请了好几个先生，就是教不会他一个字。丁财主心里可急坏了，一天他出榜文，声称若谁教会丁少爷一个字赏银十两。

一位老秀才见了，心想：这孩子再笨，也不至于不知道自己的姓吧？况且，这个"丁"字笔画简单，又好写，又好认，我怎么会教不会他一个"丁"字呢？于是，他便揭了榜。到了财主家后，老秀才每天都叫丁少爷学习"丁"字，一晃就过了九天，丁财主要考丁少爷。老秀才怕丁少爷忘了，特意准备了一个钉子，让少爷拿着，说："万一忘了，看看手里的东西，就想起来了，懂吗？"少爷点了点头。秀才领着少爷去见丁财主，写了一个"丁"字说："小少爷，这个字怎么念？"

谁知少爷看了半晌，还是想不起这是个啥字。秀才赶紧提醒他："你手上拿的是什么东西？"少爷低头一看，说："一根铁棒棒。"秀才一听，气得直跺脚："真是朽木不可雕也！你目不识'丁'不要紧，我的十两银子可完了。"从此，"目不识丁"这句成语便传开了。

目光如炬

【词义】目光发亮像火炬。形容愤怒地注视着。也形容见识远大。

【出处】《南史·檀道济传》："道济见收，愤怒气盛，目光如炬，俄尔间引饮一斛。"

【例句】这位老人家虽然头发斑白，但目光如炬，十分有精神！

目无全牛

【词义】全牛：整个一头牛。眼中没有完整的牛，只有牛的筋骨结构。比喻技术熟练到了得心应手的境地。

【出处】《庄子·养生说》："始臣之解牛之时，所见无非牛者，三年之后，未尝见全牛也。"

【例句】他的技术早已达到目无全牛的程度了。

【典故】战国时期道家代表庄周讲过一个故事：有个厨师替梁惠王宰牛，他的宰牛技术十分娴熟，刀子在牛骨缝里灵活地移动，没有一点障碍，而且很有节奏。梁惠王看呆了，一个劲夸他技术高超。厨师说他解牛已经十九年了，对牛的结构完全了解。

沐猴而冠

【词义】沐猴：猕猴；冠：戴帽子。猴子穿衣戴帽，究竟不是真人。比喻虚有其表，形同傀儡。常用来讽刺投靠恶势力窃据权位的人。

【出处】《史记·项羽本纪》："人言楚人沐猴而冠耳，果然。"

【例句】这些肥头胖脑的绅士、大肚皮的豪商，沐猴而冠地穿着西洋礼服，其实都是资本家的走狗。

【典故】秦朝末年，天下大乱，各路起义军纷纷起兵反秦。他们在全国各地和秦军作战，没有统一的指挥，于是约定：如果谁能够先打入咸阳，推翻秦朝的暴政，谁就做关中王。在这些起义军将领中，刘邦和项羽是最有实力的，刘邦虽然出身卑微，但善于用人，所以他手下有很多本领高强的人。而项羽本人就是一员能征善战的大将，所以他领导的起义军的军事力量是最强的。但是，他这个人有些刚愎自用，不爱听别人的不同意见，一向独断专行。在战争发展的过程中，刘邦充分听取部下的意见，进攻路线安排得十分巧妙，受到的阻力较小，因而得以抢先一步进驻咸阳，俘虏了秦王子婴，灭了秦朝。但是，刘邦心里清楚，凭自己的实力一时还无法与项羽对抗，他便以退为进，先将军队撤出了咸阳，等待日后有了机会再成就大事。项羽的路线安排不是很好，所以总是和秦军正面遭遇，费尽千辛万苦还是晚来一步。他对刘邦极为不满，就以胡作非为来发泄心中的怨愤。项羽率领大队人马到处冲撞杀戮，又放火烧了秦宫，大火烧了几个月，把一座富丽堂皇的宫殿烧成了一片焦土瓦砾。即便这样，他还觉得不够解气，又把秦朝留下的珠宝玉器洗劫一空，然后准备率领众人回到江东。当时，项羽手下的有识之士劝他说："咸阳处在关中要地，土地肥沃，物产富饶，而且地势险要，您不如就在这里建都，这样有利于您奠定霸业。"项羽本也有些心动，可是一看眼前的咸阳已被自己弄得残破不堪，哪里还像个都城的样子？就更加怀念故乡，所以一心只想回到故里去。他对那个劝他的人说："人要是富贵了，就应该回到故乡去，让父老乡亲知道你现在是什么样子。要是富贵了还不回故乡，就好像是穿着漂亮的锦绣衣服在黑夜里行走，你的衣服再好也没有人看得见，有什么用呢？所以我还是要回到江东去。"那人听了这话，觉得项羽实在算不上顶天立地的大英雄，就私下对别人说："人家都说楚国人徒有其表，就好像是猴子戴上帽子假充人一样，我以前还不相信，这次和楚王谈话之后，我才知道果真如此啊！"不料，这句话传到了项羽的耳朵里，他非常生气，立即把那人抓来，投入鼎镬里活活烹死了。

N

囊括四海

【词义】囊括：比喻统统包罗在内。指统一全国。

【出处】西汉·贾谊《过秦论》："秦孝公据函之固，拥雍州之地，君臣固守，以窥周室，有席卷天下，包举宇内，囊括四海之意，并吞八荒之心。"

【例句】他的一举一动，都表现出囊括四海的雄心壮志。

【典故】秦始皇统一天下，让人们议论纷纷。汉代贾谊专门写《过秦论》分析秦为什么能统一天下，秦孝公雄心勃勃，支持商鞅变法，使秦国逐渐强大起来。

恼羞成怒

【词义】因又恼又羞而大发脾气。

【出处】清·李宝嘉《官场现形记》第六回："知道王协台有瞧他不起，一时恼羞成怒。"

【例句】听了大家的批评，他非但不虚心接受，反而恼羞成怒，拂袖而去。

逆来顺受

【词义】指对恶劣的环境或无礼的待遇采取顺从和忍受的态度。

【出处】明·周楫《西湖二集·侠女散财殉节》："若是一个略略知趣的，见家主来光顾，也便逆来顺受。"

【例句】你不要什么事都逆来顺受，也要适时地表达自己的意见。

念念有词

【词义】念念：连续不断地念叨。旧指和尚念经，现指低声自语或含糊不清地说个不停。

【出处】明·吴承恩《西游记》："手里捻珠，口内念念有词，往那巽地上吹了一口气，忽的吹将去，便是一狂风。"

【例句】他闭着眼睛，嘴里念念有词，可是没有人能听懂。

袅袅婷婷

【词义】袅袅：柔美貌；婷婷：美好貌。形容女子姿态柔美。

【出处】清·褚人获《隋唐演义》第六十七回："刚到山门，只见袅袅婷婷一行妇女，在巷道中走将进来。"

【例句】夏天的荷花，像袅袅婷婷的美女一样，亭亭玉立在池塘中。

蹑手蹑脚

【词义】形容放轻脚步走的样子。也形容偷偷摸摸、鬼鬼祟祟的样子。

【出处】清·曹雪芹《红楼梦》第五十四回："于是大家蹑手蹑脚，潜踪进镜壁去一看。"

【例句】我们蹑手蹑脚走进教室，尽量不打搅同学们的休息。

宁为玉碎，不为瓦全

【词义】宁做玉器被打碎，不做瓦器而保全。比喻宁可为正义事业而死，也不愿屈辱地活下去。

【出处】唐·李百药《北齐书·元景安传》："岂得弃本宗，逐他姓，大丈夫宁可玉碎，不为瓦全。"

【例句】"宁为玉碎，不为瓦全"，这种精神值得我们学习。

【典故】北朝东魏的丞相高洋逼迫孝静帝退位，自己当上了皇帝，建立了北齐。高洋心狠手辣，为了不留后患，在公元551年又把孝静帝和他的三个儿子都杀死了。可是做了坏事以后，他心里很害怕。一天，天空出现了日食，他担心这是个不祥的兆头。于是，他就问自己的亲信，西汉末年王莽篡夺了刘家的天下而光武帝刘秀又能夺回天下的原因是什么。这名亲信说不清楚，就随意应付说是因为王莽没有斩草除根，没有把刘氏宗室的人杀干净。高洋信以为真，于是把东魏的宗室近亲全部杀掉，连小孩也不放过。高洋的残忍行为使东魏宗室的远房宗族感到很害怕，担心他们自己什么时候也会被杀掉，于是聚在一起商量对策。

有的人主张改姓高，不再姓元。出主意的这个人是一个县令，叫元景安。他的堂兄元景皓断然拒绝了这种建议。他说，采用改姓的方法无论如何是不能接受的。他认为大丈夫宁愿作为玉器被打碎，也不能作为瓦片而保全下来。他宁愿高贵地死去，也不愿屈辱地活着。后来，元景皓因元景安的告密而被处死。但高洋也于三个月后病死。十八年后，北齐宣告灭亡。

忸怩作态

【词义】忸怩：羞惭的样子。形容不自然，不大方，含羞做作的样子。

【出处】巴金《谈〈春〉》："倘使小说不能作为我作战的武器，我何必花那么多的工夫转弯抹角、忸怩作态，供人欣赏来换取作家的头衔呢？"

【例句】我最讨厌某些女性忸怩作态，没有一点干练的气质。

弄巧成拙

【词义】本想要弄聪明，结果做了蠢事。

【出处】北宋·黄庭坚《拙轩颂》："弄巧成拙，为蛇画足。"

【例句】本来老师以为他的劝告会起到安慰作用，没想到竟弄巧成拙，她哭得更厉害了。

【典故】北宋时，有位画家叫孙知微，专擅长人物画。一次，他受成都寿宁寺的委托，画一幅《九耀星君图》。他用心将图用笔勾好，人物栩栩如生，衣带飘飘，宛然仙姿，只剩下着色最后一道工序。恰好此时有朋友请去他饮酒，他放下笔，将画仔细看了好一会儿，觉得还算满意，便对弟子们说："这幅画的线条我已全部画好，只剩下着色，你们须小心些，不要着错了颜色，我去朋友家有事，回来时，希望你们画好。"孙知微走后，弟子们围住画，反复观看老师用笔的技巧和总体构图的高妙，互相交流心得。有人说："你看那水暖星君的神态多么逼真，长髯飘洒，不怒而威。"还有的说："菩萨脚下的祥云环绕，真正的神姿仙态，让人肃然起敬。"其中有一个叫童仁益的弟子，平时专门卖弄小聪明，喜欢哗众取宠，只有他一个人装模作样地一言不发。

有人问他："你为什么不说话，莫非这幅画有什么欠缺？"童仁益故作高深地说："水暖星君身边的童子神态很传神，只是他手中的水晶瓶好像少了点东西。"众弟子说："没发现少什么呀。"童仁益说："老师每次画瓶子，总要在瓶中画一枝鲜花，可这次却没有。也许是急于出门，来不及画好，我们还是画好了再着色吧。"童仁益说着，用心在瓶口画了一枝艳丽的红莲花。孙知微从朋友家回来，发现童子手中的瓶子生出一朵莲花，又气又笑地说："这是谁干的蠢事，若仅仅是画蛇添足倒还罢了，这简直是弄巧成拙嘛。童子手中的瓶子，是水暖星君用来降服水怪的镇妖瓶，你们给添上莲花，把宝瓶变成了普通装花的瓶，岂不成了天大笑话。"说着，把画撕个粉碎。众弟子看着童仁益，默默低头不语。

怒不可遏

【词义】遏：止。愤怒地难以抑制。形容十分愤怒。

【出处】清·李宝嘉《官场现形记》第二十七回："却说贾大少爷正在自己动手掀王师爷的铺盖，被王师爷回来从门缝里瞧见了，顿时气愤填膺，怒不可遏。"

【例句】他的话引得父亲大发雷霆，怒不可遏。

P

盘根错节

【词义】盘：盘曲；错：交错；节：枝节。树木的根枝盘旋交错。比喻事情纷难复杂。

【出处】《后汉书·虞诩传》："不遇盘根错节，何以别利器乎！"

【例句】这棵百年的大榕树，长得盘根错节，枝叶茂密。

【典故】东汉时有个人名叫虞诩，他从小就是孤儿，由祖母把他养大。他为了报答祖母的养育之恩，一直侍奉祖母到九十岁高龄寿终正寝后，才应太尉李修的聘请到他府里任职。

这时，西羌和匈奴突然入侵，北方的并州和西方的凉州同时受到严重的威胁。大将军邓骘认为，与其兵分两地驻守，分散实力，还不如集中兵力防守并州而弃凉州，朝廷中不少大臣也附和邓骘的意见。只有虞诩独排众议，他对太尉李修提出自己的看法："凉州的百姓不但熟习军事，而且个个英勇善战，西羌之所以不敢侵入关中，也是因为畏惧凉州的百姓，而凉州百姓一向认为自己是大汉的一脉，才义无反顾地牺牲一切来捍卫国家。今天如果照邓将军意见，舍弃凉州，那对整个局势恐怕只有害处而没有好处吧！"

邓骘听到了虞诩的意见，认为虞诩是故意和自己作对，怀恨在心，一直想找机会进行报复。

过了没多久，朝歌发生民变，老百姓纷纷武装起来与地方政府对抗，常常有地方官吏被杀的事发生，朝廷虽然一再派兵去镇压，却始终没法平息。邓骘看到这是一个很好的报复机会，便找了个理由，把虞诩调去当朝歌的县令。虞诩的亲朋好友知道后，都很为他担心，认为这次去一定凶多吉少，没有一个不替他抱不平的。可是虞诩却很有信心地笑着说："一个有抱负、有志气的人，绝不会避开困难的事而专门去找容易的事来做。这就像我们在砍树时，如果不遇到坚硬牢固的盘根错节，就显不出斧头的锋利一样。我去出任朝歌县令，又有什么可怕的呢？"

后来，虞诩到了朝歌，很快表现出他出色的政治才能，平息了当地官民之间的纠纷和动乱。朝廷认为他有将帅之才，把他升为武都太守。不久以后，他又率兵大破羌人，为国家立下不少汗马功劳，官至尚书仆射。

庞然大物

【词义】庞然：高大的样子。指高大笨重的东西。现也用来形容表面上很强大但实际上很虚弱的事物。

【出处】唐·柳宗元《黔之驴》:"虎见之,庞然大物也,以为神,蔽林间窥之。"

【例句】我仔细一看，海里的那个庞然大物原来是一头巨鲸。

抛砖引玉

【词义】抛出砖去，引回玉来。比喻用自己不成熟的意见或作品引出别人更好的意见或好作品。

【出处】北宋·释道原《景德传灯录》:"大众晚参，师云:'今夜答话去也，有解问者出来。'时有一僧便出,礼拜,师曰:'比来抛砖引玉,却引得个迢子。'"

【例句】我的这些话不过是抛砖引玉，希望能引起大家发言的兴趣，请各位谈谈自己的高论吧。

【典故】唐代高僧从谂禅师，主持赵郡观音院多年。相传他对僧徒参禅要求极严，必须人人静坐敛心，集中专注，绝不理会外界的任何干扰，达到凝思息妄、身心不动的入定境界。有一天，众僧晚参，从谂禅师故意说:"今夜答话，有闻法解悟者出来。"此时徒众理应个个盘腿正坐，闭目凝心，不动不摇。恰恰有个小僧沉不住气，竟以解悟者自居，走出礼拜。从谂禅师瞟了他一眼，缓声说道:"刚才抛砖引玉，却引来一块比砖还不如的土坯!"

另外,有一个抛砖引玉的故事。据《历代诗话》《谈证》等书记述:唐代诗人赵嘏，以佳句"长笛一声人倚楼"博得大诗人杜牧的赞赏，人们因此称赵嘏为"赵倚楼"，当时另有一位名叫常建的诗人，一向仰慕赵嘏的诗才。他听说赵嘏来到吴地，料他一定会去灵岩寺游览，便先赶到灵岩，在寺前山墙上题诗两句，希望赵嘏看到后能添补两句，续成一首。果然赵嘏游览灵岩寺看到墙上两句诗，不由诗兴勃发，顺手在后面续了两句，补成一首完整的绝诗。常建的诗没有赵嘏写得好，他以较差的诗句引出赵嘏的佳句,后人便把这种做法叫作抛砖引玉。其实,常建、赵嘏并非同时代人，他们各自的活动年代相距百年之久，续诗之说不可信，只是由于这段故事很出名，人们也就承认它是成语"抛砖引玉"的出处之一。

刨根究底

【词义】比喻追究底细，问事问根本，看事看内在。

【出处】《收获》1981年第4期:"我从来不喜欢打听姑娘们的事，也懒得为此去刨根究底。"

【例句】你不要理会他，他这个人总是喜欢这样刨根究底!

蓬荜生辉

【词义】蓬荜:编蓬草、荆竹为门，形容穷苦人家。使寒门增添光辉(多用作宾客来到家里，或赠送可以张挂的字画等物的客套话)。

【出处】元·秦简夫《剪发待宾》第三折:"贵脚踏于贱地，蓬荜生光。"

【例句】县长的到来令这间小屋蓬荜生辉。

蓬首垢面

【词义】头发很乱，脸上很脏。旧时形容贫苦人生活条件很差的样子。也泛指没有修饰。

【出处】《魏书·封轨传》:"君子正其衣冠，尊其瞻视，何必蓬头垢面，然后为贤?"

【例句】他虽然蓬首垢面，相貌却依稀未改。

披肝沥胆

【词义】披:披露;沥:往下滴。比喻真心相见，倾吐心里话。也形容非常忠诚。

【出处】①唐·黄滔《启裴侍郎》:"沾巾堕睫，沥胆披肝,不在他门,誓于死节。"②北宋·司马光《体要疏》:"虽访问所不及，犹将披肝沥胆，以效其区区之忠。"

【例句】既然是好朋友,就应该披肝沥胆,以诚相待。

披坚执锐

【词义】穿着铁甲，拿着武器。形容全副武装。

【出处】《战国策·楚策》："吾被坚执锐，赴强敌而死，此犹一卒也，不若奔诸侯。"

【例句】战士们披坚执锐，热血沸腾。

【典故】秦朝末年，项梁和项羽拥立楚怀王的孙子熊心为楚怀王起兵反秦，秦朝大将章邯派王离、涉间率军围困赵国，楚怀王派宋义为上将军、项羽为副将率军去救赵国。宋义到安阳后不进军，对项羽说："披坚执锐我不如你，运用计谋你不如我。"

皮开肉绽

【词义】绽：裂开。皮肉都裂开了。形容伤势严重。多指受残酷拷打。

【出处】元·关汉卿《包待制三勘蝴蝶梦》第二折："浑身是口怎支吾，恰似个没嘴的葫芦，打的来皮开肉绽损肌肤。"

【例句】他被打得皮开肉绽，鲜血直流。

皮之不存，毛将焉附

【词义】皮都没有了，毛往哪里依附呢？比喻事物失去了借以生存的基础，就不能存在。

【出处】《左传·僖公十四年》："皮之不存，毛将安傅？"

【例句】皮之不存，毛将焉附，没有土地，又怎么搞农业呢？！

【典故】魏文侯外出游历，看见路上有个人反穿着皮衣背草料，魏文侯问："为什么反穿这皮衣背草料？"那人回答说："我喜爱我皮衣上的毛。"魏文侯说："你不知道如果皮被磨光，毛也就没地方依附了吗？"第二年，东阳官府送来上贡的礼单，上交的钱增加了十倍。大夫全来祝贺。魏文侯说："这不是你们应该祝贺我的。打个比方，这同那个在路上反穿皮衣背柴火的人没有什么不同，既要爱惜皮衣上的毛，又不知道那个皮没有了，毛就无处附着这个道理。现在我的田地没有扩大，官民没有增加，而钱增加了十倍，这一定是求助士大夫的计谋才征收到的。我听说过这样的话：百姓生活不安定，帝王也就不能安坐享乐了。这不是你们应该祝贺我的。"

翩若惊鸿

【词义】比喻美女的体态轻盈。

【出处】三国·魏·曹植《洛神赋》："（洛神）其形也，翩若惊鸿，婉若游龙。"

【例句】往事一桩桩一幕幕呈现在眼前，她的身影翩若惊鸿，一下子变得清晰起来。

平步青云

【词义】平：平稳，稳当；步：登上，行步；青云：青天。指人一下子轻易登上很高的官位。

【出处】《史记·范雎蔡泽列传》："须贾顿首言死罪，曰：'贾不意君能自致于青云之上。'"

【例句】两年前的小陈还生活潦倒，不料眨眼间他就平步青云，成了名人。

【典故】魏国有一个叫范雎的人，他想说服魏王重用他，苦于没有适当的机会。有一次，范雎随须贾到齐国去，齐王非常欣赏他的才华，便送了许多金钱和礼物给他，这让须贾十分嫉妒，回国后就禀报宰相，说范雎私通齐国。宰相听了就叫人把范雎抓了起来，还把他打得遍体是伤，最后还是他装死才被门人救出来。他一直躲在一位好朋友——郑安平家里。后来，郑安平把他介绍给秦王，秦王让他做了秦国的宰相，范雎便主张攻打魏国。魏王知道后很害怕，就派须贾去求和。须贾来到秦国宰相府，对范雎叩头说：我没料到您靠自己的能力，平步青云，如今做到宰相职位。我犯了死罪，请把我送走吧，我再也不参加各国的事，如今我的生死全在您的手上了。

平淡无奇

【词义】奇：特殊的。指事物或诗文平平常常，没有吸引人的地方。

【出处】郭沫若《海涛集·涂家埠》："江西境内的风物，太平淡无奇了，这儿和长江沿岸所见到的别无二致。"

【例句】这篇文章平淡无奇，像记流水账一样。

平心静气

【词义】心情平和，态度冷静。

【出处】清·曹雪芹《红楼梦》第七十四回："且平心静气，暗暗访察，才能得这个实在；纵然访不着，外人也不能知道。"

【例句】你平心静气地好好想一想，不要轻易做选择。

萍水相逢

【词义】浮萍随水漂泊，聚散不定。比喻向来不认识的人偶然相遇。

【出处】唐·王勃《秋日登洪府滕王阁饯别序》："萍水相逢，尽是他乡之客。"

【例句】虽然是萍水相逢，但大家却谈得很投机。

【典故】王勃，字子安，唐初著名的文学家。他少年时便很有才学，六岁就能写文章，而且写得又快又好；十四岁时就能即席赋诗。王勃与杨炯、卢照邻、骆宾王以文辞齐名，合称"初唐四杰"。他十五岁应举及第，曾经担任参军（将军府的重要幕僚），后因罪免官。公元676年，王勃去交趾（今越南境内）探望做县令的父亲。途经洪都（今江西南昌）时，都督阎伯屿因重修的滕王阁落成，定于九月九日重阳节在那里宴请文人雅士和宾客朋友。他的女婿吴子章很有文才，阎伯屿叫他事先写好一篇序文，以便到时当众炫耀。王勃是当时有名文士，也在被请之列。宴会上，阎伯屿故作姿态，请来宾为滕王阁作序。大家事先都无准备，所以都托辞不作。请到王勃时，他却并不推辞，当场挥毫疾书，一气呵成，写就了著名的《滕王阁序》，各宾客看了一致称好。阎伯屿读后也深为钦佩，认为这篇序文比自己女婿写的要高明得多，也就不再让吴子章出场著文了。《滕王阁序》构思精绝，文气通顺畅达，而又纵横交错。序文在铺叙盛会胜景的同时，也流露出王勃壮志难酬的感慨："关山难越，谁悲失路之人？萍水相逢，尽是他乡之客。"这几句的意思是：关山重重，难以攀越，有谁为失路的人悲哀？今天与会的人像萍浮水面，偶然相遇，都是他乡之客。表达了他生不逢时，慨叹自己命运不佳的心情。不久，王勃离开洪都，前往交趾。不幸的是在渡海时遇难，死时才26岁。

魄散魂飞

【词义】形容非常恐惧害怕。

【出处】元·无名氏《百花亭》第三折："可正是船至江心补漏迟，只着我魄散魂飞。"

【例句】这场车祸，让他吓得魄散魂飞，脸色惨白，活像个死人。

扑朔迷离

【词义】指难辨兔的雌雄。形容事情错综复杂，难以辨别清楚。

【出处】古乐府《木兰诗》："雄兔脚扑朔，雌兔眼迷离，双兔傍地走，安能辨我是雄雌？"

【例句】这件事错综复杂，虽经多方核查，仍给人以扑朔迷离之感，使之难明真相。

【典故】古时候，有个女孩叫花木兰，她是个非常勤劳孝顺的姑娘。木兰织得一手好布，有一天，她却一直留在自己的闺房，坐在窗前叹气。她的母亲觉得很奇怪，就问她有什么心事。木兰在母亲的一再追问下，不得不说："没有什么心事，只是昨晚看见国王征兵的文书，那上面有父亲的名字，可是父亲的年纪大了，已经经不起征战的辛劳，小弟弟年龄又小，不能代替。女儿我就为这件事焦急。”停了一会儿，木兰又说：“我从小跟父亲练就一身好武功，可以替父亲去从军。”母亲为难地说：“可你是个女孩儿，怎么能去从军呢？”木兰坚定地说：“我有办法。”征期到了，花木兰女扮男装告别了父母，随大军到了边塞作战。战争中，木兰表现得很勇敢，立了很多大功。经过十多年的艰苦战斗，战争终于结束，木兰胜利归来。论功行赏，皇帝要赏给木兰很多钱物，并封她为尚书郎。但是木兰说：“感谢皇上恩典，但我不想做官，只求皇上允许我回到故乡与父母团聚。”皇上答应了木兰的请求。木兰回到家，立刻来到自己房里，换上女孩穿的衣服，梳好辫子，戴上花，露出自己原来女孩的模样走出来。送木兰回来的同伴们一见，都十分惊奇地说：“哎呀，同行这么多年，怎么不知你是个女孩儿。”后来有人为此写了一首《木兰诗》。诗的最后几句是：“雄兔脚扑朔，雌兔眼迷离。双兔傍地走，安能辨我是雄雌？”意思是：提着兔子的耳朵悬在半空时，雄兔两只前脚时时动弹，雌兔两只眼睛时常眯着，所以容易辨认。如果两只兔子贴着地面并排跑，谁能分辨出哪个是雄兔、哪个是雌兔呢？这个成语指事物在人心目中模糊不清、难以看清真相。

Q

七上八下

【词义】形容心里慌乱不安。

【出处】宋·宗杲说《大慧普觉禅师语录》：“方寸里七上八下，如咬生铁橛，没滋味时，切莫退志。”

【例句】哥哥外出，妈妈心里总是七上八下的，担心出事。

期期艾艾

【词义】形容口吃的人吐词重复，说话不流利。

【出处】西汉·司马迁《史记·张丞相列传》：“臣口不能言，然臣期期知其不可。”

【例句】这件事让我感情激动，使我说话期期艾艾了。

欺世盗名

【词义】欺骗世人，窃取名誉。

【出处】《荀子·不苟》：“夫富贵者则类傲之，夫贫贱者则求柔之。是非仁人之情也，是奸人将以盗名于暗世者也，险莫大焉。”

【例句】他是个欺世盗名、混淆视听、不可信任的人。

【典故】春秋时期，卫国大夫史鱼多次向卫灵公提建议，希望他重用贤人蘧伯玉，赶走小人弥子瑕。但卫灵公正和弥子瑕打得火热，对史鱼的话根本听不进去。

史鱼当了一辈子的官，既没有办法使卫灵公走正道，又没有本事让卫国发展得更好。他临死的时候对儿子说：“我生前没能说服国君，使他改正过失，这是令人遗憾的。我死后你们不要成殓。”卫灵公听到了史鱼的临终遗言，后悔得不得了。

战国时期，齐国有一个名叫田仲的人，他的哥哥是个大官，非常有钱。田仲明明可以借哥哥的力量改变自己的生活，但他一不去谋取官位，二不接受他哥哥在经济上的援助，闷头种田，自食其力。

战国时期的哲学家荀子在《不苟》一文中，对史鱼和田仲两人的情况加以评论，说他们都是奸人，用欺骗的手段来盗取名声。

奇货可居

【词义】指把少有的货物囤积起来，等待高价出售。也比喻拿某种专长或独占的东西作为资本，等待时机，以捞取名利地位。

【出处】《史记·吕不韦列传》：“子楚……居处困，不得意。吕不韦贾邯郸，见而怜之，曰：此奇货可居。’”

【例句】你不要以为自己有了点资本，奇货可居，小心栽跟头。

【典故】战国时候，有个大商人吕不韦到赵国的京城邯郸做生意。一个很偶然的机会，在路上他发现一个气度不凡的年轻人。有人告诉他说："这个年轻人是秦昭王的孙子，太子安国君的儿子，名叫异人，正在赵国当人质。"当时，秦赵两国经常交战，赵国有意降低异人的生活标准，弄得他非常贫苦，甚至天冷时连御寒的衣服都没有。吕不韦知道这个情况后，立刻想到，在异人的身上投资会换来难以计算的利润。他不禁自言自语说："此奇货可居也。"意思是把异人当作珍奇的物品贮藏起来，等候机会，卖个大价钱。吕不韦回到寓所，问他父亲："种地能获多少利？"他父亲回答说："十倍。"吕不韦又问："贩运珠宝呢？"他父亲又答说："百倍。"吕不韦接着问："那么把一个失意的人扶植成国君，掌管天下钱财，会获利多少呢？"他父亲吃惊地摇摇头，说："那可没办法计算了。"吕不韦听了他父亲的话，决定做这笔大生意。他首先拿出一大笔钱，买通监视异人的赵国官员，结识了异人。他对异人说："我想办法，让秦国把你赎回去，然后立为太子，那么，你就是未来的秦国国君。你意下如何？"异人又惊又喜地说："那是我求之不得的好事，真有那一天，我一定重重报答你。"吕不韦立即到秦国，用重金贿赂安国君左右的亲信，把异人赎回秦国。安国君有二十多个儿子，但他最宠爱的华阳夫人却没有儿子。吕不韦给华阳夫人送去大量奇珍异宝，让华阳夫人收异人为嗣子。秦昭王死后，安国君即位，史称孝文王，立异人为太子。孝文王在位不久即死去，太子异人即位为王，即庄襄王。庄襄王非常感激吕不韦拥立之恩，拜吕不韦为丞相，封文信侯，并把河南洛阳一带的十二个县作为封地，以十万户的租税作为俸禄。庄襄王死后，太子政即位，即秦始皇，称吕不韦为仲父。吕不韦权倾天下。

奇形怪状

【词义】不同一般的，奇奇怪怪的形状。

【出处】唐·房玄龄等《晋书·温峤传》："至牛渚矶，水深不可测。世云其下多怪物，峤遂燃犀角而照之，须臾，见水族覆出，奇形怪状，或乘马车，著赤衣者。"

【例句】公园里，那奇形怪状的石山脚下，是一条宛如玉带的涓涓细流。

骑虎难下

【词义】骑在老虎背上不能下来。比喻做一件事情进行下去有困难，但情况又不允许中途停止，陷于进退两难的境地。

【出处】唐·房玄龄等《晋书·温峤传》："今之事势，义无旋踵，骑猛兽安可中下哉。"

【例句】因为当初没人，我勉强承担这个活，到现在已是骑虎难下了。

【典故】东晋成帝的时候，大臣温峤组织了一支联军去讨伐叛乱。战争初期，有几路联军连连失利，军中粮食也快用完了。这种境况很让主帅陶侃着急，他生气地对温峤说："你动员我来时，说一切都已安排妥当，现在交战不久，军粮就快完了，如果不能马上供应军粮，我只有撤军。"温峤对陶侃说："自古以来，要想打胜仗，首先得内部团结。现在我军虽然乏粮，处境困难，可如果马上撤军，不仅会让人耻笑我们，而且也会使叛军更加嚣张。我们目前的处境，正如骑在猛兽的身上，不把猛兽打死，怎么能够下得来呢？咱们只有一鼓作气坚持到底呀！"陶侃接受了温峤的劝说，率军奋勇杀敌，终于打败了叛军。温峤劝说陶侃的"骑猛兽安可下哉"一句话，后来演变成了成语"骑虎难下"。

杞人忧天

【词义】杞：周代诸侯国名，在今河南杞县一带。杞国有个人怕天塌下来。比喻不必要的或缺乏根据的忧虑和担心。

【出处】《列子·天瑞》："杞国有人忧天地崩坠，身亡所寄，废寝食者。"

【例句】他总是担心小李因路太远不能及时赶来，真是杞人忧天。

【典故】从前在杞国，有一个人胆子很小，而且有点神经质，他常会想到一些奇怪的问题，而让人觉得莫名其妙。有一天，他吃过晚饭后，拿了一把大蒲扇，坐在门前乘凉，并且自言自语地说："假如有一天，天塌了下来，那该怎么办呢？我们岂不是无路可逃，而将活活被压死？"从此以后，他几乎每天为这个问题发愁、烦恼，朋友见他终日精神恍惚，脸色憔悴，都很替他担心。当大家知道原因后，都跑来劝他说："老兄啊，你何必为这件事自寻烦恼呢？天空怎么会塌下来呢？再说即使真的塌下来，那也不是你一个人忧虑发愁就可以解决的啊，想开点吧！"可是，无论人家怎么说，他都不相信，仍然时常为这个不必要的问题担忧。后来的人就根据上面这个故事，引申出"杞人忧天"这个成语，它告诫人们不要为一些不切实际的事情而忧愁，它与"庸人自扰"的意义大致相同。

气喘如牛

【词义】形容大声喘气的模样。

【出处】清·文康《儿女英雄传》第三十九回："脸是喝了个漆紫，连乐带忙，一头说着，只张着嘴，气喘如牛的拿了条大手巾擦那脑门子上的汗。"

【例句】明明刚跑完四百米，就气喘如牛地问：我用了多长时间？

气势磅礴

【词义】磅礴：广大无边的样子。形容气势雄伟壮大。

【出处】南宋·文天祥《文山集·指南后录·正气歌》第十四卷："是气所磅礴，凛冽万古存。"

【例句】气势磅礴的万里长城是伟大的中华民族精神的象征。

气宇轩昂

【词义】形容人精力充沛，风度不凡。

【出处】宋·蔡绦《铁围山丛谈》卷三："林中书彦振摅气宇轩昂。"明·凌濛初《初刻拍案惊奇》卷十："朝霞见韩生气宇轩昂，丰神俊朗，才貌甚是相当。"

【例句】林校长知识渊博，气宇轩昂，很受全校师生的景仰。

千变万化

【词义】形容变化极多。

【出处】①《列子·周穆王》："乘虚不坠，触实不硋，千变万化，不可穷极。"②《史记·贾谊列传》："千变万化兮，未始有极。"

【例句】世界上各种事物的发展，虽然千变万化，但都有它自己的规律，都是可以被认识的。

【典故】据传说，周穆王有八匹骏马，日行千里，深受宠爱。他非常喜欢游玩，曾经接受西王母的邀请，参加过瑶池盛会。一天，周穆王从昆山返回合山，途中听说有个叫偃师的人，手艺精巧，制作的动物能叫会跑。他有些不大相信，立即召见偃师，问："听说你能造出各种精巧的玩意儿，拿出一件，让我看看。"第二天，偃师带上木头雕成的假人拜见穆王。穆王看这些假人五官齐全，眉毛胡子像真人一样，觉得很吃惊。穆王问偃师："你雕的这些人都能动吗？"偃师说："不但能动，而且能唱歌、跳舞。就像真人一样。"穆王说："让他们表演起来，我看比真人差多少。"偃师用鼓声指挥木头人开始动作，木头人按着鼓声的节奏，摆开阵势，进行攻守，但见木头人手执刀枪剑棍攻杀、防守，进退有序，一会排成一字长蛇阵，一会又变成十面埋伏，继而化作九宫八卦阵、六花阵、七星阵、八门阵，阵势千变万化，把穆王看得眼花缭乱，非常高兴。他觉得如此新奇的玩意儿不让妃子欣赏一番，实在有些遗憾，于是命令宫女请妃子一同观看。偃师见嫔妃到来，有意卖弄本领，便说："刚才表演的阵容气势太激烈，不宜在娘娘们面前施展，还是来番歌舞，换换口味吧。”偃师拿起云板，吹响笙簧，木头人引吭高歌。歌声婉转悠扬，忽而如百鸟朝凤，莺声燕语，回响不已；忽而如猿啼三峡，哀怨凄恻，催人泪下；忽而如龙吟深潭，虎啸幽谷，气势磅礴。穆王和众妃子都沉醉在悦耳动听的歌曲声中。偃师把鼓板的节拍略加变动，木头人在歌声中舒卷长袖，行云流水般舞动起来，舞姿优美，或如雨中荷花，争红吐艳；或如风吹杨柳，摇曳生姿。其中一个木头人，还频频向妃子挤眉弄眼，好像是在调情，被穆王发现了。他非常生气，认为是行为不端，有意调戏，便下令将挤眉弄眼的木头人斩首。偃师知道这是引起了误解，急忙将木头人拆散。穆王一看，木头人不过是用皮革、颜料、马尾毛、木头制成的，不由笑了起来。演出结束，穆王惊叹不已说：“太妙了，简直像神仙一样。”

千呼万唤

【词义】形容再三催促。

【出处】唐·白居易《琵琶行》：“千呼万唤始出来，犹抱琵琶半遮面。”

【例句】任凭你千呼万唤，他总是置若罔闻。

【典故】唐朝大诗人白居易用诗歌为民请命，得罪了当时的权贵。因此被贬到江州做司马。他来到浔阳江边与即将离别的朋友送行，风吹着芦苇传来阵阵凄凉。他们上船喝起了酒来，江面上传来一阵琵琶声。他们驱船靠近，千呼万唤才见到那位犹抱琵琶半遮面的佳人。

千山万壑

【词义】壑：山沟。山峦连绵，高低重叠。

【出处】唐·杜甫《咏怀古迹五首》：“群山万壑赴京门，生长明妃尚有村。”

【例句】这一带千山万壑，地势非常险要。

千载难逢

【词义】一千年里也难碰到一次。形容机会极其难得。

【出处】唐·韩愈《韩昌黎全集·潮州刺史谢上表》：“当此之际，所谓千载一时不可逢之嘉会。”

【例句】我有幸到南极去考察，这真是个千载难逢的机会。

【典故】唐代著名的文学家韩愈，小时候就成为孤儿，由他的嫂子抚养。他刻苦自学，年轻时就博览群书，在学问方面打下了坚实的基础。三十五岁到京城，担任国子监博士，后来又被提升为刑部侍郎。当时佛教盛行，连唐宪宗也很崇尚佛教。他听说有座寺院里安放着一块佛祖释迦牟尼的遗骨，便准备兴师动众，把它迎进宫里礼拜。韩愈对此很反感，写了一篇《谏迎佛骨表》加以反对。其中提到，佛教传入中国后，帝王在位时间都不长，想拜佛求保佑的，结局必然是悲惨的。唐宪宗看了这表，十分恼怒，认为韩愈不只是故意与自己作对，而且用历史来影射自己活不长。为此，要将韩愈处死，亏得宰相为他说情，才改为贬职，到潮州任刺史。

唐朝中期，中央统治权力日益削弱。宪宗执政后，改革了前朝的一些弊政，因此中央政权的统治有所加强。被贬到潮州的韩愈，针对这一情况，再次给宪宗上了《潮州刺史谢上表》，极力为宪宗歌功颂德，以便重新得到信任，回到朝廷工作。在这道表中，韩愈恭维宪宗是扭转乾坤的中兴之主，并且建议宪宗到泰山去“封禅”。封禅，是一种祭祀天地的大典。古人认为五岳中泰山最高，登到山顶筑坛祭天称“封”，在山甫梁父山上辟基祭地叫“禅”。历史上有名的秦始皇和汉武帝，都曾举行过这种大典。韩愈这样建议，是把宪宗当作有杰出贡献的帝王。韩愈还在这道表中隐约地表示，希望宪宗也让他参加封禅的盛会，并说如果他不能参加这个千年难逢的盛会，将会引为终身的遗憾。

后来，宪宗把他调回京都，让他担任吏部侍郎。

前倨后恭

【词义】倨：傲慢；恭：恭敬。以前傲慢，后来恭敬。形容对人的态度改变。

【出处】①《战国策·秦策一》："苏秦曰：'嫂何前倨而后卑也。'"②《史记·苏秦列传》："苏秦笑谓其嫂曰：'何前倨而后恭也？'"

【例句】这个售货员刚才对我大声呵斥，现在却热情有礼，前倨后恭，令我大惑不解，仔细一看，原来是检查工作的领导来了。

【典故】苏秦周游列国，向各国国君阐述自己的政治主张，但无一个国君欣赏他。苏秦只好垂头丧气，穿着旧衣破鞋回到家乡洛阳。家人见他如此落魄，都不给他好脸色，苏秦的嫂子不给做饭，还狠狠训斥了他一顿。这件事大大刺激了苏秦，经过一年的苦心揣摩，苏秦掌握了当时的政治形势，在周游列国时说服了当时的齐、楚、燕、韩、赵、魏六国合纵抗秦，并被封为"纵约长"，做了六国的丞相。苏秦衣锦还乡后，他的亲人一改往日的态度，都"四拜自跪而谢"，其嫂更是"蛇行匍匐"。面对此景，苏秦对嫂子说："嫂子为什么之前那么傲慢，而现在又那么恭敬呢？"

前仆后继

【词义】仆：倒下；继：接着，跟上。前面的倒下了，后面的紧跟上去。形容斗争的英勇壮烈。

【出处】唐·孙樵《祭梓潼神君文》："跛马愠仆，前仆后踣。"

【例句】无数革命先烈前仆后继，奋斗牺牲，他们的革命精神万古长青。

浅尝辄止

【词义】辄：就。略微尝试一下就停下来。指不深入钻研。

【出处】清·彭养鸥《黑籍冤魂》："此物非不可尝，苟文人墨客，浅尝辄止，用以悦性陶情，有何不可？"

【例句】我们提倡刻苦学习，深入钻研，浅尝辄止是学不到什么东西的。

悄然无声

【词义】悄然：寂静无声的样子。静悄悄的，听不到一点声音。

【出处】唐·白居易《琵琶行》："东舟西舫悄无言，惟见江心秋月白。"

【例句】寂静的夜里，除了桌上的闹钟在滴答，四周悄然无声。

巧夺天工

【词义】夺：胜过。人工的精巧胜过天然。形容技艺十分巧妙。

【出处】晋·郭璞《葬书》："微妙在智，触类而长，玄通阴阳，巧夺造化。"

【例句】这个公园里的假山，结构新奇巧妙，真可以说是巧夺天工。

【典故】甄氏是中山郡无极县人，其祖父甄邯曾任汉太保，世袭颁布俸禄二千石。他的父亲甄逸，曾任上蔡县（今河南上蔡县）令。甄氏三岁时，父亲病故。甄氏天资聪明，九岁时经常到书房外偷听哥哥们读书，常用诸兄笔砚写字。在此执教的老师，为甄氏的好学精神所感动，便破例收下了这个女学生。长大后，甄氏才学见识名冠当时，尤以诗作见长；而其貌之美，可以倾国。当地有一算命先生，颇有些名气，据说能算出一个人的未来吉凶。甄夫人请算命先生为女儿看相算命，算命先生一见甄氏姑娘，大吃一惊，说："此女将来贵不可言！"当时，出身于四世三公大官僚家庭的袁绍，担任冀州（今河北省临漳县西南邺城）牧，他的第二个儿子袁熙尚未成亲。袁熙听说甄氏才学出众，貌若天仙，而且是官宦人家出身，门当户对，请求父亲派人去提亲，这样，甄氏便嫁到了袁家。后来，袁绍在与各地方势力的混战中取胜，他的三个儿子也各领一州。但好景不长，公元200年袁绍在官渡之战中被曹操打败，不久吐血而亡，他的次子袁熙不久也被公孙康杀死。

此时，袁绍的夫人刘氏和甄氏一起住在邺城（汉献帝被曹操迎接迁都至许昌，任命袁绍为太尉、封邺侯，故家眷居邺）。曹操的长子曹丕破邺城后进入袁府，见到甄氏即被她的美貌所惊呆，他当即要她理一下披散的头发，见甄氏脸上有泪痕，便递过去手帕让她擦脸。临走时，留下一队卫兵保护袁府，不许外人闯入。不久，曹丕禀明曹操，派人把甄氏接到自己府里，与她喜结良缘。自此曹丕对甄氏宠爱无比，百依百顺。曹操死后，曹丕代汉称帝，建立了魏国，甄氏被立为皇后。当时甄氏已年过四十岁，容颜衰败。为了能使曹丕长久宠幸自己，她每天早晨都要花很长时间梳洗打扮。据说在她宫室前的庭院中，有一条长得非常美丽的绿色的蛇，它嘴里时常含一颗红珠。每当甄皇后晨起梳妆打扮的时候，它就在她面前摞成奇巧的形状。甄皇后后来注意到，这条蛇每天不同的形状，从来不重复。于是，她就模仿它的形状梳头。时间久了，甄皇后的头发虽然是用人工梳成的，但它的精致巧妙可称得上“巧夺天工”。

巧取豪夺

【词义】巧取：软骗；豪夺：强抢。旧时形容达官富豪谋取他人财物的手段。现指用各种方法谋取财物。

【出处】北宋·苏轼《次韵米黻二王书跋尾》：“巧取豪夺古来有，一笑谁似痴虎头。”

【例句】这种巧取豪夺的行为，实在令人发指。

【典故】宋朝大书法家、大画家米芾的儿子米友仁（字元晖），家学渊源，也和他父亲一样，既写得一手好字，又长于作画，尤其喜欢古人的作品。

有一次，他在别人的船上，看见王羲之真笔字帖，非常喜欢，立即要拿一幅好画交换。主人不同意，他急得大叫，攀着船舷竟往水里跳，幸亏别人把他抱住，才不致落水。他有一样很大的本领，便是模仿古人的画品。他在涟水的时候，曾经向人借回一幅“松牛图”描摹。后来他把真本留下，拿摹本还给人，这人当时没有觉察出来，拿着走了。直至过了好多日才来讨还原本。米友仁问他怎么看得出来，那人回答说：“真本中的眼睛里面，有牧童的影子，而你还我的这一幅却没有。”米友仁模仿古人的画品，很少被人发觉他的摹本是假的。他经常千方百计向人借古画描摹，而摹完以后，总是拿摹本和真本一齐送给主人，请主人自己选择。

由于他模仿古画的技艺很高超，把摹本摹得和真本一模一样，主人往往把摹本当成真本收回去，米友仁便因此获得了许多名贵的真本古画。米友仁是一个有才能的艺术家，值得人们敬仰，又是一个古画的爱好者和欣赏者，让人们更了解古画的妙处和价值。可是他用模仿的假本巧妙地换取别人真本的行为，却是叫人鄙弃和不齿的。所以有人把他这种用巧妙方法骗取别人真本古画的行为，叫作巧偷豪夺，后来的人又引申成“巧取豪夺”这个成语，用来形容人以不正当的巧妙方法，攫取自己不应得的财物。

巧言令色

【词义】巧言：花言巧语；令色：讨好的表情。形容花言巧语，虚伪讨好。

【出处】《尚书·皋陶谟》：“何畏乎巧言令色孔壬。”

【例句】他这个人总是巧言令色，你可别上当受骗。

锲而不舍

【词义】锲：镂刻；舍：停止。不断地镂刻。比喻有恒心，有毅力。

【出处】《荀子·劝学》：“锲而舍之，朽木不折，锲而不舍，金石可镂。”

【例句】能否做成学问，除必要的天赋外，很大程度上取决于有无锲而不舍的精神。

【典故】战国末期，我国著名的哲学家和教育家荀况在《劝学》中教育人们做事情要有恒心和毅力，坚持不懈、持之以恒。这个词从字面上理解就是不停地雕刻，就连金属和石头那么硬的东西都可以镂穿。其中“镂刻”是一种精细的雕刻方式。在哲学思想方面，荀子认为自然发展有其客观的规律，反对天命，不迷信鬼神，认为人定胜天；还主张因地、因时制宜，充分发挥人的才能，促使万物发展。在教育方面，他写过一篇十分著名的文章——《劝学》，来阐明他的教育思想。《劝学》记述了他在教育、学习方面的很多理论，对后世影响十分深远。比如，他认为人接受教育、努力学习是非常必要的，这样才能“青出于蓝,而胜于蓝”,使学生超过老师，后人胜过前人。在《劝学》中，荀子还用镂刻金石来说明学习一定要持之以恒的道理。他写道：锲而舍之，朽木不折；锲而不舍，金石可镂。后人就是根据这里锲而不舍的意思总结出这个成语。这句话的意思是：如果镂刻而不能坚持下去，就连朽木也不会被折断;但若坚持一直不停地镂刻，就是金属、石头也会被镂穿。学习知识是一个由少到多、日积月累的过程，高深渊博的学识是一点一滴积累而成的，所谓“不积跬步，无以至千里；不积小流，无以成江海”。所以人们学习时一定要坚持不懈，只有这样才会取得成功。

琴瑟之好

【词义】比喻夫妻间感情和谐。

【出处】①《诗经·周南·关雎》：“窈窕淑女，琴瑟友之。”②《诗经·小雅·常棣》：“妻子好合，如鼓瑟琴。”

【例句】他俩海誓山盟，愿永结琴瑟之好。

青面獠牙

【词义】青面:脸上泛着青色;獠牙:露在外面的长牙。旧时神怪故事中形容凶神恶鬼的面貌。现形容人面貌极其凶恶。

【出处】明·张岱《水浒牌序》:“吴道子画地狱变相，青面獠牙，尽化作一团清气。”

【例句】他说，昨晚做了个可怕的梦，许多青面獠牙的小鬼向他扑来，吓得他出了一身冷汗。

青天白日

【词义】指大白天。也比喻明显的事情或高洁的品德。

【出处】唐·韩愈《与崔群书》：“青天白日，奴隶亦知其清明。”

【例句】这伙歹徒竟然在青天白日下干坏事。

轻而易举

【词义】形容事情容易做，不费力气。

【出处】《诗经·大雅·烝民》：“人亦有言，德輶如毛，民鲜克举之。”朱熹注：“言人皆言德甚轻而易举，然人莫能举也。”

【例句】这个团体冠军不是轻而易举得来的。

倾国倾城

【词义】倾：倾覆；城：国。原指因女色而亡国。后多形容妇女容貌极美。

【出处】东汉·班固《汉书·外戚传下·孝武李夫人》:“北方有佳人，绝世而独立，一顾倾人城，再顾倾人国。”

【例句】姐姐倾国倾城的美貌,真是迷倒了不少男士。

【典故】汉武帝时，音乐家李延年作了一首诗《佳人曲》:“北方有佳人，绝世而独立，一顾倾人城，再顾倾人国。宁不知倾城与倾国，佳人难再得。”这位佳人就是他的妹妹。武帝闻此曲后，遂纳其妹为妃，即史上所称的“李夫人”。李夫人貌美如花，通音律，善歌舞，很受武帝宠爱，后因病重，武帝时常前往探望，而李夫人始终背对武帝，不以正面侍君，说是病颜憔悴，怕有损在武帝心中的美好形象。李夫人死后，武帝在很长一段时间都对她怀念不已。白居易据此写了一首讽喻诗《李夫人》："汉武帝，初丧李夫人。夫人病时不肯别，死后留得生前恩。君恩不尽念不已，甘泉殿里令写真。丹青画出竟何益？不言不笑愁杀人。又令方士合灵药，玉釜煎链金炉焚。九华帐深夜悄悄，反魂香降夫人魂。夫人之魂在何许？香烟引到焚香处。既来何苦不须臾？缥缈悠扬还灭去。去何速兮来何迟？是耶非耶两不知。翠蛾仿佛平生貌，不似昭阳寝疾时。魂之不来君心苦，魂之来兮君亦悲。背灯隔帐不得语，安用暂来还见违。伤心不独汉武帝，自古及今皆若斯。君不见穆王三日哭，重壁台前伤盛姬。又不见泰陵一掬泪，马嵬坡下念贵妃。纵令妍姿艳质化为土，此恨长在无销期。生亦惑，死亦惑，尤物惑人忘不得。人非木石皆有情，不如不遇倾城色。"

罄竹难书

【词义】罄：尽，完；竹：古时用来写字的竹简。形容罪行多得写不完。

【出处】《旧唐书·李密传》："罄南山之竹，书罪无穷，决东海之波，流恶难尽。"

【例句】这名犯罪分子的罪行真的是罄竹难书。

【典故】李渊自从在太原起兵以后，自任为大将军，积极地向隋军进攻。这个时候，突厥的力量很强，李渊因为一方面担心突厥坏事，一方面又想借用胡人剽悍的胡马，所以听从别人的建议，向突厥的始毕可汗谈和，双方约定："若得攻入长安，民众土地归于唐，金玉缯帛归于突厥。"李渊为争取人心，大开粮仓，救济灾民，并且乘机招募义兵。然而，这些义兵都是乌合之众，没有经过检阅练习，所以带领起来万分辛苦。此时，李密在现在的河南省东部，拥有极大的力量，而且发表了一篇著名的檄文声讨隋炀帝，其中有："罄南山之竹，书罪无穷；决东海之波，流恶难尽。"这句话的意思是，用完南山的竹子做简策，也写不完炀帝的罪状。罄是用尽的意思。用东海的滔滔大水，也洗不完炀帝的罪恶。后来，我们用"罄竹难书"来形容罪状之多，写都写不完。自从这篇檄文一出，海内轰动，人人传阅，李密的声势如日中天，各地反隋的领袖如窦建德和徐圆朗等纷纷上表，劝请李密即天子位，李密却以为洛阳尚未拿下，还不必急在一时。因为李密的声势浩大，所以李渊想要来拉拢他，遣使通书。李密自以为力量雄厚，要求李渊率领步骑数千到河南来，当面缔结盟约，由李密自任盟主。李渊不敢得罪李密，却又不想跑到河南去。他笑着说："李密这个人如此夸矜自大，我正准备进兵关中，如果一口回绝他，等于平白多了一个敌人，不如拍拍他的马屁，使他更为骄傲，然后再慢慢观看鹬蚌相争，好来坐收渔利。"于是，李渊就命令温大雅回了一封书信给李密。信上说："天生万民，必有司牧，当今能为司牧，作为天子者，除了你还有什么人？老夫年逾知命为五十岁，没有这个野心了。愿意跟着大弟你，攀鳞附翼。"李密见到信，看得眉开眼笑，乐不可支。从此，对李渊深信不疑。

穷当益坚

【词义】空：穷困。处境越穷困，意志应当越坚定。

【出处】《后汉书·马援传》："丈夫为志，穷当益坚，老当益壮。"

【例句】穷当益坚，中国人民有生气，这样那样的困难又算得了什么！

茕茕孑立

【词义】孤身一人。形容一个人无依无靠，孤苦伶仃。

【出处】西晋·李密《陈情表》："外无期功强近之亲，内无应门五尺之童。茕茕孑立，形影相吊。"

【例句】他没有亲人，茕茕孑立，十分可怜。

【典故】晋武帝司马炎太康元年，晋灭东吴，所谓“降孙皓三分归一统”，结束了几十年的割据局面，统一了中国。晋武帝司马炎为了巩固一统，采取了有效措施，其中之一就是“广揽贤能”，着重于西蜀与东吴的遗老故臣，凡有声望的、有本事的，都极力笼络；笼络不成，就设法除去，以达到不为我用也不许为我害的目的。同时，把“以孝治天下”作为其伦理总纲，提倡孝父母，敬老人，抚恤孤寡。在“广揽”中，西蜀的一个故臣引起了司马炎很大的关注。此人姓李名密，又名虔，字令伯，武阳人。生下六个月时丧父；四岁时，其母何氏改嫁；靠祖母刘氏抚养成人。西蜀时，官居尚书郎，是个不大不小却很重要的官。入晋后，蜀地的先后两名地方官都曾推荐李密做官，可李密却故国难忘，不肯出仕，都借故谢绝了。司马炎格外看重他，特地下了一道诏书，要李密做供职于宫廷的郎中，李密未允。后又改为显要的太子官属洗马，李密仍借口推辞。司马炎火了，又亲手下令，指责李密傲慢。地方官日夜严逼，声称如再迟缓，就要逮治下狱，甚至按律问斩了。这使李密很为难：出去做官吧，仍怀恋故国，而且这么出去，也将大丢脸面；不出去吧，是会被杀头的。经过深思，他写了一篇《陈情表》，呈给了司马炎，表中以“以孝治天下”为主旨，说他幼时，“伶仃孤苦……茕茕孑立，形影相吊”，多亏了老祖母把他抚养长大。没有老祖母，就没有他的今天。而今，老祖母已九十六岁，又长年卧病在床，没有他，祖母怎么度过晚年？！他才四十四岁，报效国家的日子还长，而孝敬祖母的时间已不多了。恳请司马炎体谅他的苦衷。司马炎看了很感动，且无法怪罪，又为了笼络人心，索性派了两个女仆帮他侍奉老祖母。

曲高和寡

【词义】曲调高深，能跟着唱的人就少。旧指知音难得。现比喻言论或作品不通俗，能了解的人很少。

【出处】战国·楚·宋玉《对楚王问》:“是其曲弥高，其和弥寡。”

【例句】通俗读物就应该写通俗些，否则曲高和寡，看的人就不会多。

【典故】宋玉是战国时楚国著名的文学家，在楚襄王手下做事。有一次，楚襄王问他：“先生最近有行为失检的地方吗？为什么有人对你有许多不好的议论呢？”宋玉若无其事地回答说:“是的，有这回事。请大王宽恕我，听我讲个故事：最近，有位客人来到我们郢都唱歌。他开始唱的，是非常通俗的《下里》和《巴人》，城里跟着他唱的有好几千人。接着，他唱起了还算通俗的《阳阿》和《薤露》，城里跟他唱的要比开始时少多了，但还有好几百人。后来他唱格调比较高的《阳春》和《白雪》，城里跟他唱的只有几十个人了。最后，他唱出格调高雅的商音、羽音，又杂以流利的徵音，城里跟着唱的人更少，只有几个人。”说到这里，宋玉对楚王说：“由此可见，唱的曲子格调越是高雅，能跟着唱的也就越少。圣人有奇伟的思想和表现，所以超出常人。一般人又怎能理解我的所作所为呢？”楚王听了，说：“哦，我明白了！”

取而代之

【词义】指夺取别人的地位而由自己代替。现也指以某一事物代替另一事物。

【出处】《史记·项羽本纪》:“秦始皇游会稽，渡浙江，梁与籍俱观，籍曰：‘彼可取而代也。’”

【例句】这家工厂经过技术改造，许多传统、落后的旧工艺被先进的新工艺取而代之。

【典故】秦始皇灭了六国，建立了统一强大的秦朝，自称“始皇帝”。他为了宣扬威德，进一步巩固统治，经常出巡全国各地。

有一次，秦始皇南巡会稽（在今浙江），当他的车马仪仗浩浩荡荡、威风凛凛经过南江（今江苏吴县附近）时，大路两旁伫立着无数观看的人群。少年项羽和他的叔父项梁也在其中。这时，项羽忽然说了一句："彼可取而代之也！"（彼，即他。这里指秦始皇的统治、权势和地位"可以夺过来并且代替他"。）

项梁听了，不禁大吃一惊，急忙伸手去捂住项羽的嘴，小声责备道："别乱说，你不怕全家人被杀头吗？"但是，项梁却暗暗赞赏他这个小侄子的胆识。原来项梁早在心里盘算着怎样推翻秦朝、恢复楚国的事，不过他没有透露罢了。后来他叔侄俩就在陈胜、吴广领导的农民起义运动中投入了反秦的战斗。

拳打脚踢

【词义】用拳打，用脚踢。形容痛打。

【出处】元·李寿卿《伍员吹箫》第一折："我便拳撞脚踢，也不怕他不死。"

【例句】旧社会大户人家的管家走出来，不管三七二十一，抓住犯错的仆人就是一顿拳打脚踢。

犬牙交错

【词义】错：交叉，错杂。比喻交界线很曲折，像狗牙那样参差不齐。也比喻情况复杂，双方有多种因素参差交错。

【出处】《汉书·中山靖王传》："诸传王自以骨肉至亲，先帝所以广封连城，犬牙相错者，为盘石宗也。"

【例句】晨雾中，远处的山峰林立，犬牙交错，绵绵不绝，让人觉得很美。

【典故】汉高祖刘邦开国之后，分别封功臣到各地为王。但是，这些王侯在地方上拥有强权，甚至有谋反叛变的意图，于是汉高祖就一一把他们消灭了。为了巩固汉室，汉高祖又大力赐封同族的人。因为同姓诸侯国数量增加，在汉景帝时，爆发了以吴王为首的七国之乱。汉景帝派太尉周亚夫征讨，平定了叛乱，但同姓诸侯的存在依旧威胁着汉朝的江山。到了汉武帝时，为了巩固中央集权，施行了"领地削减"的政策，也就是削弱王侯们的势力，并且想进一步采取行动。这个举动引起诸侯们的恐慌，便对汉武帝说："我们与王室血脉相连，先帝将封地如犬牙般交错安排，就是为了让我们能共同保护汉室，希望汉武帝能手下留情。"于是，汉武帝后来颁布推恩令，将诸侯的领地分封给他们的子弟，无形中削弱了各诸侯国的势力，也巩固了中央集权。

R

人不知，鬼不觉

【词义】形容事情做得很秘密。

【出处】元·无名氏《争报恩》第一折："恁做事可甚人不知鬼不觉。"

【例句】我正在认真思考问题，他人不知鬼不觉走到我身后，吓我一跳。

人才济济

【词义】济济：众多的样子。形容有才能的人很多。

【出处】《尚书·大禹谟》："济济有众，咸听朕命。"

【例句】科学院拥有大量博士生、硕士生，都是各个学科的主要研究人员，真可谓人才济济。

人迹罕至

【词义】罕：少。人很少到的地方。指偏僻荒凉的地方很少有人来过。

【出处】汉·荀悦《汉纪·孝武纪二》："而夷狄殊俗之国，辽绝异党之地，舟车不通，人迹罕至。"

【例句】勘探队员在人迹罕至的戈壁滩上找石油。

人杰地灵

【词义】杰：杰出；灵：好。指有杰出的人降生或到过，其地也就成了名胜之区。

【出处】唐·王勃《秋日登洪府滕王阁饯别序》："人

杰地灵，徐孺下陈蕃之榻。”

【例句】我国东南各省是人杰地灵的好地方，不但山川秀丽，气候温和，物产丰富，而且还诞生了大量出类拔萃的优秀人才。

【典故】公元663年九月初九重阳节，洪州阎都督在新落成的滕王阁大宴宾客，当地知名人士都应邀出席。王勃正好路过这里，也应邀参加。因为他才十四岁，所以被安排在不显眼的座位上。阎都督的女婿很会写文章，阎都督叫他预先写好一篇序文，以便当众炫耀一番。大家酒酣之际，阎都督站起来说："今天洪州的文人雅士欢聚一堂，不可无文章记下这次盛会。各位都是当今名流，请写赋为序，使滕王阁与妙文同垂千古。"话毕，侍候的人将纸笔放在众人面前。但是大家推来推去，没有一个人动笔。后来推到王勃面前，王勃竟将纸笔收下，低头沉思。过了一会儿，王勃卷起袖口，挥毫即书。阎都督见是一个少年动笔，不太高兴，走出大厅，凭栏眺望江景，并嘱咐侍从将王勃写的句子，随时抄给他看。才过了一会儿，侍从抄来《滕王阁序》的开头四句："豫章故郡，洪都新府。星分翼轸，地接衡庐。"这四句的意思是：滕王阁所在之处过去属豫章郡城，现在归你洪州府。它的上空处在翼、轸二星的分管区域，地面连接衡山、庐山两山。阎都督看了，认为这不过是老生常谈，谁都会写，一笑置之。其实，这十六个字把南昌的历史和地理概况都交代清楚了，纵横交错，起笔不凡。接着，侍从又抄来两句："襟三江而带五湖，控蛮荆而引瓯越。"阎都督看了有些吃惊。他想，这少年以三江（指荆江、湘江和浙江）为衣襟，又将五湖（指太湖、鄱阳湖、青草湖、丹阳湖、洞庭湖）为飘带，既控制着南方辽阔的楚地，又接引着东方肥美的越地，大有举足轻重、扭动乾坤之气。写出这样有气魄的句子，不是大胸襟、大手笔是不可能的。侍从接着抄上来几句，更使阎都督吃惊："物华天宝，龙光射牛斗之墟；人杰地灵，徐孺下陈蕃之榻。"王勃在这里用了两个典故。前一个典故说，物有精华，天有珍宝，龙泉剑的光芒直射天上二十八星宿中的斗宿和牛宿之间。意思是洪州有奇宝。后一个典故说，东汉时南昌人徐孺家贫而不愿当官，但与太守陈蕃是好朋友。陈蕃特地设一只榻，专供接待徐孺之用。意思是洪州有杰出的人才。阎都督越看越有滋味，越看越钦佩，连声称赞："妙！妙！妙文难得！"再也不让女婿把预先写好的序文拿出来了。王勃写完后，走到阎都督面前，谦逊地说："出丑之作，望都督指教。"阎都督高兴他说："你真是当今的奇才啊！"于是重新就座，阎都督把王勃奉为上宾，并亲自陪坐。

人老珠黄

【词义】旧时比喻女子老了被轻视，就像因年代久远而失去光泽的珍珠一样不值钱。

【出处】明·兰陵笑笑生《金瓶梅词话》第二回："娘子正在青年，翻身的日子很有呢，不像俺是人老珠黄不值钱呢。"

【例句】这些女子，由于生活的艰难，年过三十，就渐渐露出人老珠黄、翠消红减的模样来。

人声鼎沸

【词义】鼎：古代煮食器；沸：沸腾。形容人群的声音吵吵嚷嚷，就像煮开了锅一样。

【出处】明·冯梦龙《醒世恒言》："一日午后，刘方在店中收拾，只听得人声鼎沸。"

【例句】今年的庙会，人声鼎沸，十分热闹。

人为刀俎，我为鱼肉

【词义】刀俎：刀和刀砧板，宰割的工具。比喻生杀大权掌握在别人手里，自己处在被宰割的地位。

【出处】西汉·司马迁《史记·项羽本纪》："如今人方为刀俎，我为鱼肉。"

【例句】人为刀俎，我为鱼肉，贫穷落后就要被动挨打，就要任人宰割，这是封建社会的真实写照。

【典故】楚汉相争时，项羽屯兵四十万在新丰鸿门，谋士范增设计要除掉刘邦。刘邦依约赴鸿门宴，范增请项庄舞剑助兴，意图杀害刘邦。张良叫来樊哙，刘邦借上厕所的机会与樊哙商议如何逃走，樊哙说："如今人方为刀俎，我为鱼肉，何辞为？"

人言可畏

【词义】人言：别人的评论，指流言蜚语；畏：怕。指在背后的议论或诬蔑的话很可怕。

【出处】《诗经·郑风·将仲子》："人之多言，亦可畏也。"

【例句】虽然你自认为做事公正，但人言可畏，也得多防着点。

【典故】古时候，有个名叫仲子的男青年，爱上了一个姑娘，想偷偷地上她家幽会。姑娘因他们的爱情还没有得到父母的同意，怕父母知道后会责骂她，所以要求恋人别这样做。于是唱道："仲子呀，请求你别爬我家的门楼，不要把我种的杞树给弄折了。并非我舍不得树，而是害怕父母说话。仲子，我也在思念你，只是怕父母要骂我呀。"

姑娘想起哥哥们知道了这件事也要责骂她，便接着唱道："仲子呀，请求你别爬我家的墙，不要把我种的桑树给弄折了。并非我舍不得树，而是害怕哥哥们说话。仲子，我也在思念你，只是怕哥哥要骂我呀。"

姑娘还害怕别人知道这件事要风言风语议论她，于是再唱道："仲子呀，请求你别爬我家的后园，不要把我种的檀树给弄折了。并非我舍不得树，而是害怕人家说话。仲子，我也在思念你，只是怕人家风言风语议论我呀。"

忍俊不禁

【词义】忍俊：含笑；不禁：无法控制自己。指忍不住要发笑。

【出处】唐·赵璘《因话录》卷五："柜初成，周戎时为吏部郎中，大书其上，戏作考词状：'当有千有万，忍俊不禁，考上下。'"

【例句】看着他那滑稽的模样，大家都忍俊不禁。

忍气吞声

【词义】忍气：受了气不发作；吞声：不敢出声。指受了气勉强忍耐，有话不敢说出来。

【出处】元·杨显之《潇湘雨》第四折："从今后忍气吞声，再不敢嚎啕痛哭。"

【例句】他是个懦弱的人，对任何不公平的事他都忍气吞声。

任劳任怨

【词义】任：担当，经受。不怕吃苦，也不怕招怨。

【出处】①西汉·桓宽《盐铁论·刺权》："夫食万人之力者，蒙其忧，任其怨劳。"②《汉书·石显传》："诚不能以一躯称快万众，任天下之怨。"

【例句】王老做事勤勤恳恳，任劳任怨，大家称他是人民的老黄牛。

任重道远

【词义】任：负担；道：路途。担子很重，路很远。比喻责任重大，要经历长期的奋斗。

【出处】《论语·泰伯》："士不可以不弘毅，任重而道远。仁以为己任，不亦重乎？死而后已，不亦远乎？"

【例句】建设共产主义的事业，任重道远，我们青年要立志为此奋斗终身。

如履薄冰

【词义】履：践、踩在上面。像走在薄冰上一样。比喻行事极为谨慎，存有戒心。

【出处】《诗经·小雅·旻》："战战兢兢，如临深渊，如履薄冰。”

【例句】自从接受这一重任，我如临深渊，如履薄冰，丝毫不敢大意。

如芒在背

【词义】形容极度不安。

【出处】《汉书·霍光传》：“宣帝始立，谒见高庙，大将军光从骖乘。上内严惮之，若有芒刺在背。”

【例句】无论哪个部门被监督，都会感觉到有压力，甚至感觉如芒在背般难受。

如梦初醒

【词义】像刚从梦中醒来。比喻过去一直糊涂，在别人或事实的启发下，刚刚明白过来。

【出处】明·冯梦龙《东周列国志》：“厉公大喜曰：‘寡人闻仲之言，如梦初醒。’”

【例句】经过他的一番讲解，我才如梦初醒。

如泣如诉

【词义】好像在哭泣，又像在诉说。形容声音悲切。

【出处】北宋·苏轼《前赤壁赋》：“其声呜呜然，如怨如慕，如泣如诉，余音袅袅，不绝如缕。”

【例句】那如泣如诉的琴声，感动得我潸然泪下。

如鱼得水

【词义】好像鱼得到水一样。比喻有所凭借。也比喻得到跟自己十分投合的人或对自己很合适的环境。

【出处】《三国志·蜀书·诸葛亮传》：“孤之有孔明，犹鱼之有水也。”

【例句】王老师知识渊博，所以在教学上如鱼得水。

【典故】诸葛亮，字孔明，襄阳人。刘备，字玄德，涿县人。东汉末年，天下大乱，豪杰纷起，群雄争霸，刘备为实现自己统一天下的宏愿，多方搜罗人才，特意拜访隐居在隆中卧龙岗的诸葛亮，请他出山。他连去了两次都未能见着，第三次去，才见了面。刘备说明来意，畅谈了自己的宏图大志，诸葛亮推心置腹，提出了夺取荆州、益州，与西南少数民族和好，东联孙权，北伐曹操的战略方针，预言天下今后必将成为蜀、魏、吴三足鼎立的局面。刘备听后大喜，于是拜孔明为军师。孔明竭力地辅佐刘备，而刘备对孔明的信任和重用，却引起了关羽、张飞等将领的不悦。他们不时在刘备面前，表现出不满的神色，秉性耿直的张飞，更是满腹牢骚。刘备耐心地做了解释，他形象地把自己比作鱼，把孔明比作水，反复说明，孔明的才识与胆略，对自己完成夺取天下大业的重要性。他说：“我刘备有了孔明，就好像鱼儿得到了水一样，希望大家不要再多说了。”

如坐针毡

【词义】像坐在插着针的毡子上。形容心神不定，坐立不安。

【出处】《晋书·杜锡传》：“累迁太子中舍人。性亮直忠烈，屡谏愍怀太子，言辞恳切，太子患之。后置针着锡常所坐处毡中，刺之流血。”

【例句】儿子离家出走了，一张字条也没留下，两口子捶胸顿足，如坐针毡。

【典故】西晋时有个叫杜锡的人，学识渊博，性格非常耿直，在做了太子中舍人以后，多次规劝晋惠帝的儿子愍(mǐn)怀太子。愍怀太子不仅不听劝告，反而对杜锡心怀怨恨，便故意在杜锡坐的毡垫中放了一些针。杜锡没有发觉，屁股被扎得鲜血直流。第二天，太子故意问杜锡：“你昨天出了什么事？”杜锡难以开口，只好说：“昨天喝醉了，不知道干了些什么。”太子说：“你喜欢责备别人，为什么自己也做错了事呢？”

入木三分

【词义】字迹笔力透入木板三分深。形容书法极有笔力。现多比喻分析问题很深刻。

【出处】唐·张怀瓘《书断》:“晋帝时祭北郊,更祝版,工人削之,笔入木三分。”

【例句】这幅书法作品笔力入木三分,十分精彩。

【典故】王羲之,字逸少,晋朝时会稽(今浙江绍兴)人。他是我国历史上最有名的书法家,因为他曾经做过右军将军,所以后人又称他为王右军。

王羲之的书法,可以称得上冠绝古今,他的字秀丽中透着苍劲,柔和中带着刚强。最著名的有《兰亭集序》《黄庭经》等。王羲之的字写得这样好,固然与他的天资有关系,但最重要的还是由于他的刻苦练习。他为了把字练好,无论休息还是走路,心里总是想着字体的结构,揣摩字的架子和气势,而且不停地用手指头在衣襟上画着。所以时间久了,连身上的衣服也划破了。他曾经在池塘边练习写字,每次写完,就在池塘里洗涤笔砚。时间一久,整个池塘的水都变黑了。由此可知,他在练习书法上所下功夫之深了。据说他很爱鹅,平时常常望着河里戏水的鹅发呆,后来竟然从鹅的动作中领悟出运笔的原理,而对他的书法技艺大有助益。有一次,他到一个道观去玩,看到一群鹅非常可爱,便要求道士卖给他。观里的道士早就钦慕他的书法,便请他写部《黄庭经》作为交换。王羲之实在太喜欢那些鹅了,便同意了。于是王羲之给观里写了部《黄庭经》,道士便把那些鹅都送给了他。还有一次,当时的皇帝要到北郊去祭祀,让王羲之把祝辞写在一块木板上,再派工人雕刻。雕刻的工人在雕刻时非常惊奇,王羲之写的字,笔力竟然渗入木头三分多。他赞叹地说:“右军将军的字,真是入木三分呀!”

锐不可当

【词义】锐:锐气;当:抵挡。形容勇往直前的气势,不可抵挡。

【出处】《后汉书·吴汉传》:“其锋不可当。”

【例句】我们球队有锐不可当的实力,夺魁有望。

若隐若现

【词义】隐隐约约,看不清楚。

【出处】清·蒲松龄《聊斋志异·珠儿》:“李惊,方将诘问,则见其若隐若现,恍惚如烟雾,宛转间已登榻。”

【例句】前方有几个人影,若隐若现,不知是干什么的。

若有所思

【词义】若:好像。好像在思考着什么。

【出处】唐·陈鸿《长恨传》:“玉妃茫然退立,若有所思。”

【例句】看到他拿着一本书,若有所思的样子,我们都笑了。

弱肉强食

【词义】原指动物中弱者被强者吞食。比喻弱的被强的吞并。

【出处】①唐·韩愈《送浮屠文畅师序》:“弱之肉,强之食。”②明·刘基《秦女休行》:“有生不幸遭乱世,弱肉强食官无诛。”

【例句】在旧中国,统治阶级内部弱肉强食,互相倾轧的现象十分普遍。

S

飒爽英姿

【词义】飒爽:豪迈矫健;英姿:英勇威武的姿态。形容英俊威武、精神焕发的样子。

【出处】清·黄遵宪《题黄佐廷赠尉遗像》诗:“不

将褒鄂画凌烟，飒爽英姿尚凛然。”

【例句】奥运会上，我国运动健儿飒爽英姿，步伐整齐。

塞翁失马，焉知非福

【词义】塞翁：边塞的老头儿。失马：丢失马。焉知非福：怎么知道不是好事儿呢？比喻虽然一时受到损失，但最后也许能得到好处。也指坏事在一定条件下可变为好事。同“塞翁失马，安知非福”。

【出处】孙锦标《通俗常言疏证·祸福》引《病玉缘》剧：“塞翁失马，焉知非福，你眼前不信俺的话也罢，到了日后，才觉得俺不是说笑话哩。”

【例句】眼前吃点亏不用太沮丧，要知道，塞翁失马，焉知非福？

【典故】古代塞北的一老汉家的马跑到长城外面胡人那边去了，乡亲们安慰他，他说这不一定是坏事，几天后走失的马带领着一群胡人的骏马回来了。人们都去祝贺他，老翁却认为这不一定是好事。他家里有很多好马，他儿子喜欢骑着玩。有一天，他的儿子因骑胡马摔断了腿，人们都来安慰他，他却认为不是坏事，后老汉儿子因腿伤而躲过战祸。

三令五申

【词义】令：命令；申：表达，说明。多次命令和告诫。

【出处】《史记·孙子吴起列传》：“约束既布，乃设铁钺，即三令五申之。于是鼓之右，妇人大笑。”

【例句】公司已经三令五申，上班期间不许玩手机，小李多次犯规。

【典故】孙武是春秋时期著名的军事学家。有一次，他携带自己写的《孙子兵法》去见吴王阖闾。吴王看过之后说：“你的十三篇兵法，我都看过了，是不是拿我的军队试试？”孙武说可以。吴王再问：“用妇女来试验可以吗？”孙武说可以。于是吴王召集一百八十名宫中美女，请孙武训练。孙武将她们分为两队，用吴王宠爱的两个宫姬为队长，并叫她们每个人都拿着长戟。队伍站好后，孙武便发问：“你们知道怎样向前向后和向左向右转吗？”众女兵说：“知道。”孙武再说：“向前就看我心胸，向左就看我左手，向右就看我右手，向后就看我背后。”众女兵说：“明白了。”于是孙武使命搬出铁钺（古时杀人用的刑具），三番五次向她们强调。说完便击鼓发出向右转的号令。哪知众女兵不但没有依令行动，反而哈哈大笑。孙武见状说：“解释不明，交代不清，应该是将官们的过错。”于是又将刚才一番话详尽地再向她们解释一次，再而击鼓发出向左转的号令。众女兵仍然只是大笑。孙武便说：“解释不明，交代不清，是将官的过错。既然交代清楚而不听令，就是队长和士兵的过错了。”说完命左右随从把两个队长推出斩首。吴王见孙武要斩他的爱姬，急忙派人向孙武讲情，可是孙武说：“我既受命为将军，将在军中，君命有所不受！”遂命左右将两女队长斩了，再命两位排头的为队长。自此以后，众女兵无论是向前向后，向左向右，甚至跪下起立等复杂的动作都认真操练，再不敢儿戏了。这故事最早出自《史记》。后来人们把孙武向女兵再三解释的做法，引申为“三令五申”，即反复多次向人告诫的意思。例如，某地政府向食品商店屡次告诫食品要清洁卫生，以免损害顾客健康，我们便可说：对于食品商店要保证清洁卫生，政府已“三令五申”，大家早已知道了。

三三两两

【词义】三个两个地在一起。形容人数不多。

【出处】北宋·郭茂倩《乐府诗集》卷四十七引晋人《娇女》诗：“鱼行不独自，三三两两俱。”

【例句】同学们三三两两地聚拢在一起做游戏。

色厉内荏

【词义】色：神色，样子；厉：凶猛；荏：软弱。外表强硬，内心虚弱。

【出处】《论语·阳货》："子曰：'色厉而内荏，譬诸小人，其犹穿窬之盗也与？'"

【例句】别看他那副气势汹汹的样子，其实他色厉内荏，心里害怕极了。

杀人如麻

【词义】如麻：像乱麻一样数不清。杀死的人多得像乱麻。形容杀的人多得数不清。

【出处】唐·李白《蜀道难》："朝避猛虎，夕避长蛇；磨牙吮血，杀人如麻。"

【例句】一提起他杀人如麻的罪行，每个人都十分气愤。

煞有介事

【词义】原是江浙一带的方言。指装模作样，活像真有那么一回事似的。多指大模大样，好像很了不起的样子。

【出处】南宋·陆九渊《语录下》："先生曰：'某何尝不教人读书，不知此后煞有甚事。'"

【例句】你别装模作样，煞有介事似的，好像你真是稀里糊涂地犯了错误。

山崩地裂

【词义】山岳倒塌，大地裂开。形容响声巨大或变化剧烈。

【出处】《汉书·元帝纪》："山崩地裂，水泉涌出。"

【例句】一声山崩地裂的巨响，火箭升空了。

姗姗来迟

【词义】姗姗：形容走得缓慢从容。慢腾腾地来晚了。

【出处】《汉书·孝武李夫人传》："立而望之，偏何姗姗其来迟。"

【例句】在天桥下，他等了足足一个半小时，而姗姗来迟的她竟无一句抱歉的话，他真想一走了之。

【典故】汉武帝刘彻十分宠爱歌妓出身的李夫人，她能歌善舞，李夫人后来生病去世。汉武帝非常悲痛，厚葬了李夫人。汉武帝十分思念她，就叫方士少翁为李夫人招魂，在帷帐观看到李夫人的身影，就作诗一首说："我在焦急盼望，你却姗姗来迟"。

伤风败俗

【词义】伤、败：败坏。指败坏社会风俗。多用来谴责道德败坏的行为。

【出处】唐·韩愈《论佛骨表》："伤风败俗，传笑四方，非细事也。"

【例句】他从未做过任何伤风败俗的事。

【典故】唐宪宗时，佛教盛行，连宪宗也笃信佛教。有一次，宪宗把传说是佛祖释迦牟尼的一块遗骨迎进宫内供奉。韩愈反对宪宗这一做法，特地写了《论佛骨表》，呈交给宪宗进行谏阻。在《论佛骨表》中，韩愈说：佛教是从外国传来的，中国古时候根本没有。尧、舜、禹等古代圣人不知道有什么佛教，但他们把国家治理得很好；他们在位的时间长，寿命也很长。佛教是从东汉明帝时期传入中国的，明帝在位只有十八年，宋、齐、梁、陈和北魏后的各个朝代，对佛教无比信奉，但那些朝代都很短命。就拿梁武帝来说吧，他祭相不用牲畜，自己不吃荤，还三次出家当和尚，结果还是被叛军包围，活活饿死。他本想求佛得到保佑，但却悲惨死去。现在，陛下把佛骨迎到宫里来供奉，使王公大臣们奔走施舍，浪费大量的财富。有的百姓愚昧无知，甚至发狂地烧自己的身体，以表示自己对佛的虔诚。这败坏风俗的事，会被人们当作笑话四处传播，可不是一件小事啊！依我看来，应当把那块佛骨扔进水里或者投入火中才是！

上行下效

【词义】效：仿效，跟着学。上面的人怎么做，下面的人就跟着怎么干。

【出处】东汉·班固《白虎通·三教》:“教者，效也，上为之，下效之。”

【例句】领导不论在工作上还是生活中，都要以身作则，这样上行下效，才能带动大家一同进步。

【典故】春秋时，齐景公自从宰相晏婴死了之后，一直没有人当面指责他的过失，因此心中感到很苦闷。有一天，齐景公欢宴文武百官，席散以后，一起到广场上射箭取乐。每当齐景公射一支箭，即使没有射中箭靶的中心，文武百官还是高声喝彩:“好呀！妙呀！”“真是箭法如神，举世无双。”事后，齐景公把这件事情对他的臣子弦章说了一番。弦章对景公说：“这件事情不能全怪那些臣子，古人说：‘上行而后下效。’国王喜欢吃什么，群臣也就喜欢吃什么；国王喜欢穿什么，群臣也就喜欢穿什么；国王喜欢人家奉承，群臣自然也就常向大王奉承了。”景公听了弦章的话，认为弦章的话很有道理，就派侍从赏给弦章许多珍贵的东西。弦章看了摇摇头，说：“那些奉承大王的人，正是为了要多得一点赏赐，如果我受了这些赏赐，岂不是也成了卑鄙的小人了！”他说什么也不接受这些珍贵的东西。后人便用“上行下效”来形容上面的人喜欢怎么做，下面的人便跟着怎么做。在我们的现实社会里，不也有很多这样的人和这样的事吗？例如，一家公司的主持人经常在外吃喝玩乐，不理业务，他的下属也跟着不务正事，这便是“上行下效”。这成语的含义是否定的，所以它形容的也一定是不好的事情。

上气不接下气

【词义】形容因为劳累或焦急而气喘得很厉害。

【出处】清·无垢道人《八仙全传》第七回：“一霎时漂流数百里外，直把一个好义急公的老鼠淹得上气不接下气。”

【例句】她脸色苍白，上气不接下气，颤抖的双手使劲地向我打着手语。

稍纵即逝

【词义】纵：放；逝：消失。稍微一放松就消失了。形容时间或机会等很容易过去。

【出处】北宋·苏轼《文与可画筼筜谷偃竹记》:“振笔直遂，以追其所见，如兔起鹘落，少纵则逝矣。”

【例句】时间稍纵即逝，我们必须分秒必争。

深不可测

【词义】①测：测量。深得无法测量。形容很深。②比喻道理、含义异常深奥。③比喻人心机极深，难以猜测。④比喻对事物的情况捉摸不透。

【出处】《韩非子·主道第五》:“大不可量，深不可测，同合刑名，审验法式，擅为者诛，国乃无贼。”

【例句】陈教授专业知识渊博，深不可测，令学生叹服。

深恶痛绝

【词义】恶：厌恶；痛：痛恨；绝：极。指对某人或某事物极端厌恶痛恨。

【出处】①《孟子·尽心下》:“斯可谓之乡愿矣。”②南宋·朱熹《论语集注》:“过门不入而不恨之，以其不见亲就为幸，深恶而痛绝之也。”

【例句】贫下中农对吃人的旧社会深恶痛绝，对美好的新社会无比热爱。

深谋远虑

【词义】指计划得很周密，考虑得很长远。

【出处】西汉·贾谊《过秦论》:“深谋远虑，行军用兵之道，非及向时之士也。”

【例句】有雄才大略，能深谋远虑，是成就大业的基础。

神魂颠倒

【词义】神魂：精神，神志。精神恍惚，颠三倒四，失去常态。

【出处】明·冯梦龙《醒世恒言·陆五汉硬留合色鞋》：“……神魂颠倒，连家里也不思想。”

【例句】考试气氛十分紧张，把我搞得神魂颠倒。

神清气爽

【词义】①形容人神志清爽，心情舒畅。②形容人长得神态清明，气质爽朗。

【出处】北宋·李昉等《太平广记》卷十七引唐·牛僧孺《续玄怪录·裴谌》：“香风飒来，神清气爽，飘飘然有凌云之意。”

【例句】泰山极顶，神清气爽，真是别有洞天。

神通广大

【词义】神通：原是佛家语，指神奇的法术。法术广大无边。形容本领高超，无所不能。

【出处】《大唐三藏法师取经诗话》：“师曰：‘你神通广大，去必无妨。’”

【例句】符合社会发展规律的主张才有力量，否则无论你如何神通广大，也是徒然的。

生机勃勃

【词义】形容自然界充满生命力，或社会生活活跃。

【出处】张天民《创业》：“油田一片生机勃勃，繁忙兴旺的景象。”

【例句】春天来了，大地呈现出一片生机勃勃的景象。

声如洪钟

【词义】洪：大。形容说话或歌唱的声音洪亮，如同敲击大钟似的。

【出处】明·冯梦龙《东周列国志》第七十二回：“忆胥目如闪电，声如洪钟。”

【例句】他虽然只说了短短几字，却声如洪钟，威势不凡。

声色俱厉

【词义】声色：说话时的声音和脸色；厉：严厉。说话时声音和脸色都很严厉。

【出处】《晋书·明帝纪》：“大会百官而问温峤曰：‘皇太子以何德称？’声色俱厉，必欲使有言。”

【例句】孩子做错了事，应该对他讲明道理，耐心教育，不要声色俱厉地责骂。

盛气凌人

【词义】盛气：骄横的气焰；凌：欺凌。以骄横的气势压人。形容傲慢自大，气势逼人。

【出处】南宋·朱熹《朱子全书·学五·教人》：“不得盛气凌人，自取耻辱。”

【例句】我们应该谦虚谨慎，戒骄戒躁，决不可自以为是，盛气凌人。

【典故】战国时赵太后辅佐年幼的赵孝成王执政，秦国趁机进攻赵国。赵国向齐国求救，齐国要求赵太后的小儿子长安君到齐国当人质，赵太后不肯。大臣触龙求见，赵太后装出一副盛气凌人的样子，触龙入情入理的开导终于使赵太后同意齐国要求。

失之毫厘，差之千里

【词义】指细微的失误，可导致巨大的差错。

【出处】《大戴礼记·保傅》：“《易》曰：‘正其本，万物理。失之毫厘，差之千里。’故君子慎重始也。”

【例句】没想到这么一点点差错会导致完全不同的结果，真是失之毫厘，差之千里。

【典故】西汉时期，赵充国奉汉宣帝之命去平定西北地区叛乱，见叛军军心不齐，就采取招抚的办法，使得大部分叛军投诚。可汉宣帝命他出兵，结果出师不利。后来他按皇命收集军粮，造成叛乱，他感慨地说："真是失之毫厘，谬以千里。"

师出无名

【词义】师：军队；名：名义，引申为理由。出兵没有正当理由。也引申为做某事没有正当理由。

【出处】东汉·班固《汉书·高帝纪上》："新城三老董公遮说汉王曰：'臣闻顺德者昌，逆德者亡。兵出无名，事故不成。'"

【例句】你得找个理由，否则师出无名，你就见不到他了。

【典故】公元前206年，刘邦率军攻占秦都咸阳，推翻秦朝统治。不久，项羽率大军进入咸阳，杀了秦朝的降王子婴，烧了秦朝的宫室，大火三个月都不熄灭。接着，他派人向他所拥立的楚怀王禀报了入秦的情况。怀王表示，按以前的约定办：谁先打败秦军、攻入咸阳，谁就当秦王。项羽虽然是后进咸阳的，但他倚仗自己兵马强大，所以自封为西楚霸王，而将刘邦封为汉王，让他到道路险阻、人烟稀少的巴蜀之地去。同时，给了楚怀王一个徒有虚名的尊号——义帝。但不久，又暗中指使人把义帝杀死。项羽的这些举动，引起了诸侯王的强烈不满。汉王刘邦领兵到了洛阳，董公对刘邦说："我听说顺德的昌盛，逆德的灭亡。没有正当理由，做大事就不能成功。项羽无道，杀了他的君王，为天下人所怨。您趁此率军征伐，四海之内都会仰慕您的德行。这样，您就同从前的周武王讨伐殷纣王一样，兴的是仁义之师。"从此，刘邦与项羽进行了长期战争。

师心自用

【词义】师心：以心为师，这里指只相信自己；自用：按自己的主观意图行事。形容自以为是，不肯接受别人的正确意见。

【出处】北齐·颜之推《颜氏家训·勉学》："见有闭门读书，师心自是，稠人广座，谬误差失者多矣。"

【例句】他有什么学问，不过师心自用罢了！

十拿九稳

【词义】比喻很有把握。

【出处】明·阮大铖《燕子笺·购幸》："此是十拿九稳，必中的计较。"

【例句】虽然荷兰队表现出色，但强手如林，要想夺取世界杯也并非十拿九稳。

石破天惊

【词义】原形容箜篌的声音，忽而高亢，忽而低沉，出人意料，有难以形容的奇境。后多比喻文章议论新奇惊人。

【出处】唐·李贺《李凭箜篌引》："女娲炼石补天处，石破天惊逗秋雨。"

【例句】他的研究常有石破天惊的发现，让大家受到异常的震撼。

时来运转

【词义】旧指时机来了，命运也有了转机。指境况好转。

【出处】《白雪遗音·马头调·麻衣神相》："奴怎比韩氏素梅，生在烟花，时来运转，贵人提拔，才把君恩拜。"

【例句】时来运转，他准确地掌握了市场信息，使厂里的产品对路，工厂扭亏为盈。

时运不济

【词义】时机和命运不佳。

【出处】明·凌濛初《二刻拍案惊奇》卷十九："先对莫翁道：'寄儿蒙公公相托，一向看牛不差。近来时运不济，前日失了两牛，今蹇驴又生病，寄儿看管不来。'"

【例句】一个人要是时运不济，纵然才高八斗，也难有成就。

识文断字

【词义】识字。指有一点文化知识。

【出处】清·文康《儿女英雄传》第三十八回："当着人家识文断字的人儿呢？别抡荤，看人家笑话。"

【例句】他看上去斯斯文文的，八成儿是个识文断字的人。

拾人牙慧

【词义】拾：捡取；牙慧：别人说过的话。比喻拾取别人的一言半语当作自己的话。

【出处】南朝·宋·刘义庆《世说新语·文学》："殷中军云：'康伯未得我牙后慧。'"

【例句】写论文要有创见，不可拾人牙慧。

【典故】东晋时，有一个名叫殷浩的人。因为他曾经当过"中军"的官职，所以被人称为"殷中军"。他曾被任命为"建武将军"，统领扬州、豫州、徐州、兖州、青州的兵马，后因作战失败被罢官，并流放到信安(今浙江省境内)。殷浩很有学问，他爱好《老子》《易经》，并能引经据典谈得头头是道。殷浩有个外甥，姓韩，名康伯，非常聪明，也善于谈吐，殷浩很喜欢他，但对他的要求却十分严格。殷浩被流放时，康伯也随同前往。有一次，殷浩见他正在对别人发表言论，仔细一听，康伯所讲的，完全是抄袭自己的片言只语，套用自己说过的话，没有他个人的创见，却露出自鸣得意的样子，很不高兴，说："康伯连我牙齿后面的污垢还没有得到，就自以为了不起，真不应该。"

豕突狼奔

【词义】豕：猪；突：猛冲。像猪那样冲撞，像狼那样奔跑。形容成群的坏人乱冲乱撞，到处骚扰。

【出处】明·归庄《万古愁》："有几个狼奔豕突的燕和赵，有几个狗屠驴贩的奴和盗。"

【例句】被包围起来的敌人豕突狼奔，妄图冲出一个缺口，但很快就被压制了回去。

始作俑者

【词义】俑：古代殉葬用的木制或陶制的俑人。开始制作俑的人。比喻首先做某件坏事的人。

【出处】先秦·孟轲《孟子·梁惠王上》："始作俑者，其无后乎！"

【例句】大家都知道，老王就是我们厂行贿的始作俑者。

【典故】战国时，有一次孟子和梁惠王谈论治国之道。孟子问梁惠王："用木棍打死人和用刀子杀死人，有什么不同吗？"梁惠王回答说："没有什么不同。"孟子又问："用刀子杀死人和用政治害死人有什么不同？"梁惠王说："也没有什么不同。"孟子接着说："现在大王的厨房里有的是肥肉，马厩里有的是壮马，可老百姓面有饥色，野外躺着饿死的人，这是当权者在带领着野兽来吃人啊！大王想想，野兽相食，尚且使人厌恶，那么当权者带着野兽来吃人，怎么能当好老百姓的父母官呢？孔子曾经说过，首先开始用俑(古时陪同死人下葬的木偶或土偶)的人，他是断子绝孙、没有后代的吧！您看，用人形的土偶来殉葬尚且不可，又怎么可以让老百姓活活地饿死呢？"根据孔子"始作俑者，其无后乎"这句话，后人将"始作俑者"引为成语，比喻第一个做某件坏事的人或某种恶劣风气的创始人。

手不释卷

【词义】释：放下；卷：书籍。书本不离手。形容勤奋好学。

【出处】《三国志》裴松之注引《江表传》："光武当兵马之务，手不释卷。"

【例句】我们要学习他虚心好学、手不释卷的好习惯。

【典故】三国时，吕蒙是吴国的大将。一次，他点兵三万，用船八十余只袭击荆州。水手一律身着白衣，大批精兵埋伏在船舱里。黑夜，船到当阳江边，烽火台的汉兵厉声盘问。吴军诈称是商船，要求靠岸避风，汉兵信以为真。约至二更，船上吴军突然袭击，占据了烽火台。随后，吕蒙带兵长驱直入，轻取荆州。吕蒙作战勇猛，平时却不肯读书。孙权劝道："你读点历史和兵法，用兵更高明。""汉先武帝从前行伍出身，却'手不释卷'。"从此，吕蒙勤勉自学，受益匪浅。

手无缚鸡之力

【词义】连捆绑鸡的力气都没有。形容身体弱、力气小。

【出处】元·无名氏《赚蒯通》第一折："那韩信手无缚鸡之力。"

【例句】他大病初愈，手无缚鸡之力。

手舞足蹈

【词义】蹈：顿足踏地。两手舞动，两只脚也跳了起来。形容高兴到了极点。也指手乱舞、脚乱跳的狂态。

【出处】《诗经·周南·关雎·序》："永（咏）歌之不足，不知手之舞之，足之蹈之也。"

【例句】每当他找到一道难题的突破口时，就禁不住地手舞足蹈起来。

首鼠两端

【词义】首鼠：鼠性多疑，出洞时一进一退，不能自决；两端：拿不定主意。在两者之间犹豫不决又动摇不定。

【出处】《史记·魏其武安侯列传》："武安已罢朝，出止车门，召韩御史大夫载，怒曰：'与长儒共一老秃翁，何为首鼠两端？'"

【例句】你要清楚你最大的缺点就是做事情总是首鼠两端的。

【典故】汉武帝时，王太后有个同母异父的弟弟叫田蚡。他靠着王太后的势力做了丞相，掌握大权。田蚡是个卑鄙阴险、骄横自私的人，因为有王太后这座靠山，加之汉武帝当时还年轻，所以他胡作非为，骄横奢侈，营私舞弊，随意诬陷自己所不快的人。田蚡向窦婴要城南田，窦婴不给，又听说灌夫也替窦婴抱不平，由此跟灌夫和窦婴结了怨（窦婴和灌夫都是在平定七国之乱中立了功的大臣）。又因为灌夫掌握着田蚡贪污受贿的事，所以田蚡欲将他和窦婴置之死地。有一次，田蚡结婚，王太后为了扩大自己的势力，便下了诏书，吩咐诸侯、宗室、大臣们都到丞相府去祝贺。窦婴和灌夫也去了。酒席上，灌夫因向客人敬酒遭到冷遇，气得破口大骂起来。为此，田蚡拘捕了灌夫。此事闹到了武帝那里，武帝便召集大臣们来研究。窦婴坚决反对对灌夫治罪，有的大臣则赞成治罪，有的惧怕田蚡的威势，采取模棱两可的态度。御史大夫韩安国说："灌夫在平定七国之乱时，立了大功，虽说酒后闹事，但没有死罪。可丞相说他不对，也有道理，究竟如何处置，请皇上定吧！"罢朝以后，在皇宫门外，田蚡招呼韩安国坐他的车子，而且很生气地说："我和你一起对付（窦婴）这个秃老头子，你为何迟疑不决（首鼠两端）？"后来，田蚡想法害死了窦婴和灌夫。不久，他自己因内心恐惧惊吓而死。

瘦骨嶙峋

【词义】形容人或动物消瘦露骨。

【出处】高云览《小城春秋》第十八章："秀苇看见一个光着上身、瘦骨嶙峋的童工，提着一簸箕的泥灰，在一条悬空吊着的跳板上，吃力地走着。"

【例句】爷爷尽管瘦骨嶙峋，但精神状态很好，每天的饭量也不错。

瘦骨伶仃

【词义】形容人或动物瘦得皮包骨的样子。亦作“瘦骨零丁”。

【出处】高云览《小城春秋》第二十六章：“这牢房比较大点、亮点，里面关着一个瘦骨伶仃的老头儿。”

【例句】他身材瘦骨伶仃，一副弱不禁风的模样。

熟能生巧

【词义】熟练了，就能找到窍门。

【出处】清·李汝珍《镜花缘》第三十一回：“俗话说的‘熟能生巧’，舅兄昨日读了一夜。不但他已嚼出此中意味，并且连寄女都听会。所以随问随答，毫不费事。”

【例句】任何事情开头难，但时间长了就会熟能生巧，由难变易，由拙变巧。

【典故】从前有个叫陈康肃的人，号尧咨，箭术精良，举世无双。他因此心里非常骄傲，常常夸耀自己的本领。“哈，哈，哈，我的箭术没人比得上。你们有谁愿意跟我比比看啊？”“师父，您实在是太高明了，我们怎么比得上您呢！”“是啊，我们还要多跟您学习、学习呢！师父您再表演一下，让我们开开眼界嘛！”这些想从陈尧咨那儿学得箭术的年轻人，每天都说些恭维他的话，让他开心。有一天，陈尧咨带着徒弟在院子里练习射箭，有一个卖油的老翁正好走过，便停下来看。陈尧咨举起了弓，搭上箭，一连发出十支箭，每支箭都正中红心。徒弟们在旁边拍手叫好，陈尧咨也很神气地对老翁说：“你看怎么样？”那个老翁只是微微点头，并不叫好。陈尧咨心里很不舒服，不客气地问他：“喂，你这个老头也会射箭吗？”“不会。”“那么是我的箭射得不好吗？”“好是好，不过，这只是一平常的技术罢了，并没有什么了不起。”“老头儿，你说的是什么话？竟然这样侮辱我们师父。你知不知道我们师父的箭术，没人能比得上。你简直太看不起人了。”“年轻人，你先别生气，我说的是真话。你的箭术的确平常得很，没什么值得夸赞的。”“老头儿，听你这么说好像很内行，那你就露两手给我们瞧瞧。不服气就比画比画，光说不练你有个什么用！”“小兄弟，这射箭的本领我可没有，不过让我倒油给你们看看。”“倒油，这还用得着你这个老头来表演吗？倒油谁不会？别开玩笑啊！”“你们还是看了再说吧。”老翁说完，就拿了一个葫芦放在地上，又在葫芦口上面放了一枚有孔的铜钱。然后舀了一勺油，眼睛看准了，油勺轻轻一歪，那些油就像一条细细的黄线，笔直地从钱孔流入葫芦里。倒完之后，油一点儿也没沾到铜钱。老翁很谦虚地向陈尧咨说：“这也是一种平常的技术罢了，也就是熟能生巧的道理啊！”陈尧咨听了十分惭愧，从此更加努力地练习射箭，再也不夸耀自己的箭术。后来他的人品和箭术一样好。

鼠目寸光

【词义】形容目光短浅，没有远见。

【出处】清·蒋士铨《临川梦》：“寻章摘句，别类分门，凑成各样新书，刻板出卖。吓得那一班鼠目寸光的时文朋友，拜到辕门，盲称瞎赞。”

【例句】我们在经济利益面前不能鼠目寸光，为了暂时的利益而毁了生态环境。

束手无策

【词义】策：办法。遇到问题，就像手被捆住一样，一点办法也没有。

【出处】元·无名氏《宋季三朝政要》：“（秦）桧死而逆亮（金主完颜亮）南牧，孰不束手无策。”

【例句】就在大家束手无策时，他急中生智，想出了一个好办法。

束之高阁

【词义】高阁：储藏器物的高架。捆起来以后放在高高的架子上。比喻放着不用。

【出处】《晋书·庾翼传》:“此辈宜束之高阁,俟天下太平,然后议其任耳。”

【例句】如果学了一点理论知识,只是空谈一阵,束之高阁,不去实践,这样的理论再好也是没有用的。

【典故】庾翼是东晋人,他从小就有过人的才智和远大的志向,作战中屡立奇功,被封为都亭侯,官至征西将军。与他同时代的殷浩也很有才能,而且长于高谈阔论,二十岁的时候,就出了名。后来做了扬州的刺史,不久又调任建武将军,都督扬、豫、徐、兖、青五州的军事。但是在讨伐许昌和洛阳敌人的战役中,却屡打败仗,被革了职。后来有人向庾翼建议,让殷浩重新出来做官,庾翼对此不以为然,他认为殷浩是一个徒有虚名的清谈家,只会高谈阔论,而没有真才实干,于是带着鄙夷的神情说:“他像无用之物一样,只好把他捆起来放到高楼上去,等到天下太平后,再来考虑任用他。”

数典忘祖

【词义】数:数着说;典:指历来的制度、事迹。谈论历来的制度、事迹时,把自己祖先的职守都忘了。比喻忘本。也比喻对于本国历史的无知。

【出处】先秦·左丘明《左传·昭公十五年》:“籍父其无后乎?数典而忘其祖。”

【例句】我们应当批判地继承中国的古代文化,可不能数典忘祖啊!

【典故】一次,晋大夫籍谈出使周朝。宴席间,周王问籍谈,晋何以无贡物。籍谈答道,晋从未受过王室的赏赐,何来贡物。周王就列举王室赐晋器物的旧典来,并责问籍谈,身为晋国司典的后代,怎么能“数典而忘其祖”,也就是说列举古代的典制而忘了祖先的职掌呢?后用以比喻忘了事物的根本,也常用来讥刺对本国历史的无知。

双管齐下

【词义】管:指笔。原指手握双笔同时作画。后比喻做一件事两个方面同时进行或两种方法同时使用。

【出处】北宋·郭若虚《图画见闻志·故事拾遗》:“唐张璪员外画山水松石名重于世。尤于画松特出意象,能手握双管一时齐下,一为生枝,一为枯干,势凌风雨,气傲烟霞。”

【例句】学习书法可以毛笔字跟硬笔字双管齐下一起练。

【典故】唐朝人张璪,官为员外郎。不久,他从员外郎的地位降为衡州司马。后来,他又被调为忠州司马,在官场上很不得志。但是,他喜欢绘画,而且画得很好。他尤其擅长画松石山水。他画松树时,总是双手各握一支毛笔。他用一支笔画新枝,另一支笔画枯枝,用两支笔画出来的松树,不论是新枝还是枯枝,都生动逼真。

人们喜欢他的画,纷纷上门求索。大家称赞他的画为神品。他绘画的方式,则被人们称为双管齐下。

水滴石穿

【词义】水不停地滴,石头也能被滴穿。比喻只要有恒心,不断努力,事情就一定能成功。

【出处】南宋·罗大经《鹤林玉露》:“张乖崖为崇阳令,一吏自库中出,巾下有一钱,乖崖杖之。吏曰:‘一钱何足道?乃杖我也!’乖崖援笔判曰:‘一日一钱,千日千钱,绳锯木断,水滴石穿。’”

【例句】不管做什么事,我们都应该有水滴石穿的毅力。

【典故】宋朝时,张乖崖在崇阳当县令。当时,常有军卒侮辱将帅、小吏侵犯长官的事。张乖崖认为这是一种反常的事,下决心要整治这种现象。一天,他在衙门周围巡行。突然,他看见一个小吏从府库中慌慌张张地走出来。张乖崖喝住小吏,发现他头巾下藏着一文钱。那个小吏支吾了半天,才承认是从府军中偷来的。张乖崖把那个小吏带回大堂,下令拷打。那小吏不服气："一文钱算得了什么！你也只能打我，不能杀我！"张乖崖大怒，判道："一日一钱，千日千钱，绳锯木断，水滴石穿。"为了惩罚这种行为，张乖崖当堂斩了这个小吏。

顺水推舟

【词义】顺着水流的方向推船。比喻顺着某个趋势或某种方便说话办事。

【出处】元·康进之《李逵负荆》："你休得顺水推舟，偏不许我过河拆桥。"

【例句】大家都不满意他顺水推舟送人情的做法。

司空见惯

【词义】司空：古代官名。指某事常见，不足为奇。

【出处】唐·孟棨《本事诗·情感》："刘于席上赋诗，曰……司空见惯浑闲事，断尽江南刺史肠。"

【例句】大街上的车辆比往日少多了，平常司空见惯的堵车现象今日踪影全无。

【典故】唐朝的时候，有一个吟诗和做文章都很出色的人，名叫刘禹锡，他中了进士后，便在京做监察御史。因为他的名气，又因放荡不羁的性格，在京中受人排挤，被贬做苏州刺史。就在苏州刺史的任内，当地有一个曾任过司空官职的人名叫李绅，因仰慕刘禹锡，邀请他饮酒，并请了几个歌妓来作陪。饮酒间，刘禹锡一时诗兴大发，便作了这样一首诗："高髻云鬟宫样妆，春风一曲杜韦娘，司空见惯浑闲事，断尽苏州刺史肠。"这首诗中所用的"司空"两个字，是唐代一种官职名称，相当于清代的尚书。从刘禹锡的诗来看，整句成语的意思，就是指李司空对这样的事情，已经见惯，不觉得奇怪了。

司马青衫

【词义】司马：古代官名，唐代诗人白居易曾被贬官为江州司马。司马的衣衫为泪水所湿。形容极度悲伤。

【出处】唐·白居易《琵琶行》："座中泣下谁最多，江州司马青衫湿。"

【例句】失业数年，吃尽用尽，我已经是司马青衫，一贫如洗了。

死灰复燃

【词义】冷灰重新烧了起来。原比喻失势的人重新得势。现常比喻已经消失了的恶势力又重新活动起来。

【出处】《史记·韩长孺列传》："狱吏田甲辱安国。安国曰：'死灰独不复燃乎？'"

【例句】这几年，封建迷信活动在我们这里又死灰复燃了。

【典故】西汉时，韩安国是汉景帝与梁孝王身边一个很受欢迎的人。但是他年轻的时候，也曾经发生过一段曲折的故事。

由于受到某件事的牵连，他被送进监狱等最后的判决下来。在监狱里，有一个叫田甲的看守，对他非常不礼貌，常常毫不留情地羞辱他。有一次，安国被欺负得太过分，就告诉田甲说："你不要以为我这辈子就没有出人头地的一天，暂时熄了火的灰烬，难道就没有可能再烧起来吗？"田甲得意地说："如果会的话，我一定会撒泡尿浇熄它。"不久，安国无罪释放，而且还当上了大官。这时，田甲只好低头向韩安国认错。

死里逃生

【词义】从极危险的境地中逃脱，幸免于死。

【出处】元·王实甫《西厢记》第二本第三折："半万贼兵，卷浮云片时扫净，俺一家儿死里逃生。"

【例句】你能大病痊愈，死里逃生，真得感谢医生的精心治疗啊。

【典故】从前，楚国有个人叫次非，在一次机会中得到一把宝剑，便高兴地渡河回家。当船划到河中心的时候，突然出现两条蛟龙，绕着他的船兴风作浪。船上的人都吓坏了，不知道该怎么办。次非却镇定地问船夫：“照这样下去的话，全船的人不是等死吗？”船夫消极地说：“这必死无疑，还能有什么办法呢？”次非沉思片刻，立刻拔出宝剑说：“以前丢了性命的人，之所以会死在这里，就是因为他们虽然有武器，但不敢和蛟龙拼命。”次非一说完话，便跳进江里，杀了这两条蛟龙，全船的人也就得救了。

死心塌地

【词义】原指死了心，不作别的打算。后常形容打定了主意，决不改变。

【出处】元·乔孟符《鸳鸯被》：“这洛阳城刘员外，他是个有钱贼，只要你还了时，方才死心塌地。”

【例句】对那些死心塌地的犯罪分子，必须严惩。

四分五裂

【词义】形容不完整，不集中，不团结，不统一。

【出处】《战国策·魏策一》：“张仪为秦连横，说魏王曰：‘魏南与楚而不与齐，则齐攻其东；东与齐而不与赵，则赵攻其北；不合于韩，则韩攻其西；不亲于楚，则楚攻其南。此所谓四分五裂之道也！’”

【例句】战国时期，诸侯割据，天下四分五裂。

【典故】战国后期，秦国经过商鞅变法后日益强大，其他诸侯国害怕秦国强大，就采取“合纵”的办法联合抗秦。秦惠王任用魏国人张仪为相，到各国宣扬“连横”的策略，离间六国，威胁和引诱六国依附秦国。在张仪的活动下，六国联盟马上四分五裂。

四面楚歌

【词义】比喻陷入四面受敌、孤立无援的境地。

【出处】《史记·项羽本纪》：“项王军壁垓下，兵少食尽，汉军及诸侯兵围之数重。夜闻汉军四面皆楚歌，项王乃大惊，曰：‘汉皆已得楚乎？是何楚人之多也。’”

【例句】他身处逆境，四面楚歌，不知如何是好。

【典故】项羽和刘邦原来约定以鸿沟（今河南荥县境贾鲁河）东西边作为界限，互不侵犯。后来刘邦听从张良和陈平的规劝，觉得应该趁项羽衰弱的时候消灭他，就又和韩信、彭越、刘贾会合兵力追击正在向东开往彭城（即今江苏徐州）的项羽部队。布置了几层兵力，把项羽紧紧围在垓下（今安徽灵璧县东南）。这时，项羽手下的兵士已经很少，粮食又没有了。夜里听见四面围住他的军队都唱起楚地的民歌，不禁非常吃惊地说：“刘邦已经得到楚地了吗？为什么他的部队里面楚人这么多呢？”说着，心里已丧失了斗志，便从床上爬起来，在营帐里面喝酒，并和他最宠爱的妃子虞姬一同唱歌。唱完，直掉眼泪，在旁的人也非常难过，都觉得抬不起头来。一会儿，项羽骑上马，带了仅剩的八百名骑兵，从南突围逃走。边逃边打，到乌江畔自刎而死。因为这个故事里面有项羽听见四周唱起楚歌，感觉吃惊，接着又失败自杀的情节，所以后人就用“四面楚歌”这个成语，形容人们遭受各方面攻击或逼迫的人事环境，而致陷于孤立窘迫的境地。

四通八达

【词义】四面八方都有路可通。形容交通极便利。也形容通向各方。

【出处】先秦·子华子《子华子·晏子问党》：“其涂之所出，四通而八达，游士之所凑也。”

【例句】这里的交通四通八达，给大家的出行带来了极大方便。

肃然起敬

【词义】肃然：恭敬的样子；起敬：产生敬佩的心情。形容产生严肃敬仰的感情。

【出处】南朝·宋·刘义庆《世说新语·箴规》：“执

经登坐，讽诵朗畅，词色甚苦，高足之徒皆肃然起敬。”

【例句】雷锋叔叔助人为乐的事迹，感人肺腑，叫人肃然起敬。

随机应变

【词义】机：时机，形势。随着情况的变化灵活机动地应付。

【出处】《旧唐书·郭孝恪传》：“建德远来助虐，粮运阻绝，此是天丧之时。请固武牢，屯军汜水，随机应变，则易为克殄。”

【例句】打排球也要随机应变，运用多种战术，方能取得胜利。

随声附和

【词义】和：声音相应。自己没有主见，别人怎么说，就跟着怎么说。

【出处】明·许仲琳《封神演义》：“崇侯虎不过随声附和，实非本心。”

【例句】他对每一个问题都认真进行思考，从不人云亦云，随声附和。

岁寒松柏

【词义】比喻在逆境艰难中能保持节操的人。

【出处】先秦·孔子《论语·子罕》：“岁寒，然后知松柏之后凋也。”

【例句】他很佩服同事岁寒松柏的品质。

碎琼乱玉

【词义】指雪花。

【出处】明·施耐庵《水浒传》第十回：“（林冲）出到大门首，把两扇草场门反拽上锁了。带了钥匙，信步投东。雪地里踏着碎琼乱玉，迤逦背着北风而行。”

【例句】今年头场大雪就这么纷纷扬扬地下着，我们几个踩着碎琼乱玉，边走边说，一点寒意都感觉不到。

T

弹冠相庆

【词义】弹冠：掸去帽子上的灰尘，准备做官。指官场中一人当了官或升了官，同伙就互相庆贺将有官可做。

【出处】北宋·苏洵《管仲论》：“一日无仲，则三子者可以弹冠相庆矣。”

【例句】他用不正当的手段坐上了公司的第一把交椅，他的同伙弹冠相庆。

叹为观止

【词义】叹：赞赏；观止：看到这里就够了。赞美所见到的事物好到了极点。

【出处】《左传·襄公二十九年》：“观止矣！若有他乐，吾不请已。”

【例句】这篇文章语言清新、流畅，读后让人叹为观止，连声叫好。

螳臂当车

【词义】当：阻挡。螳螂举起前肢企图阻挡车子前进。比喻做力量做不到的事情，必然失败。

【出处】《庄子·人间世》：“汝不知夫螳螂乎？怒其臂以当车辙，不知其不胜任也。”

【例句】以目前的实力，去和大企业竞争，简直是螳臂当车，不自量力。

【典故】春秋时，鲁国有个贤人名叫颜阖（hé），被卫国灵公请去当其太子蒯聩（kuǎi guì）的老师。颜阖听说蒯聩是个有凶德的人，到卫国后，就先去拜访卫国贤者蘧（qú）伯玉，请教如何教好蒯聩。蘧伯玉回答说，您先来问情况是对的，有好处，但要想用您的才能教好太子是很难达到目的的。并进一步说道：“汝不知夫螳螂乎？怒其臂以当车辙，不知其不胜任也，是其才之美者也。戒之，慎之！”意思是说，螳螂鼓起双臂来阻挡前进的车轮子，它不知道自己是力不胜任的，而是确实认为自己的这种举动是好的，是有益的。颜阖啊，您的心是好的，但您的作为像螳臂当车一样，您要戒备啊，要慎重啊！

韬光养晦

【词义】隐藏才能，不使外露。

【出处】清·俞万春《荡寇志》第七十六回："贤侄休怪老夫说，似你这般人物，不争就此罢休。你此去，须韬光养晦，再看天时。"

【例句】小王几年来韬光养晦，积累了大量的知识。

桃李满天下

【词义】桃李：培养的后辈或所教的学生。比喻学生很多，各地都有。

【出处】《资治通鉴·唐纪·武后久视元年》："天下桃李，悉在公门矣。"

【例句】张老师在教育战线上奋斗了大半辈子，如今早已是桃李满天下了。

【典故】唐代武则天当皇帝时，有一个宰相叫狄仁杰，字怀英，太原（今属山西）人。此人德高望重，敢于直言相谏，深得武则天赏识。武则天称他为“国老”（武则天即位时，狄仁杰已八十多岁）而不直呼其名。就是上朝时，武则天也不让他跪拜，说：见狄公下拜，我浑身都痛。武则天常对其他大臣说：“不是特别重要的军国大事，你们不要去麻烦狄老。”武则天为了巩固自己的统治，采取多种措施，广罗人才，并让狄仁杰给他推荐能担任将相的人才。狄仁杰推荐了张柬之、姚崇等数十人，这些人后来多成了名臣。有人对狄仁杰说：“你真是位了不起的人物，朝廷里有才能的大臣都是你推荐的，真是桃李满天下啊。”狄仁杰说：“推荐有才能的人为国家效力，不是为私，是我应该做的。”公元700年，九十三岁的狄仁杰病死，武则天痛哭流涕。自此以后，每当朝廷有大事而众人又不能解决时，武则天常叹息说：“老天爷为什么这么早就夺去了我的国老啊！”

醍醐灌顶

【词义】醍醐：酥酪上凝聚的油。用纯酥油浇到头上。佛教指灌输智慧，使人彻底觉悟。比喻听了高明的意见使人受到很大启发。也形容清凉舒适。

【出处】唐·顾况《行路难》："岂知灌顶有醍醐，能使清凉头不热。"

【例句】受到她的一言启发，我犹如醍醐灌顶，恍然大悟！

天昏地暗

【词义】昏：天黑。天地昏黑无光。形容刮大风时漫天沙土的景象。也比喻政治腐败，社会黑暗。

【出处】唐·韩愈《龙移》："天昏地黑蛟龙移，雷惊电激雄雌随。"

【例句】沙漠中的天气真是变化无常，一会儿晴空万里，一会儿飞沙走石，天昏地暗。

天经地义

【词义】经：规范，原则；义：正理。天地间历久不变的常道。指绝对正确，不能改变的道理。也指理所当然的事。

【出处】《左传·昭公二十五年》："夫理，天之经也，地之义也，民之行也。"

【例句】要有收获就得耕耘，这是天经地义的事。

【典故】公元前520年周景王姬贵死后，按习俗由他正夫人所生的世子姬敬继位。但是，景王生前曾与大夫宾孟商讨过，打算立非正夫人所生的长子姬朝为世子。这样，姬朝也有资格继位。于是，周王室发生了激烈的王位之争。在这种情况下，晋顷公召集各诸侯国的代表在黑壤结盟，商讨如何使周王室安宁。参加商讨的有晋国的赵鞅、郑国的游吉、宋国的乐大心等。会上，晋国的赵鞅向郑国的游吉请教什么叫“礼”。游吉回答说：“我国的子产大夫在世时曾经说过，礼就是天之经，地之义，也就是老天规定的原则，大地施行的正理！它是百姓行动的依据，不能改变，也不容怀疑。”赵鞅对游吉的回答很满意，表示一定要牢记这个道理。其他诸侯国的代表听了，也大都表示有理。接着，赵鞅提出各诸侯国应全力支持敬王，为他提供兵卒、粮草，并且帮助他把王室迁回王城。后来，晋国的大夫率领各诸侯国的军队，帮助敬王恢复王位，结束了周王室的王位之争。

天伦之乐

【词义】天伦：旧指父子、兄弟等亲属关系。泛指家庭的乐趣。

【出处】唐·李白《春夜宴从弟桃花园序》：“会桃李之芳园，序天伦之乐事。”

【例句】只要走进他们的新居，就会感到，这是一个舒适的休憩之所，更是欢叙天伦之乐的家园。

天罗地网

【词义】天罗：张在空中捕鸟的网。天空地面，遍张罗网。指上下四方设置的包围圈。比喻对敌人、逃犯等的严密包围。

【出处】元·李寿卿《伍员吹箫》：“若不是华建来说就里，白破了这厮谎，险些儿被赚入天罗地网。”

【例句】公安人员布下了天罗地网，犯罪分子插翅难逃。

【典故】楚平王身旁有个很会拍马屁的人，名叫费无极。一次，他奉命到秦国去给太子华建迎接新娘，见新娘非常美丽，便怂恿平王把她留作自己的妃子。昏庸好色的平王居然照办。这件事传开后，成为一大丑闻。太子华建的老师伍奢，是个刚正不阿的大臣。费无极生怕他今后帮助太子惩罚自己，便怂恿平王诱杀了他及其长子。这样做还不够，费无极又怂恿平王把太子华建送到城文去把守边疆。后来仍不放心，又派人去杀害他。公子华建得到风声，连夜逃跑。他知道伍奢的次子伍员在樊城镇守，便赶到那里，告诉了他父兄被杀的情况，并说费无极已派他的儿子费得雄赶到樊城来骗你回去，然后杀掉。伍员听到这些消息，大骂费无极心狠，平王无道，决定采取适当措施对付赶来的费得雄。过了几天，费得雄果然来到樊城。见了伍员后，他谎称平王因伍员屡立战功，要重加赏赐，请伍员立刻启程回朝，接受赏赐。伍员故意问道：“我已半年未曾回朝，不知我家父兄等是否安康？”费得雄装模作样地说：“你们伍家好生兴旺，有哪家比得上？！”伍员听了勃然大怒，一把抓住费得雄的衣襟，痛斥道：“你们这伙坏蛋，把我全家杀绝，还无耻地说我伍家兴旺！”费得雄以为伍员不可能知道这件事的详情，便要求伍员举出证人。伍员愤怒他说：“如果不是公子华建来到这里说明内情，道破你这个坏蛋的谎言，我险些儿被你骗进天罗地网！”费得雄这才无话可说。伍员痛打了他一顿，弃官而走。后来他来到吴国，打扮成一个要饭的，在热闹的街市上吹箫唱曲，终于被吴王请去，当了吴国的大夫，促使吴国战胜楚国，为父兄报了仇。

天无绝人之路

【词义】天下不会断绝人的出路，把人困死。比喻人虽一时处于绝境，但终归可以找到出路。

【出处】元·无名氏《货郎担》第四折：“果然天无绝人之路，只是那东北上摇下一只船来。”

【例句】天无绝人之路，你应该振作起来，开始新的生活。

通宵达旦

【词义】通宵：通夜，整夜；达：到；旦：天亮。整整一夜，从天黑到天亮。

【出处】明·冯梦龙《醒世恒言》："狮蛮社火，鼓乐笙箫，通宵达旦。"

【例句】为了在年底前完成这项任务，大家通宵达旦地工作着。

痛哭流涕

【词义】涕：眼泪。形容伤心到极点。

【出处】①《汉书·贾谊传》："臣窃惟事势，可为痛哭者一，可为流涕者二，可为长太息者六。"②《宋史·胡铨传》："而此膝一屈不可复伸，国势陵夷不可复振，可为痛哭流涕长太息矣。"

【例句】因一时的疏忽，给生产带来了巨大损失，他痛哭流涕。

头破血流

【词义】头打破了，血流满面。多用来形容惨败。

【出处】明·吴承恩《西游记》第四十四回："照道士脸上一刮，可怜就打得头破血流身倒地，皮开颈折脑浆倾。"

【例句】逆时代潮流而行的人，到头来会被碰得头破血流。

头晕目眩

【词义】头发昏，眼发花，感到一切都在旋转。

【出处】清·曹雪芹《红楼梦》第六回："满屋里的东西都是耀眼争光，使人头晕目眩。"

【例句】我站在悬崖边上头晕目眩，小心翼翼地向前走。

头重脚轻

【词义】头脑发胀，脚下无力。形容身体不适。也比喻基础不牢固。

【出处】明·天然痴叟《石点头·侯官县烈女歼仇》："他的酒量原不济，三瓯落肚，渐觉头重脚轻。"

【例句】我们写文章要首尾一致，不要头重脚轻。

投鼠忌器

【词义】投：用东西去掷；忌：怕，有所顾虑。想用东西打老鼠，又怕打坏了近旁的器物。比喻做事有顾忌，不敢放手干。

【出处】《汉书·贾谊传》："里谚曰：'欲投鼠而忌器。'此善喻也。鼠近于器，尚惮不投，恐伤其器，况于贵臣之近主乎！"

【例句】儿子学习不用功，他本来打算教训一番，可又担心投鼠忌器，惹恼老母亲。

【典故】三国初期，汉献帝与丞相曹操、皇叔刘备一起去打猎。曹操为了显示自己的武力，竟跟汉献帝齐头并进。汉献帝见不远处有只兔子，就叫刘备射，说是要看看皇叔的箭法。刘备连忙弯弓射箭，正好命中兔子，献帝连夸好箭法。献帝又看见一只大鹿，连射三箭不中，就叫曹操射。曹操拿过献帝的金比箭，一箭就射中了鹿。将士们见射中鹿的是金比箭，以为是献帝射的，都高呼"万岁"，曹操得意地站到献帝前接受欢呼。关云长实在看不下去，要拍马刀砍曹操，刘备忙暗示他不可轻举妄动。事后，关云长问刘备为什么不让杀曹操，他说："投鼠忌器，他身边还有献帝呢。"

图穷匕见

【词义】图：地图；穷：尽；见：现。比喻事情发展到最后，真相或本意显露了出来。

【出处】《战国策·燕策三》："轲既取图奉之，发图，图穷而匕首见。"

【例句】他虚情假意一番之后，便图穷匕见，露出了本来的面目。

【典故】战国末期，秦国实力强盛，攻灭了韩、赵两国后，又向燕国进军。为此，燕太子丹决定派人去行刺秦王，以期扭转局势。太子丹物色到一位勇士，名叫荆轲。他擅长剑术，是行刺秦王的最好人选。为了使荆轲能接近秦王，特地为他准备了两样秦王急于想获得的东西：一是从秦国叛逃到燕国的将领樊於期的头颅，二是燕国督亢地区（今河北涿县东）的地图，表示燕国愿将这块地方献给秦国。这两样东西分别放在匣子里。行刺秦王的匕首，就放在卷着的地图的最里面。此外，还为荆轲配了一名助手，此人叫秦舞阳。临行时，太子丹等身穿丧服，将荆轲送到易水边。秦王得知燕国派人来献两样他最需要的东西，非常高兴。在都城咸阳宫内隆重接见。荆轲捧着装有樊於期头颅的匣子走在前面，秦舞阳捧着装有地图的匣子跟在后面。秦舞阳在上台阶时，紧张得双手颤抖，脸色变白。荆轲赶紧作了解释，并按秦王的要求，接过秦舞阳手里装有地图的匣子，当场打开，取出地图，双手捧给秦王。秦王慢慢展开卷着的地图，细细观看。快展到尽头时，突然露出一把匕首。荆轲见匕首露现，左手抓住秦王衣袖，右手举起匕首便刺。但是，荆轲并未刺中秦王。秦王急忙拔剑自卫，却又一时拔不出来。于是两人绕着柱子转。卫兵因没有秦王命令，不敢擅自上前。就在这紧张的时刻，秦王的侍臣突然用医袋抽打荆轲，并提醒秦王把剑推到背后拔出。秦王顿时醒悟过来，迅速拔出剑来，一剑砍断了荆轲的左腿。荆轲倒地后，将匕首投向秦王。结果未中，被拥上来的卫兵杀死。

土崩瓦解

【词义】瓦解：制瓦时先把陶土制成圆筒形，分解为四，即成瓦，比喻事物的分裂，像土崩塌、瓦破碎一样，不可收拾。比喻彻底垮台。

【出处】《史记·秦始皇本纪》："秦之积衰，天下土崩瓦解。"

【例句】可怕的泥石流让许多屋舍土崩瓦解。

【典故】商纣王是商朝的末代君主，是一个暴虐无道的昏君。他贪恋酒色、荒淫无度，整日花天酒地，寻欢作乐，不理朝政。他听信谗言，重用奸臣，残害忠良，戮杀无辜。他强征暴敛，动用巨资，强迫百姓为自己修建宫苑。他惨无人道，制造种种酷刑，以观看人受刑时的痛苦为乐。在他暗无天日的统治下，百姓怨声载道，苦不堪言。虽说商朝的疆土辽阔广袤，左起东海，右至杳无人烟的沙漠，南从五岭以南的交趾，北至遥远的幽州，军队从容关一直驻扎到蒲水。士兵不下数万，但打起仗来，因为士兵不愿意为纣王战死，所以"倒矢而射"把兵器扔在一边。商朝军队士气如此低落，商朝的政权自然是岌岌可危了。所以，当周武王左手擎着用黄金作装饰的大戟，右手拿着用牦牛尾装饰的白色旌旗，坐着战车，势不可当地杀来时，所到之处，无不披靡，使得纣王军队的溃败、商纣王政权的垮台，就如瓦片的碎裂、泥土倒塌，迅速而无法挽救。

推心置腹

【词义】把赤诚的心交给人家。比喻真心待人。

【出处】《后汉书·光武帝纪上》："降者更相语曰：'萧王推赤心置腹中，安得不投死乎！'"

【例句】我们是推心置腹的老友，绝对信任对方。

【典故】西汉末年，王莽篡政，引起天下大乱，各地农民纷纷起义，群雄讨莽。公元 23 年初，刘玄被立为天子，刘秀任偏将军。王莽多次派兵攻打刘玄。在这些战斗中，刘秀屡立战功，被刘玄封为"萧王"。同时，刘秀与另一草莽英雄王郎也曾在今河北省中南部的滹沱河、滏阳河流域征战多年，打了不少胜仗。公元 24 年秋，刘秀率兵攻打农民起义军于鄗（今河北柬鹿县东南），大破之，封降兵渠帅为列侯。但降者并不放心，担心刘秀是否出于真意。刘秀获悉这一情况后，为使其放心，便采用安抚之计，下令降者各归其本部，统领其原来的兵马，刘秀本人则轻骑巡行各部，无丝毫戒备之意。这样一来，降者都信以为真了，只听他们经常三三两两地在一起低语："萧王推己之红心，置他人之腹中，我们还担心什么？还不为他打天下出力吗？"《后汉书·光武皇帝本纪》里的原话是："萧王推赤心置人腹中，安得不报死乎！"后人根据这段历史，将“推赤心置人腹中”概括为“推心置腹”成语，以喻真心待人之意。

拖泥带水

【词义】比喻说话做事不干脆利落。

【出处】①北宋·圆悟克勤《碧岩录》卷一：“道个佛字，拖泥带水；道个禅字，满面惭惶。”②北宋·释普济《五灯会元》：“狮子翻身，拖泥带水。”

【例句】写文章要简洁明了，不能拖泥带水。

唾手可得

【词义】唾手：往手上吐唾沫。动手就可以取得。比喻极容易得到。

【出处】《新唐书·褚遂良传》：“但遣一二将，付锐兵十万，翔云，唾手可取。”

【例句】学习上没有唾手可得的事，都需要经过艰苦的努力。

【典故】唐太宗时，唐朝属国高丽国发生内乱，大臣支离杀死唐太宗立的国王后自立为王，唐太宗想亲征高丽。大将褚遂良认为这点小事不必皇帝亲征，派一两名精干的大将带上十万兵马出征，小小高丽就唾手可取。

W

外强中干

【词义】干：枯竭。形容外表强壮，内里空虚。

【出处】《左传·僖公十五年》：“外强中干，进退不可，周旋不能。”

【例句】你别以为他壮得像头牛，其实外强中干，常常生病。

【典故】秦国和晋国之间发生了战争，晋惠公要使用郑国赠送的马来驾车，大臣庆郑劝告惠公说：“自古以来，打仗时都要用本国的好马，因为它土生土长，熟悉道路，听从使唤。用外国的马，不好驾驭（控制），一遇到意外，就会乱踢乱叫。而且这种马外表看起来好像很强壮，实际上并没有什么能耐（原文是“外强中干”），怎么能作战呢？”但是惠公没有听从庆郑的劝说。战斗打响后，晋国的车马便乱跑一气，很快陷入泥泞，进退不得。结果被秦军打得大败，晋惠公也被秦军活捉了。

完璧归赵

【词义】本指蔺相如将和氏璧完好地自秦送回赵国。后比喻把原物完好地归还本人。

【出处】《史记·廉颇蔺相如列传》：“蔺相如带宝玉去秦国换取城池，见秦王有诈，便凭着大智大勇，终于使宝玉完好回归赵国。”（注：此处为译文。）

【例句】这些书我看过之后一定会完璧归赵，请你放心。

【典故】战国时，赵王得到了一块名贵宝玉“和氏璧”。这件事情让秦国大王知道了，他就写了封信，派人去见赵王，说秦王愿意用十五座城来换那块宝玉。赵王看了信，心里想，秦王一向是只想占便宜，不肯吃亏的人。这一次怎么这么大方呢？要不答应吧，怕秦国兴兵来进攻；要答应吧，又怕上当。他想来想去拿不定主意，就跟大臣们商量。大臣们也想不出什么好办法来。蔺相如知道了，对赵王说：“大王，让我带着和氏璧去见秦王吧，到那里我见机行事。如果秦王不肯用十五座城来交换，我一定把和氏璧完整地带回来。”赵王知道蔺相如是个又勇敢又机智的人，就同意他去了。蔺相如到了秦国，秦王在王宫里接见了他。蔺相如双手把和氏璧献给秦王。秦王接过来左看右看，非常喜爱。他看完了，又传给大臣们一个一个地看，然后又交给后宫的美女们去看。蔺相如一个人站在旁边，等了很久，也不见秦王提起割让十五座城的事儿，知道秦王根本没有用城换宝玉的诚意。可是宝玉已经到了秦王手里，怎么才能拿回来呢？他想来想去，想出了一个计策，就走上前去，对秦王说："这块和氏璧看着虽然挺好，可是有一点小毛病，让我指给大王看。"秦王一听有毛病，赶紧叫人把宝玉从后宫拿来交给蔺相如。蔺相如拿着和氏璧往后退了几步，身子靠在柱子上，气冲冲地对秦王说："当初大王差人送信给赵王，说情愿拿十五座城来换赵国的和氏璧。赵国大臣都说，千万别相信秦国骗人的话。我可不这么想，我说老百姓还讲信义呐，何况秦国的大王哩！赵王听了我的劝告，这才派我把和氏璧送来。方才大王把宝玉接了过去，随便交给下面的人传看，却不提换十五座城的事情。这样看来，大王确实没有用城换壁的真心。现在宝玉在我的手里。如果大王硬要逼迫我，我情愿把自己的脑袋跟这块宝玉一块儿碰碎在这根柱子上！"说着，蔺相如举起和氏璧，对着柱子，就要摔过去。秦王本来想叫武士去抢，可是又怕蔺相如真的把宝玉摔碎，连忙向蔺相如赔不是，说："大夫不要着急，我说的话怎么能不算数哩！"说着叫人把地图拿来，假惺惺地指着地图说："从这儿到那儿，一共十五座城，都划给赵国。"蔺相如心想，秦王常常会耍鬼把戏，可别再上他的当！他就跟秦王说："这块和氏璧是天下有名的宝贝。我送它到秦国来的时候，赵王斋戒了五天，还在朝廷上举行了隆重的送宝玉的仪式。现在大王要接受这块宝玉，也应该斋戒五天，在朝廷上举行接受宝玉的仪式，我才能把宝玉献上。"秦王说："好，就这么办吧！"他就派人送蔺相如到公馆去休息。蔺相如拿着那块宝玉到了公馆里。就叫一个手下人打扮成一个买卖人的样儿，把那块宝玉包着，藏在身上，偷偷地从小道跑回到赵国去了。至于秦王会把他怎么样，他一点也没有考虑。后来秦王发觉这件事，后悔已经来不及了，想发兵攻打赵国吧，赵国在军事上做了准备，怕打不赢。最后秦王只好放蔺相如回到赵国去。这件事情在历史上叫作完璧归赵。直到今天，人们谈起这段故事来，还对蔺相如的英勇行为竖大拇指。

万人空巷

【词义】空巷：街道里弄里的人全部走空。指家家户户的人都从巷里出来了。多形容庆祝、欢迎等盛况。

【出处】北宋·苏轼《八月十七复登望海楼》："赖有明朝看潮在，万人空巷斗新妆。"

【例句】喜讯传来，这座城里万人空巷，人们兴高采烈走上街头，在广场举行庆祝。

妄自菲薄

【词义】妄：胡乱的；菲薄：小看，轻视。过分地看轻自己。形容自卑心理，自轻自贱。

【出处】三国·蜀·诸葛亮《前出师表》："诚宜开张圣听，以光先帝遗德，恢弘志士之气，不宜妄自菲薄，引喻失义，以塞忠谏之路也。"

【例句】他有惊人的记忆力，不忍妄自菲薄，终日参研经典，进步很快。

【典故】三国时期，刘备死后，诸葛亮辅佐刘禅复兴汉室。他竭尽全力筹划北伐曹魏，但刘禅胸无大志，没有治国才能。诸葛亮深表忧虑，出征前夕写了《前出师表》，要他教育好百官不忘先帝恩德，应该发愤图强，不能妄自菲薄。

望其项背

【词义】项：颈的后部。望见他的颈项和后背。比喻赶得上。

【出处】清·汪琬《与周处士书》："言论之超卓雄伟，真有与诗书六艺相表里者，非后世能文章家所得望其肩项也。"

【例句】小明经过多年的刻苦努力，成绩不是常人所能望其项背的。

望眼欲穿

【词义】眼睛都要望穿了。形容盼望殷切。

【出处】①唐·白居易《寄微之》:“白头吟处变,青眼望中穿。”②宋·杨万里《晨炊横塘桥酒家小窗》:“饥望炊烟眼欲穿,可人最是一青帘。”

【例句】妈妈望眼欲穿地盼着失踪的儿子早日回家。

危机四伏

【词义】到处隐藏着危险的祸根。

【出处】茅盾《子夜》:“不要太乐观。上海此时也是危机四伏。”

【例句】当时单位处于内外交困、危机四伏的境地,上级派来了新经理。

威风凛凛

【词义】威风:威严的气概;凛凛:严肃,可敬畏的样子。形容声势或气派使人敬畏。

【出处】明·罗贯中《三国演义》第七回:“看那少年,生得身长八尺,浓眉大眼,阔面重颐,威风凛凛。”

【例句】他穿上军服,还真有点威风凛凛的气势。

微不足道

【词义】微:细,小;足:值得;道:谈起。微小得很,不值得一提。指意义、价值等小得不值得一提。

【出处】郭沫若《百花齐放·单色》:“在草花中我们虽然是微不足道,但我们的花色却算是紫色代表。”

【例句】个人的力量和整体力量相比是微不足道的。

韦编三绝

【词义】韦编:用熟牛皮绳把竹简编连起来;三:概数,表示多次;绝:断。编连竹简的皮绳断了三次。比喻读书勤奋。

【出处】西汉·司马迁《史记·孔子世家》:“读《易》,韦编三绝。”

【例句】我们提倡韦编三绝的读书精神,更提倡学以致用,期待创新人才的大量涌现。

【典故】春秋时的书,主要是以竹子为材料制造的,把竹子削成一根根竹签,称为“竹简”,用火烘干后在上面写字。竹简有一定的长度和宽度,一根竹简只能写一行字,多则几十个,少则八九个。一部书要用许多竹简,这些竹简必须用牢固的绳子之类的东西编连起来才能阅读。像《易》这样的书,当然是由许许多多竹简编连起来的,因此有相当的重量。孔丘花了很大的精力,把《易》全部读了一遍,基本上了解了它的内容。不久又读第二遍,掌握了它的基本要点。接着,他又读第三遍,对其中的精神、实质有了透彻的理解。在这之后,为了深入研究这部书,同时给弟子讲解,他不知翻阅了多少遍。这样读来读去,把串联竹简的牛皮带子也给磨断了几次,不得不多次换上新的再使用。即使读到这样的地步,孔子还谦虚地说:“假如让我多活几年,我就可以完全掌握《易》的文与质了。”

为非作歹

【词义】做种种坏事。

【出处】元·尚仲贤《洞庭湖柳毅传书》:“只一口将他吞于腹中,看道可还有本事为非作歹哩。”

【例句】他们都很老实,即使饿着肚子也不会去为非作歹。

为虎作伥

【词义】伥:伥鬼,古时传说被老虎吃掉的人,死后变成伥鬼,专门引诱人来给老虎吃。替老虎做伥鬼。比喻充当恶人的帮凶。

【出处】北宋·苏轼《渔樵闲话》:“猎者曰:此伥鬼也,昔为虎食之人;既已鬼矣,遂为虎之役。”

【例句】我真不知道他是这么坏的人,竟然为虎作伥当了帮凶。

【典故】唐穆宗长庆年间,传说有个处士马拯,听说衡山祝融峰上住着一个伏虎长老。他带了一个童仆，上山去拜访那位长老。他登上祝融峰，见到一座佛寺里，果然有个须发皆白的老和尚。老和尚很热情，一定要留马拯吃饭，可是厨房里的油和盐正巧用完了。马拯就叫童仆下山去买油盐。老和尚陪送他走出寺门。马拯独自一人站在寺边观赏山景。这时，从山下又来了一个叫马沼的隐士。两人互通姓名之后，马沼说他在半山腰看见一只猛虎在吃人……马拯问了那人的年龄、容貌、衣着，惊叫道："那是我的童仆！"马沼又说："奇怪的是，那猛虎吃了人后，忽然变成一个须发皆白的老和尚。"不一会儿，老和尚回来了，马沼轻声对马拯说："正是这个和尚。"天晚了，老和尚要请他们住僧房，两人却喜欢住在斋堂里。他们把门紧紧闩上，观察着外面的动静。半夜里，有只老虎几次来撞门，两人用力顶住，门才没有被撞开。两人决心要除掉这只吃人的老虎，终于想出了一个好办法。第二天一早，两人说是后院一口井里传出怪声音，把老和尚骗到井边。当老和尚凑到井口看时，马沼一用力，把他推下井去。和尚一落水，立刻变成了老虎。两人搬来大石头，把它砸死了。两人下山时迷了路，后来幸亏遇见一个猎人，就住在搭在树上的窝棚里过夜。半夜里，马拯突然被树下的人声吵醒。他借着月光一看，竟有几十个人，叫嚷着要替老虎报仇。猎人告诉他们，这些人都是被老虎吃掉了，可死后却替老虎开道，成了伥鬼。马拯骂道："你们这些伥鬼，死在老虎嘴里，还要为它痛哭、报仇！"古代传说，被老虎吃掉的人，死后变成伥鬼，还要为老虎效力。成语"为虎作伥"由此而来，现比喻为坏人做帮凶。

为民请命

【词义】请命：请示保全生命。泛指有相当地位的人代表百姓向当权者陈述困难，提出要求。

【出处】《史记·淮阴侯列传》："因民之欲，西乡为百姓请命，则天下风走而响应矣，孰敢不听！"

【例句】从古以来，为民请命的清官大有人在。

唯唯连声

【词义】唯唯：谦卑的应答。连声应答，以示顺从。

【出处】《史记·赵世家》："徒闻唯唯，不闻周舍之谔谔。"

【例句】他唯唯连声，按照妻子的要求把菜给洗了。

惟妙惟肖

【词义】描写或模仿得非常逼真。

【出处】清·蒲松龄《聊斋志异·各本序跋题辞〈读聊斋杂说〉》："形容惟妙惟肖，仿佛《水经注》造语。"

【例句】他扮演了一个不大熟悉的角色，竟做到惟妙惟肖，博得同行的好评。

未雨绸缪

【词义】比喻事先做好准备工作。

【出处】《诗经·豳风·鸱鸮》："迨天之未阴雨，彻彼桑土，绸缪牖户。"

【例句】为了迎战本届世界乒乓球锦标赛，中国队未雨绸缪，加紧训练。

【典故】武王灭纣后，封管叔、蔡叔及霍叔于商都近郊，以监视殷遗民，号三监。武王薨，成王年幼继位，由叔父周公辅政，致三监不满。管叔等散布流言，谓周公将不利于成王。周公为避嫌疑，远离京城，迁居洛邑。不久，管叔等人与殷纣王之子武庚勾结行叛。周公乃奉成王命，兴师东伐，诛管叔、杀武庚、放蔡叔，收殷余民。周公平乱后，遂写一首《鸱》诗与成王。其诗曰："趁天未下雨，急剥桑皮，拌以泥灰，以缚门窗。汝居下者，敢欺我哉？"周公诗有讽谏之意，望成王及时制定措施，以止叛乱阴谋。成王虽心中不满，然未敢责之。

味同嚼蜡

【词义】像吃蜡一样，没有一点儿味。形容语言或文章枯燥无味。

【出处】《楞严经》卷八："我无欲心，应汝行事，于横陈时，味同嚼蜡。"

【例句】这篇文章空话连篇，叫人读起来味同嚼蜡。

文不加点

【词义】点：涂上一点，表示删去。文章一气呵成，无须修改。形容文思敏捷，写作技巧纯熟。

【出处】东汉·祢衡《鹦鹉赋序》："衡因为赋，笔不停辍，文不加点。"

【例句】他思索片刻，便拿起笔来，文不加点地完成了一篇精彩的社论。

闻所未闻

【词义】闻：听到。听到了从来没有听到过的事。形容事物新奇罕见。

【出处】《史记·郦生陆贾列传》："越中无足与语，至生来，令我日闻所未闻。"

【例句】他每次出海回来后，都会给我讲很多闻所未闻的异域风俗。

问心无愧

【词义】问心：问问自己。扪心自问，毫无愧色。

【出处】清·李宝嘉《官场现形记》第二十二回："就是将来外面有点风声，好在这钱不是老爷自己得的，自可以问心无愧。"

【例句】我每天努力工作，用我的热情、我的心血去培养祖国的花朵，我觉得问心无愧。

沃野千里

【词义】形容肥沃的土地极为宽广。

【出处】《汉书·张良传》："夫关中左函，右陇蜀，沃野千里。"

【例句】祖国的洞庭湖流域沃野千里。

无动于衷

【词义】衷：内心。心里一点儿也没有触动。指对应该关心、注意的事情毫不关心，置之不理。

【出处】清·李宝嘉《官场现形记》第三十三回："以至顶到如今，偏偏碰着这位制军是不轻容易见客的，他见也好，不见也好，便也漠然无动于衷了。"

【例句】对于社会上的不正之风，我们不能熟视无睹，无动于衷。

无精打采

【词义】采：兴致。形容精神不振，提不起劲头。

【出处】清·曹雪芹《红楼梦》第二十五回："小红待要过去，又不敢过去，只得悄悄向潇湘馆，取了喷壶而回，无精打采，自向房内躺着。"

【例句】妈妈在工厂劳累了一天，无精打采地回到家里。

无可奈何

【词义】奈何：如何，怎么办。指感到没有办法，只有这样了。

【出处】①《战国策·燕策三》："太子闻之，驰往，伏尸而哭极哀。既已无可奈何，乃遂收盛樊於期之首，函封之。"②《史记·周本纪》："太史伯阳曰：'祸成矣，无可奈何！'"

【例句】弟弟很淘气，妈妈拿他真是无可奈何。

【典故】汉武帝时，由于统治阶级对内以严酷的手段进行治理，对外又不断地进行扩张，对百姓强征暴敛，使百姓怨声载道，苦不堪言，尤其是广大农民，到了忍无可忍的地步，他们纷纷起义。起义队伍大的数千人，小的几百人，自立旗号，攻打城池，夺取武库，释放死囚，杀官员，在乡里抢劫富豪，救济贫民，响应者不计其数。起义震惊了当时的皇帝和朝中大臣，他们都很害怕，急忙调兵遣将，派重兵前去武力镇压。然而，起义的队伍却越战越勇，有不可阻挡之势。皇帝和大臣们恐慌了，只得调集了更多的军队，执行残酷的杀戮政策，一下子杀了一万多人，还杀了给起义军运送粮食的几千人。这样，几年后才捕获了一些起义军首领。但是那些被打散的起义者和没被杀死的人，又重新聚集起来，占领山岭和水乡，使水陆交通阻塞，他们往往成帮结伙地袭击官军，闹得声势很大。统治者心中既恨又怕，但又对起义军毫无办法。于是朝廷又制定了《沈命法》，规定：对于成伙的盗贼没有发觉的，或者已经发觉应捕获而没有能够捕获的，凡年俸禄在二千石以下的官吏主要责任者，一律处死。打这以后，小官吏怕杀头，虽有农民起义者也不敢揭发，怕揭发了抓不住人，自己触法并牵连郡太守，而郡太守也不愿意他们揭发，所以，农民起义军队伍越来越壮大。"无可奈何"这句成语，在这个故事中是用来形容统治者对农民起义恨之入骨，千方百计想消灭他们，但起义军却越战越勇，声势越来越大，统治者对此只能怀恨在心，却毫无办法。

无可置疑

【词义】事实明显或理由充足，没有什么可以怀疑的。

【出处】范文澜《中国通史》第一编第五章第二节："战国时某些地区已能制钢，无可置疑。"

【例句】他的成绩是大家无可置疑的，所以我们没有理由怀疑他。

无人问津

【词义】问津：询问渡口。比喻没有人来探问、尝试或购买。

【出处】东晋·陶渊明《桃花源记》："南阳刘子骥，高尚人士也，闻之，欣然规往。未果，寻病终，后遂无问津者。"

【例句】那些书皮五光十色的侠怪小说，渐渐变得无人问津。

无与伦比

【词义】伦比：类比，匹敌。指事物非常完美，没有能跟它相比的。

【出处】唐·卢氏《逸史》："置于州，张宠敬无与伦比。"

【例句】我国的民间刺绣，构想新奇，工艺精美，可谓无与伦比。

五味俱全

【词义】五味：酸甜苦辣咸的合称。形容调味齐全适宜。

【出处】《礼记·礼运》："五味六和，十二食，还相为质也。"

【例句】这道菜，五味俱全，式样奇巧，香味透鼻。

舞榭歌台

【词义】榭：建筑在高土台上的敞屋。指歌舞场所。

【出处】南宋·辛弃疾《永遇乐》："舞榭歌台，风流总被雨打风吹去。"

【例句】舞榭歌台，一片欢声笑语。

物华天宝

【词义】物华：万物的精华；天宝：天然的宝物。指各种珍美的宝物。

【出处】唐·王勃《秋日登洪府滕王阁饯别序》："物华天宝，龙光射牛斗之墟。"

【例句】这是一块山清水秀、物华天宝、人杰地灵的好地方。

【典故】"初唐四杰"的王勃因为他的《檄英王鸡》得罪了唐高宗而被放逐，他到交趾探望父亲路经洪州，恰逢重阳节，洪州都督阎伯屿大宴宾客，吟诗作乐，王勃即兴作《滕王阁序》：“物华天宝，龙光射牛斗之墟。人杰地灵，徐孺下陈蕃之榻。”

物竞天择

【词义】物竞：生物的生存竞争；天择：自然选择。生物相互竞争，能适应者生存下来。原指生物进化的一般规律，后也用于人类社会的发展。

【出处】清·梁启超《新中国未来记》第三回：“因为物竞天择的公理，必要顺应著那时势的，才能够生存。”

【例句】物竞天择是自然发展的法则。

物是人非

【词义】东西还是原来的东西，可是人已不是原来的人了。多用于表达事过境迁，因而怀念故人。

【出处】宋·李清照《武陵春》：“物是人非事事休，欲语泪先流。”

【例句】回到儿时的故乡，物是人非，我不禁潸然泪下。

物以稀为贵

【词义】事物因稀少而觉得珍贵。

【出处】东晋·葛洪《抱朴子·明本》：“然物以少者为贵，多者为贱。”

【例句】物以稀为贵，江南的菱角到了北方，竟被一些人当作装饰品。

寤寐求之

【词义】比喻迫切地希望得到某种事物。

【出处】《诗经·周南·关雎》：“窈窕淑女，寤寐求之。”

【例句】我寤寐求之的笔记本电脑，爸爸终于在我生日那天送给我了，我好高兴啊！

X

息息相关

【词义】息：呼吸时进出的气。呼吸也相互关联。形容彼此的关系非常密切。

【出处】清·严复《救亡决论》：“二者皆与扎营踞地息息相关者也。”

【例句】水是生命的源泉，水与生命的起源息息相关。

喜出望外

【词义】望：希望，意料。由于没有想到的好事而非常高兴。

【出处】北宋·苏轼《与李之仪书》：“契阔八年，岂谓复有见日？渐近中原，辱书尤数，喜出望外。”

【例句】见到此情此景，一种喜出望外的感觉涌上心头。

喜闻乐见

【词义】喜欢听，乐意看。指很受欢迎。

【出处】明·王守仁《王文成公全书》：“仆诚喜闻而乐道，自顾何德以承之。”

【例句】这是一部很有教育意义、人民群众喜闻乐见的好小说。

细枝末节

【词义】末节：小事情，小节。细小的树枝，微末的环节。比喻事情或问题的细小而无关紧要的部分。

【出处】《礼记·乐记》：“以升降为礼者，礼之末节也。”

【例句】做工作要善于抓主要矛盾，分清主次，不要只顾细枝末节。

鲜血淋漓

【词义】淋漓：不停往下滴落的样子。形容鲜血流淌不止。

【出处】①元·金仁杰《追韩信》第四折："猿背弯躬，醉眼朦胧，腰项斜称，呀！他可早鲜血淋漓了战袍领！"②清·钱彩《说岳全传》第七十一回："也有打破头的，鲜血淋漓，好不惨伤。"

【例句】我家小猫的腿受伤了，鲜血淋漓的。

相得益彰

【词义】相得：互相配合、映衬；益：更加；彰：显著。指两个人或两件事物互相配合，双方的能力和作用更能显示出来。

【出处】西汉·王褒《圣主得贤臣颂》："若尧、舜、禹、汤、文、武之君，获稷、契、皋陶、伊尹、吕望之臣，明明在朝，穆穆列布，聚精会神，相得益彰。"

【例句】小王的男中音和老张的手风琴的伴奏相得益彰，更富有艺术感染力。

相形见绌

【词义】形：对照；绌：不够，不足。和同类的事物相比较，显出不足。

【出处】清·吴趼人《二十年目睹之怪现状》第九十回："他一个部曹，戴了个水晶顶子去当会办，比着那红蓝色的顶子，未免相形见绌。"

【例句】一队的人力已是够强的了，可跟二队一比，就有点相形见绌。

响彻云霄

【词义】彻：贯通；云霄：高空。形容声音响亮，好像可以穿过云层，直达高空。

【出处】清·褚人获《隋唐演义》第八十六回："这一笛儿，真吹得响彻云霄，鸾翔凤舞，楼下千千万万的人，都定睛侧耳，寂然无声。"

【例句】教室里学生们情绪高涨，歌声响彻云霄。

项庄舞剑，意在沛公

【词义】项庄席间舞剑，企图刺杀刘邦。比喻说话和行动的真实意图别有所指。

【出处】西汉·司马迁《史记·项羽本纪》："今者项庄拔剑舞，其意常在沛公也。"

【例句】在讨论会上，他的一番话却暗有所指，项庄舞剑，意在沛公。

【典故】公元前208年，项羽率四十万大军开往咸阳，被刘邦的守军挡住。项伯请刘邦到鸿门赴宴。刘邦到鸿门后，项庄舞剑助兴，意在乘机杀了刘邦。刘邦手下樊哙冲进营帐来保护，刘邦借机逃离。

逍遥自在

【词义】无拘无束，安闲自得。

【出处】①北宋·释道原《景德传灯录》卷二十九："丈夫运用堂堂，逍遥自在无妨。"②南宋·释普济《五灯会元》："二十四腊，逍遥自在，逢人则喜，见佛不拜。"

【例句】李爷爷退休后，他下棋、钓鱼、养花，生活得逍遥自在。

宵衣旰食

【词义】宵：夜间；衣：穿衣；旰：天已晚。天不亮就穿起衣来，时间晚了才吃饭。形容为处理国事而辛勤地工作。

【出处】南朝·陈·徐陵《陈文帝哀册文》："勤民听政，旰衣宵食"。

【例句】周恩来总理宵衣旰食，日理万机，得到人民的爱戴。

销声匿迹

【词义】销：通"消"，消失；匿：隐藏；迹：踪迹。指隐藏起来，不公开露面。

【出处】北宋·孙光宪《北梦琐言》："家生避地，

亦到锦江。然畏颖川知之，遂旅游资中郡，销声敛迹，唯恐人知。”

【例句】到了秋天，北雁南飞，活跃在田间草原的昆虫也都销声匿迹了。

小心翼翼

【词义】翼翼：严肃谨慎。本是严肃恭敬的意思。现形容谨慎小心，一点不敢疏忽。

【出处】《诗经·大雅·大明》："维此文王，小心翼翼。"

【例句】我们做事要小心翼翼，不要马马虎虎。

【典故】由于父亲的严格要求，贾黄中十五岁就考中进士，当了校书郎。贾黄中为官清廉正直。他在任宣州太守时，有一年闹灾荒，百姓饿死不少。贾黄中就用自家的米做饭，救活了几千人。他在金陵任职的时候，发现府库内藏有几十匣金银宝贝，价值连城，马上清理上报朝廷。宋太宗十分高兴，夸奖他说，若不是他廉洁奉公，这些前朝的宝贝一定会丢失。此外还特地召见了贾黄中的母亲，赞扬她教子有功，可以比作孟子的母亲。但是，贾黄中办事过分认真、慎重，遇到大事往往不能当机立断。后来他被派往外地任职，在向太宗辞行时，太宗告诫他说："做事恭谦，小心谨慎，不论是做君的还是做臣的都应该这样，但是如果做得太过分了，就失去了大臣的身份。"贾黄中死时，家中很穷，皇帝特地赐钱三十万两，又给他老母亲白银三百两，以表彰他为官廉洁无私，他母亲教子有方。

啸聚山林

【词义】啸聚：互相呼召着聚合起来。指反抗反动统治而聚众起事。

【出处】明·施耐庵《水浒传》第八十五回："我这伙好汉，非比啸聚山林之辈。"

【例句】新中国成立之前，此地荒凉偏僻，许多打家劫舍的亡命之徒，于此啸聚山林。

心惊肉跳

【词义】形容担心灾祸临头，恐慌不安。

【出处】元·无名氏《争报恩》第三折："不知怎么，这一会儿心惊肉战，这一双好小脚儿再走也走不动了。"

【例句】他早先做了坏事，现在风声紧了，自然每天心惊肉跳，睡不好觉。

心旷神怡

【词义】旷：开阔；怡：愉快。心境开阔，精神愉快。

【出处】北宋·范仲淹《岳阳楼记》："登斯楼也，则有心旷神怡，宠辱偕忘，把酒临风，其喜洋洋者矣。"

【例句】湖面上，微风拂拂吹来，令人心旷神怡。

【典故】岳阳楼在现在湖南省的岳阳市，也就是原旧县城的西门城楼。该楼高三层，向下可看到波光粼粼的洞庭湖。此楼始建于唐朝初年，到北宋年间又加以重修。滕子京和范仲淹是好朋友，他们两个都在公元1015年考取进士。公元1044年（宋仁宗庆历四年）滕子京担任岳州知州，次年就重修岳阳楼，并请好友范仲淹写篇文章，来记叙这件事。范仲淹欣然接受好友的请求，写成了《岳阳楼记》这篇传诵千古的文章。文中写到了在不同的时令、气候条件下，登上岳阳楼所看到的景色和不同的感受。"至若春和景明，……登斯楼也，则有心旷神怡，宠辱偕忘，把酒临风，其喜洋洋者矣。"写的就是在春风和暖、阳光明媚的时候登上岳阳楼所看到的景色。在此前一段，先写"若夫淫雨霏霏……登斯楼也，则有去国怀乡，忧谗畏讥，满目萧然，感极而悲者矣"，形成对比。这时，你就会觉得心胸开阔，豁然开朗，精神十分愉快；这时，所有的荣辱得失都会忘记得一干二净，你再端起酒杯，在阳光的沐浴下，清风的吹拂下，举杯畅饮，这乐趣，真是无穷无尽啊！

心平气和

【词义】心情平静，态度温和。指不急躁，不生气。

【出处】北宋·苏轼《菜羹赋》："先生心平而气和，故虽老而体胖。"

【例句】虽然我们刚刚输了比赛，但是依然心平气和地祝贺对手的胜利。

心直口快

【词义】性情直爽，有话就说。

【出处】元·张国宾《罗李郎》第四折："哥哥是心直口快射粮军，哥哥是好人。"

【例句】对于这个心直口快的朋友，我们都已经习以为常了。

信誓旦旦

【词义】信誓：表示诚意的誓言；旦旦：诚恳的样子。誓言说得真实可信。

【出处】《诗经·卫风·氓》："总角之宴，言笑晏晏，信誓旦旦，不思其反。"

【例句】我信誓旦旦地向老师保证下次再也不抄作业了。

【典故】一位美丽、温和而多情的女子，跟一个男子（诗中的"氓"）从小就相识。他虚情假意，甜言蜜语，骗取了姑娘纯真的爱情。可是在姑娘带着她的嫁妆，满怀对未来幸福生活的憧憬嫁到他家之后，"氓"便变了心。虽然妻子温顺贤惠，为他早起晚睡，操持家务，他却冷漠无情，凶狠残暴。她悔恨万分，无处诉说自己的苦痛，得不到任何同情和理解，连自己的兄弟也对她咧着嘴嘲笑。经过一番深刻的反思之后，这位女子变得坚强起来，她不顾未来将会遭到的歧视和冷落，毅然决定结束眼前这不堪忍受的痛苦生活，离开了那个负心汉。

形影不离

【词义】像形体和它的影子那样分不开。形容彼此关系亲密，经常在一起。

【出处】清·纪昀《阅微草堂笔记》卷二："青县农家少妇，性轻佻，随其夫操作，形影不离。"

【例句】他俩是一对形影不离的好朋友。

形影相吊

【词义】吊：慰问。孤身一人，只有和自己的身影相互慰问。形容无依无靠，非常孤单。

【出处】①三国·魏·曹植《上责躬诗表》："形影相吊，五情愧赧。"②西晋·李密《陈情表》："茕茕孑立，形影相吊。"

【例句】他流落他乡，举目无亲，每日只好形影相吊了。

【典故】公元280年（太康元年），晋武帝司马炎灭东吴，所谓"降孙皓三分归一统"，结束了几十年的割据局面，统一了中国。晋武帝司马炎为了巩固一统，采取了有效措施，其中之一，就是"广揽贤能"。该措施着重于西蜀与东吴的遗老故臣，凡有声望的、有本事的，都极力笼络；笼络不成，就设法除去，以达到不为我用也不许为我害的目的。同时，把"以孝治天下"作为其伦理总纲，提倡孝父母，敬老人，抚恤孤寡。

在"广揽"中，西蜀的一个故臣引起了司马炎很大的关注。此人姓李名密，又名虔，字令伯，武阳人。生下六个月时丧父；四岁时，其母何氏改嫁，靠祖母刘氏抚养成人；西蜀时，官居尚书郎，是个不大不小却很重要的官。

入晋后，蜀地两名地方官先后推荐李密做官，可李密却故国难忘，不肯出仕，都借故谢绝了。司马炎格外看重他，特地下了一道诏书，要李密做供职于宫廷的郎中，李密未允。后又改为显要的太子官属洗马，李密仍借口推辞。司马炎火了，亲手下令，指责李密傲慢。地方官日夜严逼，声称如再迟绥，就要逮治下狱，甚至按律问斩了。这使李密很为难：出去做官吧，仍怀恋故国，而且这么出去，也将大丢脸面；不出去吧，是会被杀头的。经过深思，他就写了一篇《陈情表》，呈给了司马炎，表中以“以孝治天下”为主旨，说他幼时，“伶仃孤苦……茕茕孑立，形影相吊”，多亏了老祖母把他抚养长大。没有老祖母，就没有他的今天。而今，老祖母已九十六岁，长年卧病在床，没有他，祖母怎么度过晚年！他才四十四岁，报效国家的日子还长，而孝敬祖母的时间已不多了。恳请司马炎体谅他的苦衷。

司马炎看了很感动，且无法怪罪，又为了笼络人心，索性派了两个女仆帮他侍奉老祖母。

兴高采烈

【词义】兴：原指志趣，后指兴致；采：原指神采，后指精神；烈：旺盛。原指文章志趣高尚，言辞犀利。后多形容兴致高，精神饱满。

【出处】南朝·梁·刘勰《文心雕龙·体性》：“步夜俊侠，故兴高而采烈。”

【例句】联欢会就要开始了，同学们兴高采烈地谈笑着。

【典故】嵇康，字皮夜，魏晋时期有名的“竹林七贤”之一，风度翩翩，文才超群，当时便有许多人倾慕他。嵇康一生写了不少诗和论文。他在诗中一再提到环境的险恶。“鸟尽良弓藏，谋极身心危，吉凶虽在己，世路多险峨。”这些诗句对当时的现实做了无情的揭露和批判。他的论文，观点鲜明，论点集中，具有很强的论辩力，充满了对当时社会的揭露和对礼法之士的批判。如他在《养生论》中主张“清虚静泰，少私寡欲”，批判士族中的人过着“声色是耽”的纵欲生活，尤其对又想长寿又要享乐这类人的心理刻画更是特别精彩。他说，这类人“欲之患其得，得之惧其失，苟患失之所不至矣。在上何得不骄，持满何得不溢，求之何得不苟，得之何得不失耶！”嵇康就是这样，把魏晋士大夫那种得失急剧、生死无常所产生的极为贪婪的变态心理，刻画得淋漓尽致。

汹涌澎湃

【词义】汹涌：洪水猛烈上涌的样子；澎湃：波浪互相撞击。形容声势浩大，不可阻挡。

【出处】西汉·司马相如《上林赋》：“沸乎暴怒，汹涌澎湃。”

【例句】汹涌澎湃的浪花不断地拍打着海岸。

休戚相关

【词义】休：欢乐，吉庆；戚：悲哀，忧愁。忧喜、福祸彼此相关联。形容关系密切，利害相关。

【出处】《国语·周语下》：“晋国有忧，未尝不戚，有庆，未尝不怡……为晋休戚，不背本也。”

【例句】经济水平与和平休戚相关，我们一定要大力发展经济。

【典故】春秋时期，晋国的国君晋悼公姬周，年轻时曾因受到晋厉公的排挤，无法留在国内，只好客居周地洛阳，在周朝世卿单襄公手下做事。单襄公很器重他，把他请到自己家里，就像对待贵宾一样地招待他。姬周虽然年纪轻轻，却表现得十分老成持重。他站立的时候稳稳当当，毫无轻浮的举动；看书的时候全神贯注，目不斜视；听人讲话的时候恭恭敬敬，很有礼貌；自己说话的时候总是忘不了忠孝仁义；待人接物的时候总是十分友善、和气；他自己虽然身在周地，可是听说自己的祖国晋国有什么灾难时就忧心忡忡，听说晋国有什么喜庆的事情时就非常高兴。所有这些表现，单襄公都看在眼里，认为他将自己的忧愁喜乐与晋国的命运连在一起，是不忘本的表现，将来一定大有前途，肯定能回到晋国去做个好国君。因此，单襄公对姬周更加关心、爱护。

不久，晋国国内发生了内乱，原来一直害怕失去权力而排挤王室公子的晋厉公被大夫栾书、中行偃所杀，晋国政局陷入了大动荡。于是，晋国大夫就派人到洛阳来，把姬周接了回去，让他做了晋国的国君。晋悼公即位时年仅十四岁，即位之初，便承担起复兴霸业的重任。晋国朝野上下，都对他寄予厚望。晋悼公首先将厉公之死归罪于厉公心腹夷羊五等人，既对厉公被杀向国民做了交代，又巩固了与正卿栾氏和大族中行氏的关系，稳定了厉公被杀后的混乱局面。为平衡卿大夫之间的关系，他又对世代有功的其他旧族委以重任，一反景、厉两代打击世卿的方针，消除了君臣之间的信任危机。以德治国，是晋悼公执政后的主要策略，他放弃公私旧债，减轻赋税劳役，减缩开支，禁止浪费。德政的施行使国内矛盾趋于缓和，社会生产力得到发展。晋悼公以仁义政策对待中原诸侯，革除外交弊政，重订同盟国的朝聘和贡纳制度以减轻职贡太重的诸侯国的负担，平均劳役，公平应允地处理同盟内部的事务。同盟稳固，晋悼公开始与楚国争霸。为有效孤立楚国，加强诸侯联盟，凸显霸主地位，晋悼公不断召集诸侯会盟。他改革文公三年一聘、五年一朝的旧礼仪，以讨伐叛逆、救弱扶倾、伐郑救宋为核心，从公元前571年到公元前562年，八年内九和诸侯。通过频繁的会盟，将齐、鲁、宋、郑等国紧密团结在晋国周围，将晋国的霸业推至巅峰。

袖手旁观

【词义】把手笼在袖子里，在一旁观看。比喻置身事外，既不过问，也不协助别人。

【出处】唐·韩愈《祭柳子厚文》："不善为斫，血指汗颜，巧匠旁观，缩手袖间。"

【例句】情况如此危急，谁都不会袖手旁观。

虚与委蛇

【词义】虚：假；委蛇：随便应顺。指对人虚情假意，敷衍应酬。

【出处】《庄子·应帝王》："乡吾示之以未始出吾宗，吾与之虚而委蛇。"

【例句】一时想不到法子，他只好虚与委蛇地先和这些人周旋。

学富五车

【词义】五车：五车书。形容读书多，学识丰富。

【出处】《庄子·天下》："惠施多方，其书五车。"

【例句】他学富五车，见识渊博，深受学生的敬仰。

【典故】春秋战国之交，是中国奴隶社会向封建社会过渡的大变革时期。生产力的发展，经济基础的变革，政治的动荡，引起了学术文化的变化和进步，私人讲学也开始兴起。私人讲学，把知识传授给统治阶级的下层以至民间，打破了贵族和史官对于知识的垄断，这是我国文化史上的一大进步。随之而来的，是私人藏书的出现。最早致力于私人讲学的孔子，他那里就有《诗》、《书》、《礼》、《乐》、《易》、《春秋》等书籍。战国时学术空气十分活跃，形成了"百家争鸣"的局面，出现了新的著作。相传苏秦有书数十箧，著名的哲学家惠施"其书五车"，形容学识丰富的成语"学富五车"就是由此而来。

寻欢作乐

【词义】寻求欢快，设法取乐。形容追求享乐。

【出处】清·吴梅《风洞山》附《先导》："风尘倾洞，天地丘墟，这班人儿还要演起戏来寻欢作乐。"

【例句】古代的大诗人经常以酒寻欢作乐，以诗会友。

Y

言归于好

【词义】言：句首助词，无义。指彼此重新和好。

【出处】《左传·僖公九年》："凡我同盟之人，既盟之后，言归于好。"

【例句】两个人经过一番对谈沟通，彼此尽释前嫌，言归于好。

【典故】春秋战国时期，诸侯争霸，战争连年不断。齐桓公建立霸业后，为了重修诸侯之好，于公元前651年在葵丘召开结盟会议，史称“葵丘会盟”。参与会议的诸侯国有鲁、秦、卫、郑、许、曹等。在结盟大会上，诸侯国各抒己见，经过激烈的争论，最终达成了一致决议：第一，不得阻塞水源；第二，不得阻挠粮食的流通；第三，要尊贤育才，选拔贤士，不得世袭官职。盟会结束时，齐桓公最后要求：“凡是参加同盟的各国，大家订立了盟约之后，一定要遵照执行，消除过去的隔阂，重新友好相处。”后来，人们用“言归于好”来表示重新和好。

奄奄一息

【词义】奄奄：呼吸微弱的样子。只剩下一口气。形容临近死亡。

【出处】明·冯梦龙《东周列国志》第八十七回：“惠王亲往问疾，见痤病势已重，奄奄一息。”

【例句】在医生和护士的努力下，这个奄奄一息的病人终于得救了。

眼花缭乱

【词义】缭乱：纷乱。看着复杂纷繁的东西而感到迷乱。也比喻事物复杂，无法辨清。

【出处】元·王实甫《西厢记》：“则著人眼花缭乱口难开，魂灵儿飞在半天。”

【例句】展览大厅的工艺品琳琅满目，使人眼花缭乱，应接不暇。

燕雀安知鸿鹄之志

【词义】比喻平凡的人哪里知道英雄人物的志向。

【出处】《史记·陈涉世家》：“嗟呼，燕雀安知鸿鹄之志哉？”

【例句】她们一直在农村住，不理解我们也正常，燕雀安知鸿鹄之志？

【典故】陈胜是阳城人，字涉。吴广是阳夏人，字叔。陈涉年轻的时候，曾经跟别人一道被雇佣耕地，陈涉停止耕作到田边高地休息，因失望而叹恨了很久，说：“如果有一天富贵了，不要彼此忘记。”同伴们笑着回答说：“你做雇工为人家耕地，哪里谈得上富贵呢？”陈涉长叹一声说：“唉，燕雀怎么知道鸿鹄的凌云志向呢？！”

怏怏不乐

【词义】怏怏：形容不满意的神情。心中郁闷，很不快活。

【出处】明·熊大木《杨家将演义》第四十回：“六郎谢恩而退，归至府中，思忆孟良、焦赞，怏怏不乐。”

【例句】到同学家里玩，同学却没在家，我只得怏怏不乐地回来了。

腰缠万贯

【词义】腰缠：随身携带的财物；贯：旧时用绳索穿钱，每一千文为一贯。比喻钱财极多。

【出处】南朝·梁·殷芸《小说》：“有客相从，各言所志，或原为扬州刺史，或原多赀财，或原骑鹤上升。其一人曰：‘腰缠十万贯，骑鹤下扬州。’欲兼三者。”

【例句】这个腰缠万贯的企业家，捐了不少钱给慈善机构。

【典故】传说古代赵钱孙李四公子在扬州瘦西湖畔饮酒谈志向，赵某说自己有幸结识朋友，但愿能混个扬州刺史。钱某想要很多的钱。孙某则想骑上红顶白羽的仙鹤去琼楼玉宇度余生。李某说要腰缠十万贯，骑鹤下扬州。众人戏他性急喝不得热粥。

摇头摆尾

【词义】原形容鱼悠然自在的样子。现用来形容人摇头晃脑、轻浮得意的样子。

【出处】南宋·释普济《五灯会元》："临济门下有个赤梢鲤鱼，摇头摆尾向南方去，不知向谁家齑瓮里淹杀？"

【例句】小金鱼摇头摆尾地在水中游来游去。

摇摇欲坠

【词义】摇摇：摇动，摇晃；坠：落下。形容十分危险，很快就要掉下来，或不稳固，很快就要垮台。

【出处】明·罗贯中《三国演义》第一百零四回："众视之，见其色昏暗，摇摇欲坠。"

【例句】为了安全起见，这座摇摇欲坠的吊桥已经禁止通行。

遥遥在望

【词义】在望：可看见。远远地可以看到。

【出处】先秦·左丘明《左传·昭公二十五年》："鸲鹆之巢，远哉遥遥。"

【例句】同学们在运动会中取得了较好的成绩，胜利遥遥在望。

咬文嚼字

【词义】形容过分地斟酌字句。多指死抠字眼而不注意精神实质。

【出处】元·无名氏《杀狗劝夫》第四折："哎，使不的你咬文嚼字。"

【例句】我们应该正确理解文字含义，千万不要咬文嚼字。

窈窕淑女

【词义】窈窕：美好的样子。美好的女子。

【出处】《诗经·周南·关雎》："窈窕淑女，君子好逑。"

【例句】小娟品学兼优，为人温文尔雅，真是一位理想的窈窕淑女。

耀武扬威

【词义】耀：显扬。炫耀武力，显示威风。

【出处】明·罗贯中《三国演义》第一百零五回："姜维在南郑城上见魏延、马岱耀武扬威蜂拥而来。"

【例句】一只大螃蟹在沙滩上挥动它的钳子，颇有一番耀武扬威的样子。

一鼓作气

【词义】一鼓：第一次击鼓；作：振作；气：勇气。第一次击鼓时士气振奋。比喻趁劲头大的时候鼓起干劲，一口气把工作做完。

【出处】《左传·庄公十年》："夫战，勇气也。一鼓作气，再而衰，三而竭。"

【例句】我们要一鼓作气在三天之内把运动会的准备工作做完。

【典故】春秋时，齐国发兵攻打鲁国（两国都在今山东省境）。当时齐国强大，鲁国弱小，双方实力悬殊。可鲁国却以弱胜强，把齐军打得大败。据《左传》载，这次鲁国的胜利，与曹刿的精明策划有很大关系。曹刿既非武将，也非文臣，但深通兵法。他得悉齐国发兵来犯，鲁庄公准备抵抗，便主动要求面见庄公。他的亲友邻人劝他："国家大事，自有那些天天吃肉的大官管着，你何必瞎操心？"曹刿说："那些大官目光短浅，不会有深谋远见。"曹刿见了庄公，首先提出：取信于民，是战前重要的政治准备，也是获胜的保证。并要求作战时允许他一起去，于是庄公便叫他同车出发。在长勺的地方，齐、鲁两军相遇。双方列成阵势，战斗即将开始。只见齐军大擂战鼓，准备进兵。庄公也准备擂鼓迎击。曹刿阻止道："等一等。"齐军见鲁军没有反应，又擂了一通鼓。这样齐军擂鼓三通，鲁军总是按兵不动。直到齐军三通鼓罢，曹刿才说："现在可以进兵了！"鲁军战鼓一响，下令冲杀，士兵们一声呐喊，直扑敌阵，猛不可当。齐军大败，狼狈而逃。庄公正想下令追击，曹刿却又阻止，并下车细看地面齐军兵车轮迹，又攀上车前横木，注意望敌军退走的情形，然后说："现在可以追击了！"庄公当即下令追击。鲁军乘胜前进，把齐军全部赶出国境。这次获胜，鲁庄公却不明白曹刿为什么这样指挥。曹刿说："夫战，勇气也。一鼓作气，再而衰，三而竭。彼竭我盈，故克之。"（战斗主要是靠勇气。第一通鼓时，士兵们勇气最足；到再擂鼓时，勇气有些衰落；到第三通鼓时，勇气全部消失。敌军勇气消失，我们则一鼓作气，斗志昂扬，所以打败了他们。）曹刿又说："齐国军力不能低估，说不定会设下伏兵，诈败引诱我们。我'视其辙乱，望其旗靡'，这才放心追击。"（"辙乱"，轮迹混乱；"旗靡"，旗帜倒地，说明仓皇逃窜。）

一马当先

【词义】原指作战时策马冲锋在前。形容领先。也比喻工作走在群众前面，积极带头。

【出处】明·施耐庵《水浒传》第九十六回："即便勒兵列阵，一马当先，驰下山来，犹如天崩地塌之势。"

【例句】在这次大扫除中，班长一马当先，第一个拿起铁锹开始铲草。

一拍即合

【词义】拍：乐曲的段落，也称打拍子。一打拍子就合于乐曲的节奏。比喻因情意相投或有利害关系，一下子就说到一起或结合在一起。

【出处】清·李绿园《歧路灯》第十八回："古人云：'君子之交，定而后求。小人之交，一拍即合。'"

【例句】当他把想法告诉小王后，二人一拍即合，立即行动。

一抔黄土

【词义】一抔：一捧。一捧黄土，借指坟墓。现多比喻不多的土地或没落、渺小的反动势力。

【出处】《史记·张释之列传》："假令愚民取长陵一抔土，陛下何以加其法乎？"

【例句】他外出多年，紧紧地捧着一抔黄土，不，那不是黄土，那是游子依恋的故乡。

一日三省

【词义】每天多次地自我反省。

【出处】《论语·学而》："曾子曰：'吾日三省吾身。'"

【例句】老师要我们一日三省，找出自己的缺点，及时改正。

【典故】孔子的学生曾参勤奋好学，深得孔子的喜爱。别人问他为什么进步那么快？曾参说：我每天都要多次问自己：替别人办事是否尽心尽力？与朋友交往有没有不诚实的地方？传授别人的东西自己有没有做不到的？

一扫而光

【词义】一下子就扫除干净。

【出处】北宋·苏轼《题王逸少帖》诗："出林飞鸟一扫空。"

【例句】那么多菜，很快就被他一扫而光了。

一视同仁

【词义】原指圣人对百姓一样看待，同施仁爱。后多表示对人同样看待，不分厚薄。

【出处】唐·韩愈《原人》："是故圣人一视而同仁，笃近而举远。"

【例句】王老师对待班里的同学总是一视同仁。

一丝不苟

【词义】苟：苟且，马虎。指做事认真细致，一点儿不马虎。

【出处】清·吴敬梓《儒林外史》第四回："上司访知，见世叔一丝不苟，升迁就在指日。"

【例句】张老师对待教学工作一向严肃认真，一丝不苟。

【典故】明朝时，皇上下令禁止宰杀耕牛，就是信奉回教的人也不例外。一天，乡绅张静斋与举人范进相约去拜访高要县知县汤奉。汤知县置酒招待他们。席间有位老者给汤知县送来了他与其他几个信回教的人拼凑起来的五十斤牛肉。汤知县一向贪赃受贿，而且他也是信奉回教的人，但是上面有禁令，一时也不知该不该收下这份礼。于是问张静斋："你是做过官的，有关禁止宰杀耕牛的事正该与你商量。刚才有几个信奉回教的人为了开禁，送来五十斤牛肉，请求我对他们稍微宽松些。你看是接受还是不接受？"张静斋摇头道："这可千万使不得。你我都是做官的人，心中应当只有皇上，哪里顾得上信奉同一教的人？想起洪武年间的刘老先生（指刘伯温），洪武私访到他家，正巧江南张王（指张士诚）送来一个菜坛子，当面打开一看，是一坛金子。皇上大为恼火，第二天就把刘老先生贬为青田县知县，后来又用毒药把他毒死了。"汤知县见张静斋说得头头是道，不由得不信，于是急忙请教该如何处置为好。张静斋说道："世叔可在这件事上做文章。把那位老者抓起来，打他几十板子，再把送来的牛肉堆在大枷上，在旁边出一张告示，说明他们大胆妄为，知法犯法。如上司知道你办事这样一丝不苟，那么你升官发财就指日可待了。"汤知县听了，连连点头："十分有理。"便照此办理了。

一无所有

【词义】什么也没有。指钱财，也指成绩、知识。

【出处】《敦煌变文集·庐山远公话》："如水中之月，空里之风，万法皆无，一无所有。"

【例句】他从小过着挥霍的生活，万万没想到如今会落到一无所有的境地。

一言半语

【词义】指很少的一两句话。

【出处】《史记·魏公子列传》："今吾且死而侯生曾无一言半辞送我。"

【例句】由于两人话不投机，坐到一块也是一言半语，最后只得不欢而散。

一衣带水

【词义】一条衣带那样狭窄的水。指虽有江河湖海相隔，但距离不远，不足以成为交往的阻碍。

【出处】《南史·陈后主纪》："我为百姓父母，岂可一衣带水不拯之乎？"

【例句】横跨一衣带水的关渡大桥，人车往来，络绎不绝。

【典故】南北朝的时候，北方的北周和南方的陈国以长江为界。北周的宰相杨坚，废了周静帝，自己当皇帝，建立了隋朝。他决心要灭掉陈国，曾说："我是全国老百姓的父母，难道能因为有一条像衣带那样窄的长江隔着，就看着南方百姓受苦而不拯救他们吗？后来人们就用"一衣带水"来比喻只隔了一条狭窄水域、靠得非常近的两地。

衣食父母

【词义】踏入社会都靠父母提供。指生活所依赖的人。

【出处】明·汤显祖《南柯记》："着甚么南庄田，北庄地，有溜二使是衣食父母。"

【例句】这些企业是工人们的衣食父母。

怡然自得

【词义】怡然：安适愉快的样子。形容高兴而满足的样子。

【出处】《列子·黄帝》："黄帝既悟，怡然自得。"

【例句】鱼儿在清澈的水中怡然自得地游着。

怡然自乐

【词义】怡然：喜悦的样子。形容高兴而满足。

【出处】东晋·陶渊明《桃花源记》："黄发垂髫，并怡然自乐。"

【例句】小草在风中摇晃，怡然自乐，让人羡慕不已。

贻笑大方

【词义】贻笑：让人笑话；大方：原指懂得大道的人，后泛指见识广博或有专长的人。指让内行人笑话。

【出处】《庄子·秋水》："吾长见笑于大方之家。"

【例句】我的意见很不成熟，不敢说出来，怕的是贻笑大方。

颐指气使

【词义】颐指：动下巴示意，指挥别人；气使：用神情气色支使人。不说话而用面部表情示意。形容有权势的人指挥别人的傲慢态度。

【出处】唐·元稹《追封李逊母崔氏博陵郡太君制》："今逊等有地千里，有禄万钟，颐指气使，无不随顺，所不足者，其唯风树寒泉之思乎！"

【例句】我们以前是朋友，但她总是对我颐指气使。

义愤填膺

【词义】义愤：对违反正义的事情所产生的愤怒；膺：胸。发于正义的愤懑充满胸中。

【出处】清·曾朴《孽海花》第二十五回："珏斋不禁义愤填膺，自己办了个长电奏，力请宣战。"

【例句】听说对方背信忘义，大家无不感到义愤填膺。

异想天开

【词义】异：奇异；天开：比喻凭空的、根本没有的事情。指想法很不切实际，非常奇怪。

【出处】清·李汝珍《镜花缘》第八十一回："这可谓异想天开了。"

【例句】我们要脚踏实地地工作，不要老是异想天开。

抑扬顿挫

【词义】抑：降低；扬：升高；顿：停顿；挫：转折。指声音的高低起伏和停顿转折。

【出处】西晋·陆机《遂志赋·序》："崔蔡冲虚温敏，雅人之属也。衍抑扬顿挫，怨之徒也。岂亦穷达异事，而声为情变乎。"

【例句】李老师讲课时抑扬顿挫的语调深深地吸引了我们。

因地制宜

【词义】因：依据；制：制定；宜：适当的措施。根据各地的具体情况，制定适宜的办法。

【出处】东汉·赵晔《吴越春秋·阖闾内传》："夫筑城郭，立仓库，因地制宜，岂有天气之数以威邻国者乎？"

【例句】我们要因地制宜，扬长避短，利用当地资源发展商品经济。

因小失大

【词义】为了小的利益，造成大的损失。

【出处】清·黄小配《廿载繁华梦》："他却只是不理，只道他身在洋界，可以没事。不知查抄起来，反恐因小失大，他却如何懂得？"

【例句】如果注意局部，不注意全局，就会因小失大。

寅吃卯粮

【词义】这一年吃了下一年的粮。比喻经济困难，收入不够支出，预先支用了以后的进项。

【出处】清·李宝嘉《官场现形记》第十五回："我们只吃一分口粮，哪里会有多少钱？就是我们总爷，也是寅吃卯粮，先缺后空。"

【例句】小明只要一拿到钱就乱花，所以经常是寅吃卯粮。

引经据典

【词义】引用经典书籍作为论证的依据。

【出处】《汉书·荀爽传》："引据大义，正之经典。"

【例句】他写起文章来，引经据典，咬文嚼句，学究气十足。

引人注目

【词义】注目：注视。吸引人们注意。

【出处】毛泽东《湖南农民运动考察报告》："也有敲打铜锣，高举旗帜，引人注目的。"

【例句】广场上飘动的彩色气球，特别引人注目。

引喻失义

【词义】引喻：引用类似的例证来说明事理。义：公正合宜的道理。指说话不恰当，不合道理。

【出处】三国·蜀·诸葛亮《前出师表》："不宜妄自菲薄，引喻失义，以塞忠谏之路也。"

【例句】读古书要求甚解，不能食古不化，引喻失义。

隐隐约约

【词义】看起来或听起来模糊，不是很清楚，感觉不很明显。

【出处】清·李汝珍《镜花缘》第十回："只见山坡旁隐隐约约，倒象撺出一箭，直向大虫面上射去。"

【例句】薄雾中，隐隐约约可以看见几个人影。

鹰击长空

【词义】雄鹰振翅飞翔于辽阔的天空。亦比喻有雄心壮志的人在广阔的领域中施展自己的才能。

【出处】毛泽东《沁园春·长沙》："鹰击长空，鱼翔浅底，万类霜天竞自由。"

【例句】鹰击长空，掠过天宇，这是大草原的壮观。

油嘴滑舌

【词义】形容说话油滑，耍嘴皮子。

【出处】清·李汝珍《镜花缘》第二十一回："俺看他油嘴滑舌，南腔北调，到底算个甚么？"

【例句】别看他平时油嘴滑舌的，可一到课堂发言时他就显出拙嘴笨腮了。

有始无终

【词义】有开始没有结尾。指做事不做到底。

【出处】《晋书·刘聪载记》："小人有始无终，不能如贯高之流也。"

【例句】我们做事情不要有始无终，半途而废。

余音袅袅

【词义】形容音乐悦耳动听，令人沉醉。

【出处】北宋·苏轼《前赤壁赋》："其声呜呜然，如怨如慕，如泣如诉；余音袅袅，不绝如缕。"

【例句】爱情和情歌一样，最高境界是余音袅袅。

与世隔绝

【词义】与社会上的人们隔离，断绝来往。形容隐居或人迹不到的极偏僻地方。

【出处】东晋·陶渊明《桃花源记》："不复出焉，遂与外人间隔。"

【例句】这一带山大人稀，差不多与世隔绝。

羽扇纶巾

【词义】拿着羽毛扇子，戴着青丝绶的头巾。形容态度从容。

【出处】北宋·苏轼《念奴娇·赤壁怀古》："小乔初嫁了，雄姿英发。羽扇纶巾，谈笑间，樯橹灰飞烟灭。"

【例句】戏台上诸葛亮的打扮，少不了羽扇纶巾。

【典故】诸葛亮积劳成疾，临终与众将诀别，并安排了军国大事。他死后虽秘不发丧，但司马懿见蜀兵后退已知真相，故催军速追。突然五丈原上炮响旗飘，诸葛亮端坐四轮车出现，他羽扇纶巾。魏军见诸葛亮尚在，弃甲逃命，溃不成军。两日后，司马懿方知车上是木人。此成语形容诸葛亮的装束，也形容谋士镇定自若的潇洒风度。

语无伦次

【词义】伦次：条理。话讲得乱七八糟，毫无次序。

【出处】南宋·胡仔《苕溪渔隐丛话》引《诗眼》："古人律诗亦是一片文章，语或似无伦次，而意若贯珠。"

【例句】她语无伦次地向周围的人诉说了自己的遭遇。

郁郁葱葱

【词义】形容草木苍翠茂盛。也形容气势美好蓬勃。

【出处】东汉·王充《论衡·恢国》："初者，苏伯阿望舂陵气郁郁葱葱。"

【例句】几年前栽的那片小树，如今长得枝叶繁茂，郁郁葱葱。

怨气冲天

【词义】怨愤之气冲到天空。形容怨恨情绪极大。

【出处】明·冯梦龙《东周列国志》第七十六回："员一见其尸，怨气冲天，手持九节铜鞭，鞭之三百，肉烂骨折。"

【例句】看你这怨气冲天的样子，究竟出了什么事？

月明星稀

【词义】月亮明亮时，星星就显得稀疏了。

【出处】曹操《短歌行·其一》："月明星稀，乌鹊南飞。绕树三匝，何枝可依？"

【例句】一个月明星稀的夏夜，我们在湖上泛舟，大家都被神奇的景色陶醉了。

芸芸众生

【词义】芸芸：形容众多；众生：原指一切生物，后指许多人。原指世间的一切生灵。后多指大群无知无识的人。

【出处】先秦·老子《道德经》第十六章："夫物芸芸，各复归其根。"

【例句】我们要学会在芸芸众生中找到适合自己的位置。

Z

朝气蓬勃

【词义】朝气：早上的空气，引申为新生向上，努力进取的气象；蓬勃：旺盛的样子。形容充满了生命和活力。

【出处】李晓明《平原枪声》："朝气蓬勃的肖家镇一下子变得空虚了，沉静了。"

【例句】我们青少年精神饱满，朝气蓬勃，而不应该死气沉沉。

杂乱无章

【词义】章：条理。乱七八糟，没有条理。

【出处】唐·韩愈《送孟东野序》："其为言也，乱杂而无章。”

【例句】爷爷书房里的书堆得杂乱无章。

在所不辞

【词义】决不推辞（多用在冒险犯难）。

【出处】郭沫若《郑成功》第二章：“国姓爷和你是我的重生父母，只要能够为你们效劳，我就献出生命，在所不辞。”

【例句】只要国家需要，即使赴汤蹈火，英雄们也在所不辞。

早出晚归

【词义】早晨出动，晚上归来。

【出处】《战国策·齐策六》：“女朝出而晚来，则吾倚门而望。”

【例句】叔叔承包了一个大工程，每天早出晚归地忙碌着。

择善而从

【词义】从：追随，引申为学习。指选择好的学，按照好的做。

【出处】《论语·述而》：“三人行，必有我师焉，择其善者而从之。”

【例句】无论是学习上还是做人上我们都应择善而从。

【典故】春秋时期，执政大臣魏献子把祈氏的领地分为七县，把羊舌氏的领地分为三县，委派提拔了一些地方长官。他想启用魏戊，担心人家说他偏私，问大夫成传，成传认为只要有才德，就不论亲疏，关键看能不能择善而从，能不能赏罚分明。

斩钉截铁

【词义】形容说话或行动坚决果断，毫不犹豫。

【出处】①北宋·释道原《景德传灯录·洪州云居道膺禅师》卷十七：“师谓众曰：‘学佛法底人，如斩钉截铁始得。’”②南宋·朱熹《朱子全书·孟子》：“君来惟是孟子说得斩钉截铁。”

【例句】他的发言十分精彩，而且语调是那么斩钉截铁，不容置疑。

辗转反侧

【词义】辗转：翻来覆去；反侧：反复。翻来覆去，睡不着觉。形容心里有所思念或心事重重。

【出处】《诗经·周南·关雎》：“悠哉悠哉，辗转反侧。”

【例句】为了白天的事，他忧心忡忡，辗转反侧。

战战兢兢

【词义】战战：恐惧的样子；兢兢：小心谨慎的样子。形容非常害怕而微微发抖的样子。也形容小心谨慎的样子。

【出处】《诗经·小雅·小旻》：“战战兢兢，如临深渊，如履薄冰。”

【例句】他在老师面前战战兢兢地承认了自己的错误。

张皇失措

【词义】张皇：慌张；失措：举止失去常态。惊慌得不知怎么办才好。

【出处】元·杨景贤《西游记》：“你看他胁肩谄笑，趋前退后，张皇失措。”

【例句】不管风浪多大，他永远不会张皇失措的。

昭然若揭

【词义】昭然：明显、显著的样子；揭：原意为高举，现也指揭开。形容真相全部暴露，一切都明明白白。

【出处】《庄子·达生》：“今汝饰知以惊愚，修身以明污，昭昭乎若揭日月行也。”

【例句】事情既然已经昭然若揭，自然要有所流露。

【典故】春秋时期，鲁国人孙休与老师扁庆子探讨修身处世的问题，孙休抱怨没有遇到英明的国君，有怀才不遇之感。扁庆子认为只有凡人天天想着满足自己的欲望，就像高举太阳和月亮那样一点也不掩盖，这样是成不了圣人的。

遮天蔽日

【词义】遮蔽天空和太阳。形容事物体积庞大、数量众多或气势盛大，也或形容生长茂盛，多指树木。

【出处】明·施耐庵《水浒传》第八十三回："远远望见辽兵盖地而来，黑洞洞遮天蔽日，都是皂雕旗。"

【例句】一会儿的工夫，草原上扬起了遮天蔽日的沙尘。

真心诚意

【词义】心意真实诚恳，没有虚假。

【出处】元·无名氏《百花亭》第三折："常言道，海深须见底，各办着个真心实意。"

【例句】我们对人要真心诚意，不要虚情假意。

震耳欲聋

【词义】形容声音很大，耳朵都快震聋了。

【出处】沙汀《呼嚎》："每座茶馆里都人声鼎沸，而超越这个，则是茶堂倌震耳欲聋的吆喝。"

【例句】瀑布从悬崖上倾泻而下，水声震耳欲聋。

峥嵘岁月

【词义】峥嵘：不平凡，不寻常。形容不平凡的年月。

【出处】南宋·廖行之《沁园春·和苏宣教韵》："峥嵘岁月，分阴可惜，一日三秋。"

【例句】革命老干部回首当年峥嵘岁月，自豪感油然而生。

正大光明

【词义】心怀坦白，言行正派。

【出处】南宋·朱熹《答吕伯恭书》："大抵圣贤之心，正大光明，洞然四达。"

【例句】为人做事应该正大光明，而不应该偷偷摸摸。

正襟危坐

【词义】襟：衣襟；危坐：端正地坐着。整一整衣服，端正地坐着。形容严肃或拘谨的样子。

【出处】《史记·日者列传》："宋忠、贾谊瞿然而悟，猎缨（揽着帽缨）正襟危坐。"

【例句】他读书时，一定正襟危坐，表情肃穆。

正人君子

【词义】旧时指品行端正的人。现多用作讽刺，指假装正经的人。

【出处】《旧唐书·崔胤传》："胤所悦者苇下辈，所恶者正人君子。人人悚惧，朝不保夕。"

【例句】他是地道的正人君子，一名很优秀的校长。

郑重其事

【词义】郑重：审慎，严肃认真。形容说话做事时态度非常严肃认真。

【出处】清·曹雪芹《红楼梦》第四回："所以郑重其事，必得三日后方进门。"

【例句】爸爸郑重其事地叮嘱我，一定要把这件事做好。

置若罔闻

【词义】置：放，摆；若：好像。放在一边，好像没有听见似的。指不予理睬。

【出处】明·朱国祯《涌幢小品》："当中书言时，沈宜厉声力折，只因心中恼他，置若罔闻。"

【例句】对学校的规章制度，有的同学置若罔闻。

置之不理

【词义】之：代词，它；理：理睬。放在一边，不理不睬。

【出处】清·黄小配《廿载繁华梦》第十六回："各人听了，反不以为是，就有说他是嫌钱多的，又有说他是愿贫不愿富的，邓仪卿种种置之不理而已。"

【例句】对于别人提出的意见，要认真接受，不要置之不理。

钟灵毓秀

【词义】钟：凝聚，集中；毓：养育。凝聚了天地间的灵气，孕育着优秀的人物。指山川秀美，人才辈出。

【出处】唐·柳宗元《马退山茅亭记》："盖天钟秀于是，不限于遐裔也。"

【例句】桂林山水甲天下，又是钟灵毓秀之地。

众口铄金

【词义】铄：熔化。形容舆论力量大，连金属都能熔化。比喻众口一词可以混淆是非。

【出处】《国语·周语下》："众心成城，众口铄金。"

【例句】把一个这样好的干部说得一无是处，蒙骗了这么多人，真是众口铄金。

众目睽睽

【词义】睽睽：张目注视的样子。许多人睁着眼睛看着。指在广大群众注视之下。

【出处】唐·韩愈《郓州溪堂诗并序》："公私扫地赤立，新旧不相保持，万目睽睽，公于此时能安以治之。"

【例句】大厅里，同学们在众目睽睽之下，从容地参加书法比赛。

众说纷纭

【词义】纷纭：多而杂乱。人多嘴杂，议论纷纷。

【出处】元·戴表元《剡源集》第二十卷："然当纯公既没，众说纷纭，卒能坚忍植立。"

【例句】关于这部电影人们众说纷纭，莫衷一是。

诸如此类

【词义】诸：众多；此：这，这样。像这类的各种事物。

【出处】《晋书·刘颂传》："诸如此类，亦不得已已。"

【例句】我没有时间去欣赏音乐，看电影以及诸如此类的消遣。

捉襟见肘

【词义】拉一拉衣襟，就露出臂肘。形容衣服破烂。比喻顾此失彼，穷于应付。

【出处】《庄子·让王》："三日不举火，十年不制衣，正冠而缨绝，捉衿而肘见。"

【例句】公司已处于捉襟见肘的窘迫境地，看来距倒闭已不远了。

【典故】春秋时，鲁国有一个叫曾参的人。他是孔子的得意弟子，以孝著称。曾参生活很贫困，他住在卫国的时候，没做一件新衣，有时一连三天灶中无火。他穿的衣服，整一下衣襟，就会露出胳膊肘；他穿的鞋子，往上一提，就露出了脚后跟。但曾参并不以此为苦，他穿着破衣烂鞋，整天唱着歌，自由自在地生活，天子不能召他为臣，诸侯不能攀他为友。

孜孜不倦

【词义】孜孜：勤勉，不懈怠。指工作或学习勤奋不知疲倦。

【出处】①《尚书·君陈》："惟日孜孜，无敢逸豫。"《后汉书·鲁丕传》："性沉深好学，孳孳不倦。"②《三国志·蜀书·向朗传》："乃更潜心典籍，孜孜不倦。"

【例句】他一直孜孜不倦地学习着，终于取得了好成绩。

【典故】远古时期，洪水滔天，百姓流离失所，禹奉命带人打猎把兽肉分给百姓吃，又带领大家疏通沟渠江河，把大水引入海中；还教导人们播种庄稼，让人们按需要交换物资，使天下太平。禹对舜帝说：“予思日孜孜。”

锱铢必较

【词义】锱、铢：都是古代很小的重量单位。形容非常小气，很少的钱也一定要计较。也比喻气量狭小，很小的事也要计较。

【出处】《荀子·富国》：“割国之锱铢以赂之，则割定而欲无厌。”

【例句】凡事锱铢必较，只会徒增自己的困扰。

自暴自弃

【词义】暴：糟蹋、损害；弃：鄙弃。自己瞧不起自己，甘于落后或堕落。

【出处】《孟子·离娄上》：“自暴者，不可与有言也；自弃者，不可与有为也。”

【例句】虽然你成绩不太好，但是你也不能自暴自弃。

【典故】战国时期，孟子教导他的学生不要做自暴自弃的人，学生不明白。孟子解释道，自暴就是说话不遵守礼仪，自己残害自己。自弃就是心里想的不是仁义，自己抛弃自己。仁是最安适的住宅，义是最正确的道路，一切都得按仁义来办。

自鸣得意

【词义】鸣：表示，以为。自以为了不起，表示很得意。

【出处】清·蒲松龄《聊斋志异·江城》：“姊妹相逢无他语，惟各以阃威自鸣得意。”

【例句】小明在班级里的成绩名列前茅，经常自鸣得意，非常骄傲。

自欺欺人

【词义】欺骗自己，也欺骗别人。

【出处】南宋·黎靖德《朱子语类》卷一六：“因说自欺欺人，曰：‘欺人亦是自欺，此又是自欺之甚者。’”

【例句】事到如今，我们得坦然接受事实，不能继续自欺欺人下去。

自然而然

【词义】自由发展，必然这样。指非人力干预而自然如此。

【出处】《牟子理惑论》：“夫吉凶之与善恶，犹善恶之乘形声，自然而然，不得相免也。”

【例句】只要平时加强锻炼，身体就会自然而然地好起来。

自投罗网

【词义】投：进入；罗网：捕捉鱼鸟的器具。自己投到罗网里去。比喻自己送死。

【出处】三国·魏·曹植《野田黄雀行》：“不见篱间雀，见鹞自投罗。”

【例句】民警精心布局，不到一会儿工夫小偷就自投罗网了。

【典故】三国时期，曹操的儿子曹植非常聪明，很有才华，受到曹操的宠爱，但由于他纵酒，渐渐失去了继承王位的竞争力。曹丕当上皇帝后，就把他的好友丁仪抓了起来，名为王侯实为囚徒的曹植作《野田黄雀行》：“不见篱间雀，见鹞自投罗。”